Hans Römer

Die Auswirkungen des Kontokorrents auf die Haftung ausgeschiedener Personenhandelsgesellschafter

Zugleich ein Beitrag zur Lehre vom Kontokorrent

VVF

RECHTSWISSENSCHAFTLICHE
FORSCHUNG UND ENTWICKLUNG

Herausgeber:
Prof. Dr. jur. Michael Lehmann, Dipl.-Kfm.
Universität München

Band 314

Die Deutsche Bibliothek - CIP-Einheitsaufnahme

Römer, Hans:
Die Auswirkungen des Kontokorrents auf die Haftung ausgeschiedener Personenhandelsgesellschafter : zugleich ein Beitrag zur Lehre vom Kontokorrent / Hans Römer. - München : VVF, 1991
(Rechtswissenschaftliche Forschung und Entwicklung ; Bd. 314)
Zugl.: Berlin, Freie Univ., Diss., 1991
ISBN 3-88259-857-3

NE: GT

Gesamtherstellung: Fotodruck Frank GmbH, 8000 München 2
Printed in Germany

Inhaltsübersicht

Inhaltsverzeichnis

Literaturverzeichnis

Aepfelbach, Rolf: Anmerkung zu OLG Celle, Urt.v. 20.11.1984 (16 U 69/84) - WM 1985, 1313, in: WuB I F 3, Grundpfandrechte 1.86 (zitiert: *Aepfelbach,* Anmerkung).

Bauer, Jobst-Hubertus: Arbeitsrechtliche Haftung ausgeschiedener Gesellschafter, in: BB 1980, 635-636 (zitiert: *Bauer,* Haftung).

Baumbach, Adolf/Duden, Konrad/Hopt, Klaus J.: Handelsgesetzbuch mit GmbH & Co., Recht der Allgemeinen Geschäftsbedingungen und Handelsklauseln, Bank- und Börsenrecht, Transportrecht (ohne Seerecht). 28. Aufl. 1989 (zitiert: *Baumbach/Duden/Hopt,* HGB).

Baumbach, Adolf/Hefermehl, Wolfgang: Wechselgesetz und Scheckgesetz mit Nebengesetzen und einer Einführung in das Wertpapierrecht, 17. Aufl. 1990 (zitiert: *Baumbach/Hefermehl,* Wechselgesetz und Scheckgesetz).

Beeser, J.: Zur Pfändung und Überweisung gegenwärtiger und künftiger Girokontoguthaben, in: AcP 155 (1956), 418-434 (zitiert: *Beeser,* Pfändung).

Beitzke, Günther: Anmerkung zum Vers.-Urt. des BAG, Urt.v. 21.7.1977 - 3 AZR 189/76, in: SAE 78, 119-120 (zitiert: *Beitzke,* Anmerkung zum Urteil des BAG vom 21.7.1977 - 3 AZR 189/76).

- Probleme des Kontokorrent, in: FS J. Gierke, 1950, S. 9-26 (zitiert: *Beitzke,* Probleme).

BGB-RGRK siehe *Das Bürgerliche Gesetzbuch*

Bierhoff, Alfred: Die Haftung eines ausgeschiedenen Gesellschafters für den Kontokorrentsaldo der OHG, Diss. Köln 1964 (zitiert: *Bierhoff,* Haftung).

Binz, Karlheinz: Zur Gesellschafterhaftung aus Dauerschuldverhältnissen nach Umwandlung einer Personengesellschaft in eine GmbH, in: GmbHR 78, 145-147 (zitiert: *Binz,* Gesellschafterhaftung).

Blaurock, Uwe: Das Anerkenntnis beim Kontokorrent, in: NJW 1971, 2206-2209 (zitiert: *Blaurock,* Anerkenntnis).

- Das Kontokorrent, in: JA 80, 691-696 (zitiert: *Blaurock,* Kontokorrent).

Bornemann/Waldeck/Strohn/Bürgers: Das Allgemeine Deutsche Handels-Gesetzbuch mit Erläuterungen nach den Materialien und Benutzung der sämtlichen Vorarbeiten, 1862 (zitiert: *Bornemann/Waldeck/Strohn/Bürgers,* ADHGB).

Brox, Hans: Handelsrecht und Wertpapierrecht, 8. Auflage 1990 (zitiert:*Brox,* Handelsrecht).

Brüggemann, K. E. Günter: Inhalt der Kontokorrentvereinbarung, Diss. Hamburg 1939 (zitiert: *Brüggemann,* Inhalt).

Budde, Julius: Die Haftung des aus einer OHG oder KG ausgeschiedenen Gesellschafters, Göttingen 1979 (zitiert: *Budde,* Haftung).

- Haftungsbegrenzung bei ausgeschiedenen Personengesellschaftern, in: NJW 1979, 1637-1640 (zitiert: *Budde,* Haftungsbegrenzung).

Bülow, Peter: Grundprobleme des Schuldnerschutzes bei der Forderungsabtretung, in: JA 83, 7-12 (zitiert: *Bülow,* Grundprobleme).

Canaris, Claus-Wilhelm: Die Auswirkungen der Anerkennung eines aktiven Kontokorrentsaldos auf unverbindliche Börsentermingeschäfte, in: ZIP 87, 885-891 (zitiert: *Canaris,* Auswirkungen).

- Börsentermingeschäft und Kontokorrent, Anmerkung zum Urteil des BGH vom 24.1.1985 - I ZR 201/82, ZIP 1985, 599, in: ZIP 85, 592-595 (zitiert: *Canaris,* Börsentermingeschäft).
- Funktionen und Rechtsnatur des Kontokorrents, in: FS Hämmerle, 1972, S. 55-78 (zitiert: *Canaris,* Funktionen).
- Die Verrechung beim Kontokorrent, in: DB 1972, 421-426 und 469-473 (zitiert: *Canaris,* Verrechnung).

Capelle, Karl-Hermann/Canaris, Claus-Wilhlem: Handelsrecht. Ein Studienbuch, 21. Auflage 1989 (zitiert: *Capelle/Canaris,* Handelsrecht).

Clemente, Clemens: Die Sicherungsgrundschuld in der Bankpraxis, 1985 (zitiert: *Clemente,* Sicherungsgrundschuld).

Das Bürgerliche Gesetzbuch mit besonderer Berücksichtigung der Rechtsprechung des Reichsgerichts und des Bundesgerichtshofes, Kommentar herausgegeben von den Mitgliedern des Bundesgerichtshofes, Band II, 2. Teil, §§ 414-610 (Anhang nach § 455 Abzahlungsgesetz) 12. Aufl. 1978 (zitiert: *BGB-RGRK/Bearbeiter).*

Daumke, Michael/Keßler, Jürgen: Gesellschaftsrecht, Intensivkurs, 2. Aufl. 1990 (zitiert: *Daumke/Keßler,* Gesellschaftsrecht).

Denkschrift siehe *Entwurf eines Handelsgesetzbuchs*

Düringer/Hachenburg: Das Handelsgesetzbuch auf der Grundlage des Bürgerlichen Gesetzbuches vom 10. Mai 1897 (unter Ausschluß des Seerechts)

- II. Band, 2. Hälfte, §§ 105-177, 335-342, 3. Aufl. 1932 (zitiert: *Düringer/Hachenburg/Bearbeiter,* HGB).
- IV. Band, §§ 343-372, 3. Aufl. 1932 (zitiert: *Düringer/Hachenburg/Bearbeiter,* HGB).

Ebenroth, Carsten Thomas/Einsele, Dorothee: Rechtliche Hindernisse auf dem Wege zur "Goffex", in: ZIP 88, 205-220 (zitiert: *Ebenroth/Einsele,* Hindernisse).

Ehrenbergs Handbuch des gesamten Handelsrechts mit Einschluß des Wechsel-, Scheck-, See- und Binnenschiffahrtsrechts, des Versicherungsrechts sowie des Post- und Telegraphenrechts, hrsg. von Viktor Ehrenberg, Vierter Band, I. Abteilung, 1917 (zitiert: *Wolff* in Ehrenbergs Handbuch).

Entwurf eines Handelsgesetzbuchs mit Ausschluß des Seehandelsrechts nebst Denkschrift. Aufgestellt im Reichs-Justizamt. Amtliche Ausgabe. 1896 (zitiert: *Denkschrift 1896*).

Entwurf eines Handelsgesetzbuchs und Entwurf eines Einführungsgesetzes nebst Denkschrift zu dem Entwurf eines Handelsgesetzbuches und eines Einführungsgesetzes in der Fassung der dem Reichstag gemachten Vorlage. 1897 (zitiert: *Denkschrift 1897*).

Erman, Walter: Handkommentar zum Bürgerlichen Gesetzbuch mit Einführungsgesetz (teilkommentiert), AGBG (teilkommentiert), Abzahlungsgesetz, Beurkundungsgesetz, Wohnungseigentumsgesetz, Schiffsrechtegesetz, Ehegesetz, Hausratsverordnung, unter Einarbeitung weiterer einschlägiger Bestimmungen in zwei Bänden, 1. Band, 8. Aufl. 1989 (zitiert: *Erman/Bearbeiter,* BGB).

Fenyves, Attila: Erbenhaftung und Dauerschuldverhältnis. Zur Auflösung von Dauerschuldverhältnissen anläßlich des Todes einer Vertragspartei, 1982 (zitiert: *Fenyves,* Erbenhaftung).

Fischer, Robert/Lutter, Marcus/Hommelhoff, Peter: GmbH-Gesetz, Kommentar, 12. Aufl. 1987 (zitiert: *Fischer/Lutter/Hommelhoff,* GmbH-Gesetz).

Fischer, Robert: Anmerkung zum Urteil des BGH vom 21.12.1961 - II ZR 74/59, in: LM § 128 HGB Nr. 10 (zitiert: *Fischer,* Anmerkung zum Urteil des BGH vom 21.12.1961 - II ZR 74/59).

Flume, Werner: Allgemeiner Teil des Bürgerlichen Rechts. Erster Band. Erster Teil. Die Personengesellschaft, 1977 (zitiert: *Flume,* Allg. Teil I/1).

- Der Inhalt der Haftungsverbindlichkeiten des Gesellschafters nach § 128 HGB, in: FS Reinhardt, 1972, S. 223-236 (zitiert: *Flume,* Haftungsverbindlichkeiten).

Fuchs, Franz: Zur Lehre vom Kontokorrent, in: ZHR 103 (1936), 211-217 (zitiert: *Fuchs,* Lehre 1936).

Gaberdiel, Heinz: Kreditsicherung durch Grundschulden, 4. Aufl. 1985 (zitiert: *Gaberdiel,* Kreditsicherung).

Gemeinschaftskommentar zum Handelsgesetzbuch begründet von Georg W. Bandasch, 4. Aufl., Lsbl. Stand September 1990 (zitiert: *GK-HGB*/Bearbeiter).

Gernhuber, Joachim: Die Erfüllung und ihre Surrogate sowie das Erlöschen des Schuldverhältnisses aus anderen Gründen, 1983 (zitiert: *Gernhuber,* Erfüllung).

Gierke, Julius von: Handelsrecht und Schiffahrtsrecht, 8. Aufl. 1958 (zitiert: *v.Gierke,* Handelsrecht).

Gierke, Otto von: Dauernde Schuldverhältnisse, in: JherJb 64 (1914), 355-411 (zitiert: *v.Gierke,* Schuldverhältnisse).

GK-HGB siehe *Gemeinschaftskommentar zum Handelsgesetzbuch*

Glanegger, Peter/Niedner, Jochen/Renkl, Günter/Ruß, Werner: HGB. Handelsrecht, Bilanzrecht, Steuerrecht. Kommentar zum Handelsgesetzbuch mit den Rechnungslegungsvorschriften nach dem Bilanzrichtlinien-Gesetz und den Steuern der kaufmännischen Personenunternehmen, 2. Auflage 1990 (zitiert: *Glanegger/Niedner/Renkl/Ruß,* HGB).

Godin, Reinhard v.: Umfang der Haftung eines aus einer OHG oder KG ausgeschiedenen Gesellschafters für den von der Gesellschaft in Anspruch genommenen Bankkredit, in: BankArch 1913, 338-340 (zitiert: *v. Godin,* Umfang).

Göppert, Heinrich: Zur Lehre vom Kontokorrent, in: ZHR 103 (1936), 318-338 (zitiert: *Göppert,* Lehre).

- Zur Vereinfachung der Lehre vom Kontokorrent, in: ZHR 102 (1936), 161-207 (zitiert: *Göppert,* Vereinfachung).

Graf, Werner: Die Interessen beim Kontokorrentverhältnis und ihr rechtlicher Schutz, Diss. München 1960 (zitiert: *Graf,* Interessen).

Greber, Julius: Das Kontokorrentverhältnis, 1893 (zitiert: *Greber,* Kontokorrentverhältnis).

Grigat, Wilfred: Die Doppelpfändung von Kontokorrentguthaben, in: BB 1952, 335-337 (zitiert: *Grigat,* Doppelpfändung).

- Die Verrechnung im Kontokorrent, in: NJW 1952, 812-813 (zitiert: *Grigat,* Verrechnung).

Großkomm. HGB siehe *Handelsgesetzbuch:* Großkommentar

Gschnitzer, Franz: Die Kündigung nach deutschem und österreichischem Recht, in: JherJb 76 (1926), 317-415 (zitiert: *Gschnitzer,* Kündigung).

Günzel, Fritz: Die Haftung der Gesellschafter einer offenen Handelsgesellschaft. Zugleich ein Beitrag zur Lehre vom Wesen der offenen Handelsgesellschaft, Diss. Breslau 1937 (zitiert: *Günzel,* Haftung).

Hadding, Walther: Zum Rückgriff des ausgeschiedenen haftenden Gesellschafters einer OHG oder KG, in: FS Stimpel, 1985, S. 139-163 (zitiert: *Hadding,* Rückgriff).

- Zur Haftung des ausgeschiedenen OHG-Gesellschafters, in: ZGR 73, 137-159 (zitiert: *Hadding,* Haftung).

Hammen, Horst: Rechtshistorisches zur Saldofeststellung im kaufmännischen Kontokorrent, in: WM 90, 1405-1407 (zitiert: *Hammen,* Saldofeststellung).

Handbuch des Personengesellschaftsrechts siehe *Westermann u.a.*

Handelsgesetzbuch: Großkommentar. Begründet von Hermann Staub, weitergeführt von den Mitgliedern des Reichsgerichts.

- Zweiter Band, 1. Halbband, §§ 105-144, 3. Aufl. 1973 (zitiert: *Bearbeiter* in Großkomm. HGB).
- Dritter Band, 2. Halbband (§§ 352-372) 3. Auflage 1978 (zitiert: *Bearbeiter* in Großkomm. HGB).

Handkommentar zum Bürgerlichen Gesetzbuch siehe *Erman, Walter*

Harms, Wolfgang: Handelsrecht, 3. Aufl. 1983 (zitiert: *Harms,* Handelsrecht).

Hefermehl, Wolfgang: Grundfragen des Kontokorrents, in: FS Heinrich Lehmann zum 80. Geburtstag. Das deutsche Privatrecht in der Mitte des 20. Jahrhunderts, II. Band, 1956, S. 547-562 (zitiert: *Hefermehl,* Grundfragen).

Heinemann, Gerhard: Die Haftung des ausgeschiedenen Gesellschafters einer OHG aus Dauerschuldverhältnissen der OHG, Diss. Marburg 1972 (zitiert: *Heinemann,* Haftung).

Henrich, Dieter: Probleme des Kontokorrent, in: JA 72, 277-280 (zitiert: *Henrich,* Probleme).

Herminghausen, Paul: Zur Haftung ausgeschiedener Gesellschafter für betriebliche Altersversorgung von Arbeitnehmern, in: DB 1979, 1409-1414 (zitiert: *Herminghausen,* Haftung).

Herschel, Wilhelm: Arbeitsrechtliche Folgen des Ausscheidens eines Personengesellschafters, in: BlStSozArbR 1979, 33-35 (zitiert: *Herschel,* Arbeitsrechtliche Folgen).

Herz, Günther: Das Kontokorrent. 1974 (zitiert: *Herz,* Kontokorrent).

Heymann/Kötter: Handelsgesetzbuch (ohne Seerecht/mit Erläuterungen), 21. Aufl. 1971 (zitiert: *Heymann/Kötter,* HGB).

Heymann: Handelsgesetzbuch (ohne Seerecht).

- Band 2. Zweites Buch, §§ 105-237. 1989 (zitiert: *Heymann/Bearbeiter,* HGB).
- Band 4. Viertes Buch, §§ 343-460. 1990 (zitiert: *Heymann/Bearbeiter,* HGB).

Heyn, Karl: Die Haftung des ausgeschiedenen Gesellschafters aus Dauerschuldverhältnissen, in: NJW 1959, 923-925 (zitiert: *Heyn,* Haftung).

Höfer, Reinhold/Kemper, Kurt/Küpper, Peter: Begrenzung der Nachhaftung bei unmittelbaren Versorgungszusagen sowie bei Unterstützungskassen und Direktversicherung, in: BB 1979, 1673, 1676 (zitiert: *Höfer/Kemper/Küpper,* Begrenzung).

Höfer, Reinhold/Kemper, Kurt: Rechtliche Möglichkeiten zur Begrenzung der Unternehmerhaftung für betriebliche Altersversorgung, in: DB 1978, 1641-1647 (zitiert: *Höfer/Kemper,* Möglichkeiten).

Hönn, Günther: Dauer- und sonstige Schuldverhältnisse als Problem der Haftung ausgeschiedener Gesellschafter unter Berücksichtigung des Gläubigerschutzes, in: ZHR 149 (1985), 300-326 (zitiert: *Hönn,* Dauer- und sonstige Schuldverhältnisse).

Hofmann, Paul: Handelsrecht. 7. Aufl. 1990 (zitiert: *Hofmann,* Handelsrecht).

Hohlfeld, Matthias: Anmerkung zum Urteil des BGH, vom 8.10.1984 - II ZR 312/83, in: GmbHR 85, 148-149 (zitiert: *Hohlfeld,* Anmerkung zum Urteil des BGH vom 8.10.1984 - II ZR 312/83).

Honsell, Heinrich/Harrer, Friedrich: Die Haftung des ausgeschiedenen Gesellschafters bei Dauerschuldverhältnissen, in: ZIP 86, 341-346 (zitiert: *Honsell/Harrer,* Haftung).

Hueck, Alfred/Canaris, Claus-Wilhelm: Recht der Wertpapiere. 12. Aufl. 1986 (zitiert: *Hueck/Canaris,* Recht der Wertpapiere).

Hueck, Alfred: Recht der offenen Handelsgesellschaft. Systematisch dargestellt. 4. Aufl. 1971 (zitiert: *Hueck,* OHG).

Hueck, Götz: Gesellschaftsrecht, 18. Aufl. 1983 (zitiert: *Hueck, Götz,* Gesellschaftsrecht).

Hüffer, Uwe: Die Haftung des ausgeschiedenen Gesellschafters für betriebliche Ruhegeldverpflichtungen bei Insolvenz der Gesellschaft, in: BB 1978, 454-459 (zitiert: *Hüffer,* Haftung).

Hunke, Ronald: Die Haftung des ausgeschiedenen Gesellschafters, 1. Aufl. 1987 (zitiert: *Hunke,* Haftung).

Jauernig, Othmar/Schlechtriem, Peter/Stürner, Rolf/Teichmann, Arndt/Vollkommer, Max: Bürgerliches Gesetzbuch mit Gesetz zur Regelung des Rechts der Allgemeinen Geschäftsbedingungen, 5. Aufl. 1990 (zitiert: *Jauernig/Bearbeiter,* BGB).

Koch, Ulrich: Grenzen der gesellschafterlichen Nachhaftung aus Dauerschuldverhältnissen, in: NJW 1984, 833-841 (zitiert: *Koch,* Grenzen).

Kölner Kommentar zum Aktiengesetz, Band 1 (§§ 1-147 AktG), 1985 (zitiert: *Lutter* in Kölner Kommentar zum AktG).

Koenige, Heinrich/Teichmann, Robert/Koehler, Walter: Handausgabe des Handelsgesetzbuchs vom 10. Mai 1897 (ohne Seerecht) 4. Aufl. 1936 (zitiert: *Koenige/Teichmann/Koehler,* HGB).

Kolbenschlag, Herbert: Grundschuld und Übernahme der persönlichen Haftung für den Grundschuldbetrag, in: DNotZ 1965, 205-211 (zitiert: *Kolbenschlag,* Grundschuld).

Kollhosser, Helmut: Zur Tilgungsverrechnung bei Amortisationsdarlehen, in: ZIP 1986, 1429-1440 (zitiert: Kollhosser, Tilgungsverrechnung).

Kornblum, Udo: Die Haftung des Gesellschafters für Unterlassungspflichten der OHG und KG, in: BB 1971, 1434-1444 (zitiert: *Kornblum,* Haftung für Unterlassungspflichten).

- Die Haftung des Gesellschafters für Verbindlichkeiten von Personengesellschaften. 1972 (zitiert: *Kornblum,* Haftung für Verbindlichkeiten).

- Schuldnerschutz bei der Forderungsabtretung, in: BB 1981, 1296-1309 (zitiert: *Kornblum,* Schuldnerschutz).

Kraft, Alfons/Kreutz, Peter: Gesellschaftsrecht. 8. Auflage 1990 (zitiert: *Kraft/Kreutz,* Gesellschaftsrecht).

Krapf, Georg: Der Kontokorrentvertrag, Diss. Leipzig 1936 (zitiert: *Krapf,* Kontokorrentvertrag).

Kreibig, Josef Klemens: Die Kontokorrentlehre, 1904 (zitiert: *Kreibig,* Kontokorrentlehre).

Kübler, Friedrich: Feststellung und Garantie. Eine rechtsvergleichende und dogmatische Abhandlung wider die Lehre vom abstrakten Schuldvertrag im bürgerlichen und Handelsrecht, 1967 (zitiert: *Kübler,* Feststellung).

- Gesellschaftsrecht. Die privatrechtlichen Ordnungsstrukturen und Regelungsprobleme von Verbänden und Unternehmen, 3. Auflage 1990 (zitiert: *Kübler,* Gesellschaftsrecht).

Kümpel, Siegfried/Häuser, Franz: Börsentermingeschäfte, Termin und Differenzeinwand, WM-Script 104. 1986 (zitiert: *Kümpel/Häuser,* Börsentermingeschäfte).

Langohr-Plato, Uwe: Nachhaftungsbegrenzung und betriebliche Altersversorgung. Gesetzentwurf zur zeitlichen Begrenzung der Nachhaftung von Gesellschaftern unter Berücksichtigung der betrieblichen Altersversorgung, in: BB 1990, 486 - 489 (zitiert: Langohr-Plato, Nachhaftungsbegrenzung).

Larenz, Karl: Allgemeiner Teil des deutschen Bürgerlichen Rechts. Ein Lehrbuch, 7. Aufl. 1989 (zitiert: *Larenz,* Allg. Teil).

- Lehrbuch des Schuldrechts. Erster Band. Allgemeiner Teil, 14. Aufl. 1987 (zitiert: *Larenz,* Schuldrecht AT).

- Lehrbuch des Schuldrechts. Zweiter Band. Besonderer Teil, 1. Halbband, 13. Aufl. 1986 (zitiert: *Larenz,* Schuldrecht BT II/1).

Lehmann, Heinrich: Die Enthaftung ausgeschiedener Gesellschafter der OHG von Verpflichtungen aus schwebenden Lieferungsverträgen, in: ZHR 79 (1916), 57-103 (zitiert: *Lehmann,* Enthaftung).

Levy, J.A.: Der Contocorrent-Vertrag. Autorisierte deutsche Ausgabe. Mit besonderer Berücksichtigung der neuen deutschen Theorie und Praxis, 1884 (zitiert: *Levy,* Contocorrent-Vertrag).

Lieb, Manfred: Zur Begrenzung der sogenannten Nachhaftung nach Ausscheiden aus der haftungsbegründenden Rechtsposition, Bespr. BGHZ 87, 286; WM 1983, 703; WM 1983, 700; AP § 128 HGB Nr. 4, in: ZGR 85, 125-147 (zitiert: *Lieb,* Begrenzung).

Maier, Adolf: Das Kontokorrent, in: JuS 1988, 196-199 (zitiert: *Maier,* Kontokorrent).

Medicus, Dieter: Bürgerliches Recht, 15. Aufl. 1991 (zitiert: *Medicus,* Bürgerliches Recht).

Meyer-Cording, Ulrich: Wertpapierrecht, 2. Aufl. 1990 (zitiert: *Meyer-Cording,* Wertpapierrecht).

Mohr, Josef: Der Kontokorrentverkehr, 1902 (zitiert: *Mohr,* Kontokorrentverkehr).

Müller-Graff, Peter-Christian: Rechtliche Auswirkungen einer laufenden Geschäftsverbindung im amerikanischen und deutschen Recht, 1974 (zitiert: *Müller-Graff,* Auswirkungen).

Müller-Gumperda, Max: Der Kontokorrentvertrag ein Blankovertrag, 1905 (zitiert: *Müller-Gumperda,* Kontokorrentvertrag).

Münchener Kommentar zum Bürgerlichen Gesetzbuch, Band 3. Schuldrecht Besonderer Teil. 2. Halbband (§§ 652-853), 2. Aufl. 1986 (zitiert: *MünchKomm/Bearbeiter,* BGB).

MünchKomm siehe *Münchener Kommentar zum Bürgerlichen Gesetzbuch*

Nebelung, - : Das Bankkontokorrent, in: NJW 1953, 449-450 (zitiert: *Nebelung,* Bankkontokorrent).

Nicknig, Paul-Georg: Die Haftung der Mitglieder einer BGB-Gesellschaft für Gesellschaftsschulden. 1972 (zitiert: *Nicknig,* Haftung).

Obermüller, Manfred: Anmerkung zu BGH, Urt.v. 18. Dezember 1986 (IX ZR 11/86, Celle) - WM 1987, 228, in: WuB I F 3, Grundpfandrechte 6.87 (zitiert: *Obermüller,* Anmerkung).

Palandt: Bürgerliches Gesetzbuch mit Einführungsgesetz, Verschollenheitsrecht, Beurkundungsgesetz, Gesetz zur Regelung des Rechts der Allgemeinen Geschäftsbedingungen, Abzahlungsgesetz, Gesetz über den Widerruf von Haustürgeschäften und ähnlichen Geschäften, § 13 a Gesetz gegen den unlauteren Wettbewerb, Gesetz zur Regelung der Miethöhe (Art. 3 des 2. WKSchG), Produkthaftungsgesetz, Erbbaurechtsverordnung, Wohnungseigentumsgesetz, Ehegesetz, Hausratsverordnung, 50. Aufl. 1991 (zitiert: *Palandt/Bearbeiter,* BGB).

Philipowski, Rüdiger: Die Geschäftsverbindung. Tatsachen und rechtliche Bedeutung, 1963 (zitiert: *Philipowski,* Geschäftsverbindung).

Pick, Eckhardt: Einwendungen bei dem gegenseitigen Vertrag nach Abtretung der Forderung. - Ein Beitrag zur "aufgedrängten" Gläubigerschaft -, in: AcP 172 (1972), 39-55 (zitiert: *Pick,* Einwendungen).

Pickart, Heinz: Die neuere Rechtsprechung des Bundesgerichtshofs zum Kontokorrentvertrag, in: WM 1970, 866-874 (zitiert: *Pickart,* Kontokorrentvertrag II).

- Die neuere Rechtsprechung des Bundesgerichtshofs zum Bankvertrag, in: WM 1957, 1238-1246 (zitiert: *Pickart,* Bankvertrag).

Piper, Henning: Termin- und Differenzeinwand gegenüber Saldoanerkenntnis und Verrechnung im Kontokorrent, in: ZIP 85, 725-727 (zitiert: *Piper,* Termin- und Differenzeinwand).

Protokolle der Commission zur Berathung eines allgemeinen deutschen Handelsgesetz-Buches. Nürnberg, 1858 (zitiert: *Protokolle ADHGB, Sitzung).*

Raisch, Peter: Geschichtliche Voraussetzungen, dogmatische Grundlagen und Sinnwandel des Handelsrechts, 1965 (zitiert: *Raisch,* Voraussetzungen).

Rehbein, Dieter: Anmerkung zu OLG Düsseldorf, Urt.v. 29.1.1986 (9 U 199/85) - WM 1986, 1345, in: WuB I F 3, Grundpfandrechte 3.87 (zitiert: *Rehbein,* Anmerkung).

Reichold, Hermann: Die Haftung des ausgeschiedenen Personengesellschafters für Ruhegeldverbindlichkeiten, 1986 (zitiert: *Reichold,* Haftung).

- Zur Nachhaftung des ausgeschiedenen oHG-Gesellschafters - BGH, NJW 1986, 1690, in: JuS 1987, 775-777 (zitiert: *Reichold,* Nachhaftung).

Reinhardt, Rudolf/Schultz, Dietrich: Gesellschaftsrecht. Ein Lehrbuch, 2. Aufl. 1981 (zitiert: *Reinhardt/Schultz,* Gesellschaftsrecht).

Reinicke, Dietrich/Tiedtke, Klaus: Bürgschaft für eine Verbindlichkeit aus laufender Rechnung. Zugleich eine Besprechung des BGH-Urteils vom 10.12.1987 - IX ZR 269/86, ZIP 1988, 224, in: ZIP 88, 545-550 (zitiert: *Reinicke/Tiedtke,* Bürgschaft).

Ritter, Carl: Kommentar zum Handelsgesetzbuch. Mit Ausschluß des Seerechts, 2. Aufl. 1932 (zitiert: *Ritter,* HGB).

Rohe, Michael L.: Die Haftung des ausgeschiedenen Gesellschafters aus langfristigen Schuldverhältnissen der Gesellschaft, Diss. Münster 1975 (zitiert: *Rohe,* Haftung).

Roxel, Bernhard: Der Rechnungsabschluss im Kontokorrent, Diss. Heidelberg 1914 (zitiert: *Roxel,* Rechnungsabschluss).

Schaudwet, Manfred: Bankenkontokorrent und Allgemeine Geschäftsverbindungen. Die Entwicklung der das Kontokorrentverhältnis betreffenden Klauseln der AGB der Banken, 1967 (zitiert: *Schaudwet,* Bankenkontokorrent).

Scherer, Willibald: Die Pfändung von Kontokorrentansprüchen, in: NJW 1952, 1397-1399 (zitiert: *Scherer,* Pfändung).

Scherner, Karl Otto: Wandlungen im Bild des Kontokorrents, in: FS Bärmann 1975, S. 171-181 (zitiert: *Scherner,* Wandlungen).

Schils, Rainer: Die Haftung des ausgeschiedenen persönlich haftenden Gesellschafters für Ansprüche aus Dauerschuldverhältnissen, insbesondere für Ansprüche aus Arbeitsverhältnissen, Diss. Bielefeld 1982 (zitiert: *Schils,* Haftung).

Schlegelberger: Kommentar zum Handelsgesetzbuch

- 2. Band (§§ 105-342), 4. Aufl. 1963 (zitiert: *Schlegelberger/Bearbeiter,* HGB).
- 4. Band, §§ 343-372. 5. Auflage 1976 (zitiert: *Schlegelberger/Bearbeiter,* HGB).

Schlüter, Wilfried: Die Einrede der Aufrechenbarkeit des OHG-Gesellschafters und des Bürgen, in: FS H. Westermann 1974, S. 509 - 524 (zitiert: *Schlüter,* Einrede der Aufrechenbarkeit).

Schmidt, Karsten: Geldrecht. Geld, Zins und Währung im deutschen Recht, 1983 (zitiert: *Schmidt, Karsten,* Geldrecht).

- Gesellschaftsrecht, 1. Aufl. 1986 (zitiert: *Schmidt, Karsten,* Gesellschaftsrecht).
- Handelsrecht, 3. Aufl. 1987 (zitiert: *Schmidt, Karsten,* Handelsrecht).
- Kontokorrent und Zinseszinsverbot, in: JZ 81, 126-130 (zitiert: *Schmidt, Karsten,* Kontokorrent).

Schneider, Egon: Logik für Juristen. Die Grundlagen der Denklehre und der Rechtsanwendung, 2. Aufl. 1972 (zitiert: *Schneider,* Logik).

Schönle, Herbert: Bank- und Börsenrecht, 2. Aufl. 1976 (zitiert: *Schönle,* Bank- und Börsenrecht).

Schumann, Hans: Handelsrecht, Band II, Handelsgeschäfte - Wertpapiere, 1954 (zitiert: *Schumann,* Handelsrecht II).

Schwefer, Ilsanne: Pfändung von Giroguthaben unter kontokorrentrechtlichen und girorechtlichen Gesichtspunkten, Diss. Münster 1983 (zitiert: *Schwefer,* Pfändung).

Schweitzer, Gerhard: Die Auswirkungen von Veränderungen der Gesellschaftsschuld auf die Haftung des ausgeschiedenen Gesellschafters einer offenen Handelsgesellschaft, Diss. Köln 1971 (zitiert: *Schweitzer,* Auswirkungen).

Sedatis, Lutz: Einführung in das Wertpapierrecht, 1. Aufl. 1988 (zitiert: *Sedatis,* Wertpapierrecht).

Serick, Rolf: Eigentumsvorbehalt und Sicherungsübertragung, Band II, Die einfache Sicherungsübertragung - Erster Teil, 1965 (zitiert: *Serick,* Eigentumsvorbehalt II).

- Zur sicherungsrechtlichen Vorausabtretung der Schlußsaldoforderung - eine grundsätzliche und überfällige konkursrechtliche Erörterung, in: BB 1978, 873-882 (zitiert: *Serick,* Vorausabtretung).

Soergel: Bürgerliches Gesetzbuch mit Einführungsgesetz und Nebengesetzen, begründet von Hs.Th. Soergel, Band 4, Schuldrecht III (§§ 705-853), 11. Aufl. 1985 (zitiert: *Soergel/Hadding,* BGB).

Sprengel, - : Die Pfändung und Überweisung von Forderungen aus dem Bankkontokorrent, in: MDR 52, 8-11 (zitiert: *Sprengel,* Pfändung).

Staub siehe *Handelsgesetzbuch:* Großkommentar

Staudinger, J. von: Kommentar zum Bürgerlichen Gesetzbuch mit Einführungsgesetz und Nebengesetzen.

- Zweites Buch. Recht der Schuldverhältnisse Einleitung zu §§ 241 ff.; 241, 242; Gesetz zur Regelung des Rechts der Allgemeinen Geschäftsbedingungen. 12. Aufl. 1983 (zitiert: *Staudinger/Bearbeiter,* BGB).
- Zweites Buch. Recht der Schuldverhältnisse, §§ 657-740. 12. Aufl. 1980 (zitiert: *Staudinger/Bearbeiter,* BGB).
- Zweites Buch. Recht der Schuldverhältnisse, §§ 741-822. 12. Aufl. 1986 (zitiert: *Staudinger/Bearbeiter,* BGB).

Stebut, Dietrich von: Die Haftung ausgeschiedener Gesellschafter für Gesellschaftsverbindlichkeiten aus Dauerschuldverhältnissen. - Gesellschafterwechsel und Identität von Personengesellschaften -, in: ZGR 81, 183-220 (zitiert: *v. Stebut,* Haftung).

Steindorf, Ernst/Roth, Wulf-Henning: Anmerkung zum Urteil des BAG, vom 21.7.1977 - 3 AZR 189/76, in: AR-Blattei (D) Juristische Personen, Anm. zu Entscheidung 19 (zitiert: *Steindorf/Roth,* Anmerkung zum Urteil des BAG vom 21.7.1977 - 3 AZR 189/76).

Theusner, Felix: Die rechtliche Natur des Kontokorrentvertrages, 1901 (zitiert: *Theusner,* Natur).

Ulmer, Peter/Wiesner, Georg: Die Haftung ausgeschiedener Gesellschafter aus Dauerschuldverhältnissen. - Zur Notwendigkeit richterlicher Rechtsfortbildung im Rahmen von § 159 HGB, in: ZHR 144 (1980), S. 393-426 (zitiert: *Ulmer/Wiesner,* Haftung).

Völp, Fromut: Einlösung ungedeckter Schecks durch die Bank. Ein Beitrag zur Lehre vom Kontokorrent, in: NJW 1955, 818-820 (zitiert: *Völp,* Einlösung).

Vollmer, Lothar: Die Haftung des ausgeschiedenen Gesellschafters für Ansprüche aus Dauerschuldverhältnissen - insbesondere für Arbeitnehmeransprüche, in: DB 1978, 921-924 (zitiert: *Vollmer,* Haftung).

Weispfenning, Hans: Ein Beitrag zur Lehre vom Kontokorrent, in: JW 1938, 3091-3096 (zitiert: *Weispfenning,* Beitrag).

Westermann u.a.: Handbuch des Personengesellschaftsrechts. Systematische Darstellung in gesellschaftsrechtlicher, betriebswirtschaftlicher, steuerlicher und arbeitsrechtlicher Sicht. Band 1, Gesellschaftsrecht. Lsbl. Stand Mai 1989 (zitiert: *Westermann,* Gesellschaftsrecht).

Wexel, Horst-Günther: Die Haftung ausgeschiedener OHG-Gesellschafter aus Arbeitsverhältnissen, in: BB 1981, 1401-1407 (zitiert: *Wexel,* Haftung).

Widmann, Siegfried/Mayer, Robert: Umwandlungsrecht, Band 1 (zitiert: *Widmann/Mayer,* Umwandlungsrecht).

Wiedemann, Herbert: Gesellschaftsrecht. Ein Lehrbuch des Unternehmens- und Verbandsrechts, Band I, Grundlagen, 1980 (zitiert: *Wiedemann,* Gesellschaftsrecht).

Wiedemann, Hubert: Anmerkung zum Urteil des BAG vom 21.7.1977 - 3 AZR 189/76, AP § 128 HGB Nr. 1, in: AP § 128 HGB Nr. 1, Bl. 373-375 (zitiert: *Wiedemann,* Anmerkung zum Urteil des BAG vom 21.7.1977 - 3 AZR 189/76, AP § 128 HGB Nr. 1).

Wieland, Karl: Handelsrecht. Erster Band. Das kaufmännische Unternehmen und die Handelsgesellschaften, 1. Aufl. 1921 (Nachdruck 1931) (zitiert: *Wieland,* Handelsrecht I).

Wiese, Günther: Beendigung und Erfüllung von Dauerschuldverhältnissen, in: FS Nipperdey, Band I, 1965, S. 837-851 (zitiert: *Wiese,* Beendigung).

Wiesner, Georg: Die Enthaftung persönlich haftender Gesellschafter für Ansprüche aus Dauerschuldverhältnissen, in: ZIP 83, 1032-1038 (zitiert: *Wiesner,* Enthaftung).

Wolf, Manfred: Sachenrecht, 9. Auflage 1990 (zitiert: *Wolf,* Sachenrecht).

Einleitung

Anlaß dieser Arbeit sind Wertungswidersprüche in der herrschenden Meinung[1] zur Haftung ausgeschiedener Personenhandelsgesellschafter für Kontokorrentverbindlichkeiten. Danach haftet der Ausgeschiedene für den Tagessaldo bei Ausscheiden, begrenzt durch die Höhe des nach seinem Ausscheiden gezogenen niedrigsten anerkannten Schlußsaldos.

Die Haftung für den bei Ausscheiden gezogenen Tagessaldo soll aus gesellschaftsrechtlichen Grundsätzen folgen: "Die Bemessung der Haftung nach dem Saldo am Tage des Ausscheidens ... trägt lediglich in angemessener und allgemein anerkannter Weise der gesetzlichen Regelung Rechnung, wonach der ausscheidende Gesellschafter für die Schulden der Gesellschaft zur Zeit des Ausscheidens mithaftet; ...[2]"

Was unter Haftung für den Tagessaldo bei Ausscheiden zu verstehen ist, ist unklar. Ein Saldo ist die Zusammenfassung der Einzelposten. Eine Haftung für die Einzelforderungen ist aber nicht gemeint. Denn nur bei Ausscheiden ist der Tagessaldo maßgeblich. Spätere Tagessalden bleiben unberücksichtigt[3]. Nur ein im Verhältnis zu dem Tagessaldo bei Ausscheiden niedrigerer, anerkannter Periodenschlußsaldo mindert die Haftung des Ausgeschiedenen. Die Haftung

---

1 Grundlegend: *RG,* Urt.v. 30.5.1911 - Ziv. II. 669/10, RGZ 76, 330, 333 f., ebenso: *BGH,* Urt.v. 2.11.1973 - I ZR 88/72, DB 73, 2439, 2439 (unter I.) m.N.; *BGH,* Urt.v. 9.12.1971 - III ZR 58/69, WM 72, 283, 284 (unter II. 1.); *BGH,* Urt.v. 28.6.1968 - I ZR 156/66, BGHZ 50, 277, 278 u. 283 f.; *BGH,* Urt.v. 17.9.1964 - II ZR 162/62, WM 64, 1147, 1148 (r.Sp.); *RG,* Urt.v. 14.8.1935 - V 14/35, WarnRspr 1935, 316, 318; *RG,* Urt.v. 27.2.1935 - I 154/34, HRR 1935, Nr. 802; *Baumbach/Duden/Hopt,* HGB, § 128, Anm. 5) E.; *Düringer/Hachenburg/Breit,* HGB, § 356, Anm. 17; *Fischer* in Großkomm. HGB, § 128, Anm. 55; *Glanegger/Niedner/Renkl/Ruß,* HGB, § 356, Rn. 6; *Günzel,* Haftung, S. 76 m.N.; *v. Godin,* Umfang, S. 338; *Hadding,* Haftung, S. 153; *Harms,* Handelsrecht, S. 176 ff.; *Heymann/Emmerich,* HGB, § 128, Rn. 41; *Hönn,* Dauer- und sonstige Schuldverhältnisse, S. 322; *Hueck,* OHG, S. 449, Fn. 45 (§ 29 II 4); *Hunke,* Haftung, S. 47; *Koenige/Teichmann/Koehler,* HGB, § 356, Anm. 2; *Kornblum,* Haftung für Verbindlichkeiten, S. 101; *Pickart,* Kontokorrentvertrag II, S. 870 (unter VI. 1.); *Ritter,* HGB, § 128, Anm. 8; *Schlegelberger/Geßler,* HGB, § 128, Rn. 31; *Schlegelberger/Hefermehl,* HGB, § 356, Rn. 18; *Soergel/Hadding,* BGB, § 738, Rn. 6; *Westermann,* Gesellschaftsrecht, Rn. I 359 (S. I 258); *Widmann/Mayer,* Umwandlungsrecht, § 45, Rn. 879.

2 *BGH,* Urt.v. 28.6.1968 - I ZR 156/66, BGHZ 50, 277, 284.

3 *BGH,* Urt.v. 28.6.1968 - I ZR 156/66, BGHZ 50, 277, 279 ff.

dauert daher fort, auch wenn die zugrundeliegenden Einzelverbindlichkeiten erlöschen, aber vor Periodenschluß durch andere ersetzt werden. Der ausgeschiedene Gesellschafter haftet damit gegebenenfalls für Einzelforderungen, die nach seinem Ausscheiden entstanden sind.

Die Haftung für den Schuldenbestand nach dem Ausscheiden leitet die herrschende Meinung aus kontokorrentrechtlichen Grundsätzen her. "Hier bleibt der ausgeschiedene Gesellschafter an die während seiner Zugehörigkeit zur Gesellschaft geschlossene Kontokorrentabrede gebunden[4]"[5]. § 356 I HGB sei entsprechend anzuwenden. Aus § 356 HGB folge der Grundsatz der Haftung für den niedrigsten Zwischensaldo[6]. Danach sei die Haftung zwar auf den niedrigsten anerkannten Schlußsaldo nach dem Ausscheiden beschränkt; das aber unabhängig vom Bestand der ursprünglich gesicherten Forderung, die durch Umschaffung (Novation) weggefallen sein könne[7].

Bei näherer Betrachtung der herrschenden Meinung[8] fällt auf, daß die Haftung des ausgeschiedenen Gesellschafters für Kontokorrentverbindlichkeiten nach zwei ganz unterschiedlichen Grundsätzen, nämlich einmal nach Gesellschaftsrecht und einmal nach Kontokorrentrecht, bemessen wird[9]. Das kann einerseits zu einer Gesellschaf-

---

4 *BGH,* Urt.v. 28.6.1968 - I ZR 156/66, BGHZ 50, 277, 284.

5 Vgl.: *Schlegelberger/Hefermehl,* HGB, § 356, Anm. 18; *Widmann/Mayer,* Umwandlungsrecht, § 45, Rn. 879.

6 Grundlegend: *RG,* Urt.v. 30.5.1911 - Ziv. II. 669/10, RGZ 76, 330, 334; ebenso: *BGH,* Urt.v. 9.12.1971 - III ZR 58/69, WM 72, 283, 284 (unter II. 1.); *BGH,* Urt.v. 28.6.1968 - I ZR 156/66, BGHZ 50, 277, S. 283 (unter II. 4.); *BGH,* Urt.v. 17.9.1964 - II ZR 162/62, WM 64, 1147, 1148 (unter III. 1.); *BGH,* Urt.v. 19.6.1964 - V ZR 241/62, WM 64, 881 Ls. 2 und S. 882 (r.Sp.); *BGH,* Urt.v. 10.7.1961 - II ZR 222/59, WM 61, 1046, 1047 (unter I.); *BGH,* Urt.v. 24.11.1960 - VII ZR 165/59, WM 61, 58, 59 (unter II. 1.); *BGH,* Urt.v. 17.12.1959 - VII ZR 194/58, WM 60, 371, 373 (unter II. 3.); *BGH,* Urt.v. 28.11.1957 - VII ZR 42/57, BGHZ 26, 142, 150; *RG,* Urt.v. 14.8.1935 - V 14/35, WarnRspr 1935, 316, 318 (Nr. 153); *RG,* Urt.v. 27.2.1935 - I 154/34, HRR 1935, Nr. 802; *RG,* Urt.v. 18.4.1932 - VIII 649/31, RGZ 136, 178, 181; *RG,* Urt.v. 28.3.1928 - I 231/27, SeuffA 82, 219, 220, Nr. 129; *Baumbach/Duden/Hopt,* HGB, § 356, Anm. 1) B.; *Brox,* Handelsrecht, § 19 IV. 1. a), Rn. 347; *Düringer/Hachenburg/Breit,* HGB, § 356, Anm. 14; *Heymann/Kötter,* HGB, § 356, Anm. 3; *Schlegelberger/Hefermehl,* HGB, § 356, Rn. 14 ff.

7 *BGH,* Urt.v. 28.6.1968 - I ZR 156/66, BGHZ 50, 277, 283 (unter II. 4.).

8 Siehe oben S. 1, Fn. 1.

9 Siehe auch: *Harms,* Handelsrecht, S. 177; *Schmidt, Karsten,* Handelsrecht, S. 561.

terhaftung oder Haftungsbefreiung entgegen gesellschaftsrechtlichen Grundsätzen führen. Andererseits wird das Kontokorrentrecht durch das Gesellschaftsrecht durchbrochen. Das kann zu einer Haftung oder Haftungsbefreiung entgegen kontokorrentrechtlichen Grundsätzen führen.

Das soll an zwei Beispielen verdeutlicht werden:

1. Beispiel: Haftung für neue Verbindlichkeiten. Das Kontokorrent besteht zwischen einer OHG und einem Warenlieferanten. Die Verbindlichkeiten aus den Bestellungen zur 1. Saison werden in das Kontokorrent eingestellt. Nach Ausscheiden eines Gesellschafters gleicht die im übrigen bestehengebliebene Gesellschaft das Kontokorrent mit 10.000 DM aus. Die Waren für die kommende Saison werden bestellt und geliefert. Es folgt der Saldoabschluß zum Nachteil der OHG in Höhe von 10.000 DM. Die OHG erkennt den Saldo an.

Der ausgeschiedene Gesellschafter müßte dann nicht nur für Verbindlichkeiten aus Bestellungen während seiner Zugehörigkeit zur Gesellschaft haften. Diese sind ausgeglichen. Der Saldo bei Abschluß beinhaltet jetzt die Forderungen für die Bestellungen nach seinem Ausscheiden. Nach dem Grundsatz der Haftung für den niedrigsten Saldo der Zwischenzeit müßte der ausgeschiedene Gesellschafter entsprechend § 356 I HGB auch für den Saldo mit den neuen Forderungen einstehen.

Das widerspricht offensichtlich gesellschaftsrechtlichen Grundsätzen, wonach der Ausgeschiedene gerade nicht für solche Geschäfte soll in Anspruch genommen werden, auf die er nach seinem Ausscheiden keinen Einfluß mehr hat[10], und bei denen der Gesellschaftsgläubiger nicht auf die Zugehörigkeit des nunmehr Ausgeschiedenen vertraut hat[11]. Die Verträge der verbliebenen Gesellschaft mit Dritten belasten so den Ausgeschiedenen. Das verstößt gegen das Verbot von Verträgen zu Lasten Dritter[12].

Die Begründung aus Kontokorrentrecht hierzu ist zweifelhaft. Warum die Bindung an die Kontokorrentabrede eine Haftung für in das Kontokorrent eingestellte Einzelforderungen begründen soll, ist

10 *Wiedemann,* Gesellschaftsrecht, S. 546 ff., 548 (§ 10 III 2. a) bb)).

11 Vgl. zu diesem gesellschaftsrechtlichen Grundsatz: *Fischer* in Großkomm. HGB, § 128, Anm. 49 (S. 307, 2. Abs.); *Hueck,* OHG, S. 451; *Rohe,* Haftung, S. 139; *Steindorf/Roth,* Anmerkung zum Urteil des BAG vom 21.7.1977 - 3 AZR 189/76, Anm. 3) b).

12 *Canaris* in Großkomm. HGB, § 356, Anm. 20 a.E.; *Heinemann,* Haftung, S. 27.

offen. § 356 HGB ist keine Anspruchsgrundlage für die Haftung, sondern setzt eine solche voraus[13]. Aus dem Gesellschaftsrecht folgt aber gerade kein Anspruch des Gläubigers gegen den ausgeschiedenen Gesellschafter. Gesellschaftsrechtlich haftet der ausgeschiedene Gesellschafter nicht für neue Verbindlichkeiten. Auch die "Haftung für den niedrigsten anerkannten Zwischensaldo", also die Haftung auch für im Saldo enthaltene neue Forderungen in Höhe der nicht mehr bestehenden alten Forderungen, kann die herrschende Meinung nicht stützen. Die "Haftung für den niedrigsten anerkannten Zwischensaldo" ist nicht allgemein anerkannt. Es sei "geradezu verfassungswidrig", den Schuldner für eine im Saldo gar nicht mehr enthaltene Forderung haften zu lassen[14].

> *2. Beispiel: Haftungsbefreiung trotz alter Verbindlichkeiten.* Die Gesellschaft hat bei ihrem Kontokorrentpartner Schulden in Höhe von 10.000 DM und Guthaben in der selben Höhe. Zur Zeit des Ausscheidens des Gesellschafters beträgt der Tagessaldo Null. Das Guthaben der Gesellschaft geht verloren. Der Saldo bei Abschluß des Kontokorrents ist in Höhe von 10.000 DM negativ.

Nach der oben dargestellten Argumentation der herrschenden Meinung[15] besteht die Haftung für den Tagessaldo bei Ausscheiden. Der Tagessaldo ist hier Null. Der Gesellschafter haftet also nicht.

Das widerspricht gesellschaftsrechtlichen Grundsätzen, wonach der Gesellschafter für alle zur Zeit seines Ausscheidens begründeten Verbindlichkeiten haftet[16]. Ein Ausgleich mit Guthaben gibt es im Gesellschaftsrecht nur gemäß § 129 HGB unter den dort genannten Voraussetzungen. Danach hat der (ausgeschiedene) Gesellschafter zwar ein Leistungsverweigerungsrecht, solange sich die Gesellschaft und der Gläubiger oder nur die Gesellschaft durch Aufrechnung befriedigen kann[17]. Durch die Ziehung des Tagessaldos bei Ausscheiden wird aber die Haftung des Ausgeschiedenen unmittelbar um die Gut-

---

13 *Rohe,* Haftung, S. 67 m.N. in Fn. 3; *Schlegelberger/Hefermehl,* HGB, § 356, Rn. 4.

14 *Capelle/Canaris,* Handelsrecht, § 25 V. 2. a), S. 287 f.

15 Siehe oben S. 1 mit Nachweisen in Fn. 1.

16 *Hueck,* OHG, S. 449.

17 *BGH,* Urt.v. 14.12.1964 - VIII ZR 119/63, BGHZ 42, 396, 397 f.; *Heymann/Emmerich,* HGB, § 129, Rn. 13; *Schlüter,* Einrede der Aufrechenbarkeit, S. 509 ff.; *Schmidt, Karsten,* Gesellschaftsrecht, S. 1047 f. (§ 49 II. 3. c)) m.N.; *Westermann,* Gesellschaftsrecht, Rn. I 367 (Lfg. 15 Juni 1982) m.N.

haben der Gesellschaft gemindert, ohne daß die Gesellschaft oder der Gläubigers aufrechnen könnten. Denn die Ziehung eines Tagessaldos vor Periodenschluß ist im Kontokorrent nicht vorgesehen.

Nach Kontokorrentrecht besteht die Haftung für den Periodenschlußsaldo. Ein niedrigerer Stand nach Tagesauszügen mindert diese Haftung nicht. Der Gläubiger ist hier also auch aus kontokorrentrechtlicher Sicht benachteiligt.

Zusammengefaßt zeigt sich, daß die Haftung ausgeschiedener Personenhandelsgesellschafter für Kontokorrentverbindlichkeiten nach den Grundsätzen zweier verschiedener Rechtsgebiete, dem Gesellschaftsrecht und dem Kontokorrentrecht, beurteilt wird. Die Anwendung der herrschenden Meinung führt aus gesellschaftsrechtlicher oder kontokorrentrechtlicher Sicht zu einer Benachteiligung des ausgeschiedenen Gesellschafters oder des Gläubigers. Allein die Salden bestimmen, wer bevorzugt und wer benachteiligt wird. Unberücksichtigt bleibt, ob der ausgeschiedene Gesellschafter für die die Salden bildenden Einzelforderungen haftet.

Eine Lösung muß auch bei der vorliegenden Überschneidung der beiden Rechtsgebiete zu angemessenen Ergebnissen führen. Es muß ein Ausgleich zwischen Gesellschaftsrecht und Kontokorrentrecht gefunden werden, der nicht nur die Frage zur Haftung ausgeschiedener Personenhandelsgesellschafter für Kontokorrentverbindlichkeiten löst, sondern auch sonst in den Rahmen des Gesellschaftsrechts und des Kontokorrentrechts paßt.

Bei Bearbeitung dieser Fragestellung zeigte sich, daß die Probleme ganz überwiegend im Kontokorrentrecht liegen. Das Kontokorrent ist im Gesetz nur unzureichend geregelt[18]. In Rechtsprechung und Literatur ist vieles umstritten. Besondere Schwierigkeiten bereitet die nicht einheitliche Begrifflichkeit, die zum Teil auf entsprechende Uneinigkeit in der Dogmatik zurückzuführen ist.

Um hier eine Ausgangsbasis zu schaffen, werden im 1. Kapitel der Arbeit die grundlegenden Begriffe des Kontokorrents im Überblick vorgestellt. Da die Entwicklung und Argumentation der herrschenden Meinung[19] zur Haftung ausgeschiedener Gesellschafter für Kontokorrentverbindlichkeiten nur vor dem Hintergrund der Ge-

---

18 *Bierhoff,* Haftung, S. 51 f.; *Blaurock,* Anerkenntnis, S. 2206 (unter I.); *Brüggemann,* Inhalt, S. 10; *Krapf,* Kontokorrentvertrag, S. 209; *Serick,* Eigentumsvorbehalt II, § 26, IV. 1., S. 361; *Schlegelberger/Hefermehl,* HGB, § 355, Rn. 1.

19 Siehe oben S. 1, Fn. 1.

schichte des Kontokorrents verständlich ist, wird anschließend die Entstehungsgeschichte des heute bekannten Kontokorrents kurz zusammengefaßt.

Im 2. Kapitel wird die herrschende Meinung[20] zur Haftung ausgeschiedener Gesellschafter für in das Kontokorrent eingestellte Einzelforderungen erörtert. Die drei Argumente der herrschenden Meinung werden diskutiert. Die Diskussion bietet die Grundlage für einen eigenen Lösungsvorschlag zur Haftung ausgeschiedener Gesellschafter für die in das Kontokorrent eingestellten Einzelforderungen.

Das Kontokorrent hat nicht nur Auswirkungen auf die Haftung für die in das Kontokorrent eingestellten Einzelforderungen. Das Kontokorrent selbst begründet Verpflichtungen, für die der ausgeschiedene Gesellschafter gegebenenfalls haftet. Diese sind Gegenstand des 3. Kapitels der Arbeit. Von Bedeutung ist hier die Haftung für die Verpflichtungen aus der Kontokorrentabrede und für die Verzinsung der Einzelforderungen. Auch die Haftung für den Ausgleich des Debet vor Periodenschluß ist in diesem Zusammenhang zu behandeln.

20 Siehe oben S. 1, Fn. 1.

1. Kapitel
Das Kontokorrent im Überblick

I. DIE GESETZLICHE REGELUNG

Das Kontokorrent regelnde Normen sind ausschließlich die §§ 355, 356, 357 HGB.

In § 355 I HGB ist eine Legaldefinition des Kontokorrents oder der laufenden Rechnung enthalten. Tatbestandsmerkmale sind danach:

1. Eine Partei muß Kaufmann im Sinne des Handelsrechts sein[21].
2. Zwischen den Parteien muß eine Geschäftsverbindung bestehen, aus der beiderseitige Ansprüche und Leistungen entstehen.
3. Es muß eine Abrede[22] zwischen den Parteien getroffen worden sein, wonach die Inrechnungstellung, die Verrechnung und die Saldofeststellung vereinbart ist.

Bezüglich des zweiten Tatbestandsmerkmals reicht nach heute ganz herrschender Meinung[23] die Möglichkeit der Entstehung von Ansprüchen aus der Geschäftsverbindung aus.

Die Abrede zur Inrechnungstellung, Verrechnung und Saldofeststellung wird in der Literatur unterschiedlich bezeichnet. Die herr-

---

21 Die Kaufmannseigenschaft einer Partei ist nach verbreiteter Ansicht nur bezüglich der Befreiung vom Zinseszinsverbot (§ 248 I BGB) gemäß § 355 I a.E. HGB notwendige Voraussetzung; ein Kontokorrent kann auch zwischen Nichtkaufleuten bestehen: *Baumbach/Duden/Hopt,* HGB, § 355, Anm. 2) B.; *Canaris* in Großkomm. HGB, § 355, Anm. 15, 120; *Capelle/Canaris,* Handelsrecht, § 25 VII., S. 292; differenzierend: *Schlegelberger/Hefermehl,* HGB, § 355, Rn. 119 m.N.; *Schmidt, Karsten,* Handelsrecht, S. 549 f.; *Schmidt, Karsten,* Kontokorrent, S. 129 f.

22 Vgl.: *BGH,* Urt.v. 19.12.1969 - I ZR 33/68, WM 70, 184, 185 (unter III. 2. a)); *Heymann/Horn,* HGB, § 355, Rn. 8.

23 *BGH,* Urt.v. 21.10.1955 - I ZR 187/53, NJW 56, 17.; *RG,* Urt.v. 12.1.1927 - Ziv. I 175/26, RGZ 115, 393, 396; *RG,* Urt.v. 6.7.1916 - VI. 147/16, RGZ 88, 373, 375; *Brox,* Handelsrecht, § 19 II. 1., Rn. 335; *Canaris* in Großkomm. HGB, § 355, Anm. 22; *Herz,* Kontokorrent, S. 7, Fn. 4 m.N.; *Schlegelberger/Hefermehl,* HGB, § 355, Rn. 11 m.N.; *Schmidt, Karsten,* Handelsrecht, S. 550; *Schumann,* Handelsrecht II, § 5 II. 1., S. 45.

schende Lehre bezeichnet diese Abrede als Kontokorrentabrede[24]. Ob damit nur die zugrunde liegende Vereinbarung oder auch der Vollzug der Inrechnungstellung, Verrechnung und Saldofeststellung gemeint ist, ist oft nicht klar.

Überhaupt ist die Bezeichnung der einzelnen Merkmale des Kontokorrents nicht einheitlich. **Canaris** bezeichnet allein die Inrechnungstellung als Kontokorrentabrede[25]; die Verpflichtung zur Feststellung und Anerkennung des Saldos und zur Verrechnung nennt er Geschäftsvertrag[26], der von einem anderen Vertrag, z.B. dem Girovertrag scharf zu unterscheiden ist[27]. Andere verstehen unter Kontokorrentabrede[28] nur die Verrechnung und unter Geschäftsvertrag[29] den Vertrag, der die allgemeinen Ansprüche und Leistungen aus der Geschäftsverbindung regelt, wie z.B. den Girovertrag[30]. Wieder andere[31] unterstellen der Kontokorrentabrede nur die Inrechnungstellung und die Verrechnung, nicht aber die Abrede zum Saldoanerkenntnis. Die Inrechnungstellung, die Verrechnung und die Saldofeststellung werden auch als Kontokorrentvertrag zusammengefaßt[32]. Der Begriff Kontokorrentvertrag wird dann als Oberbegriff für das Kontokorrent einschließlich Geschäftsvertrag verwendet[33]. Von anderen Autoren[34] und der Rechtsprechung[35] werden die Begriffe

24 *Baumbach/Duden/Hopt,* HGB, § 355, Anm. 2) D.; *Brox,* Handelsrecht, § 19 II. 2., Rn. 336 ff.; *Harms,* Handelsrecht, S. 176; *Heymann/Horn,* HGB, § 355, Rn. 8; *Heymann/Kötter,* HGB, § 355, Anm. 1, S. 755; *Hofmann,* Handelsrecht, S. 176 (unter H. III. 4. b)); *Maier,* Kontokorrent, S. 197 (unter II.); *Schmidt, Karsten,* Handelsrecht, S. 550.

25 *Canaris* in Großkomm. HGB, § 355, Anm. 9 und 36 a.E. (unter III.); *Capelle/Canaris,* Handelsrecht, § 25 I. 2., S. 276, § 25 II., S. 277 f.

26 *Canaris* in Großkomm. HGB, § 355, Anm. 10; *Capelle/Canaris,* Handelsrecht, § 25 I. 2., S. 276 f.

27 *Canaris* in Großkomm. HGB, § 355, Anm. 10 a.E.

28 *Hefermehl,* Grundfragen, S. 558 (1. Abs.) und 559 (letzter Abs.).

29 *Göppert,* Vereinfachung, S. 162; *Heymann/Kötter,* HGB, § 355, Anm. 1, S. 755; *Schlegelberger/Hefermehl,* HGB, § 355, Rn. 13.

30 *Schlegelberger/Hefermehl,* HGB, § 355, Rn. 13.

31 *GK-HGB/Herget,* § 355, Rn. 20 (unter II. 3. b)).

32 *Canaris* in Großkomm. HGB, § 355, Anm. 31.

33 *Canaris* in Großkomm. HGB, § 355, Anm. 9.

34 *Heymann/Kötter,* HGB, § 355, Anm. 1 m.N.

35 *BGH,* Urt.v. 13.3.1981 - I ZR 5/79, BGHZ 80, 172, 176 (unter I. 1. a)); *BGH,* Urt.v. 28.6.1968 - I ZR 156/66, BGHZ 50, 277, 282.

Kontokorrentabrede und Kontokorrentvertrag gleichbedeutend gebraucht. Wieder andere[36] verstehen unter Kontokorrentabrede alle Vereinbarungen, die die Abwicklung und Abrechnung der Ansprüche aus der Geschäftsverbindung betreffen. Mit Kontokorrent ist bisweilen auch das Rechnungsblatt gemeint[37].

Bei einer derartigen babylonischen Sprachverwirrung verwundert es nicht, daß dem Kontokorrent das "Odium[38]" einer gewissen "mystischen Ingredienz[39]" anhaftet. Schließlich steckt hinter dieser Sprachverwirrung oft auch eine dogmatische Verwirrung, die insbesondere bei der Behandlung von Detailfragen herrscht. Der Vergleich von Beiträgen verschiedener Autoren oder sogar des selben Autors ist daher gegebenenfalls sehr schwer.

So verwirrend aber das Bild auf den ersten Blick ist, zeigen sich bei näherem Hinsehen doch gewisse Fixpunkte. Dem Stand der heutigen Dogmatik zum Kontokorrent wird wohl folgende Terminologie annähernd gerecht:

Kontokorrent oder **Kontokorrentverhältnis** ist die gesamte Rechtsbeziehung zwischen den Kontokorrentpartnern[40].

In diesem Rahmen ist die **Geschäftsverbindung** lediglich ein zeitliches Abgrenzungsmerkmal. Sie löst nicht selbst Rechtsfolgen aus, sondern beschreibt die Zeit, in der das Kontokorrent bestehen kann[41]. Im übrigen ist mit einer Bestimmung des Wesens der Geschäftsverbindung als Tatbestandsvoraussetzung des Kontokorrents nichts gewonnen[42]. Sie ist nur die selbstverständliche Voraussetzung, ohne die es nichts laufend zu verrechnen gibt[43]. Die Rechtsgrundlage für die in das Kontokorrent einzustellenden gegenseitigen Ansprüche und Leistungen ist sie nicht. Diese liegt in dem Geschäftsvertrag.

---

36 *Göppert,* Vereinfachung, S. 162 m.N.

37 *BGH,* Urt.v. 17.2.1969 - II ZR 30/65, BGHZ 51, 346, 348; *Göppert,* Lehre, S. 320; *Göppert,* Vereinfachung, S. 163.

38 *Capelle/Canaris,* Handelsrecht, § 25 I. 1., S. 276.

39 *Levy,* Contocorrent-Vertrag, S. 210.

40 *GK-HGB/Herget,* § 355, Rn. 10 (unter I. 4.).

41 *Müller-Graff,* Auswirkungen, S. 3 f.

42 *Philipowski,* Geschäftsverbindung, S. 15; *Schlegelberger/Hefermehl,* HGB, § 355, Anm. 6.

43 *Müller-Gumperda,* Kontokorrentvertrag, S. 5 f.

Der **Geschäftsvertrag** ist die Rechtsgrundlage der in das Kontokorrent einzustellenden Ansprüche und Leistungen[44]. Es handelt sich wohl in den meisten Fällen um einen zweiseitigen Vertrag. Zum Beispiel kann ein Girovertrag der Geschäftsvertrag im Rahmen eines Kontokorrents sein[45]. Es ist auch denkbar, daß nicht nur ein Vertrag, sondern viele Verträge die Rechtsgrundlage der Ansprüche und Leistungen sind.

Beispiel: Zwei Kaufleute stehen in Geschäftsverbindung. Sie vereinbaren, daß alle Forderungen aus Lieferungen in ein Kontokorrent eingestellt werden. Jeder Lieferung liegt ein Kaufvertrag zugrunde. Hier ist jeder Kaufvertrag ein Geschäftsvertrag des Kontokorrents. Es gibt also so viele Geschäftsverträge wie Kaufverträge zwischen den Kaufleuten.

Die Regeln für einen Geschäftsvertrag im Kontokorrent sind jedoch die gleichen wie für viele. Einer Unterscheidung bedarf es nicht. Es ist daher im weiteren nur von Geschäftsvertrag in der Einzahl die Rede, auch wenn es sich um viele Verträge handeln kann.

Es ist auch möglich, daß die Rechtsgrundlage der Ansprüche und Leistungen nicht auf einem zweiseitigen Vertrag, sondern auf einzelnen einseitigen Rechtsgeschäften oder auf gesetzlichen Schuldverhältnissen beruht.

Beispiel: Die beiden Kaufleute vereinbaren, daß (auch) Ansprüche und Leistungen aus Auslobung (§ 657 BGB) oder Geschäftsführung ohne Auftrag (§§ 683, 670 BGB) in das Kontokorrent einzustellen sind.

Dennoch soll im weiteren von Geschäfts**vertrag** die Rede sein. Ein Vertrag oder mehrere zweiseitige Verträge sind meistens die Rechtsgrundlage für die gegenseitigen Ansprüche und Leistungen, die in das Kontokorrent eingestellt werden. Die Regeln sind entsprechend auf die Ansprüche und Leistungen aus einseitigen Rechtsgeschäften oder gesetzlichen Schuldverhältnissen anzuwenden.

Die in das Kontokorrent einzustellenden Forderungen aus dem Geschäftsvertrag werden als **Einzelforderungen** bezeichnet[46]. Die Parteien können als Einzelforderungen auch andere, zum Beispiel ab-

---

44 *Schlegelberger/Hefermehl,* HGB, § 355, Rn. 13; *Göppert,* Vereinfachung, S. 162.

45 *Schlegelberger/Hefermehl,* HGB, § 355, Rn. 13.

46 Vgl. z.B.: *BGH,* Urt.v. 2.11.1967 - II ZR 46/65, BGHZ 49, 24, 29; *Heymann/Horn,* HGB, § 355, Rn. 5 i.V.m. Rn. 9; *Schmidt, Karsten,* Handelsrecht, S. 552 ff. (§ 20 III.).

getretene[47] Forderungen, in das Kontokorrent aufnehmen. Die Einzelforderungen sollen in Rechnung gestellt werden. Sie sollen also nicht bezahlt, sondern im Rahmen des Kontokorrents verrechnet werden.

Die **Kontokorrentabrede** ist die Abrede bei Begründung des Kontokorrentverhältnisses, die die Grundlage der Inrechnungstellung, der Verrechnung und des Saldoanerkenntnisses ist[48]. Sie kann ein selbständiger Rahmenvertrag sein, in den die Ansprüche und Leistungen aus dem Geschäftsvertrag aufgenommen werden[49].

Als Ergebnis der Inrechnungstellung und der Verrechnung bleibt die **Saldoforderung**. Der Saldo ist gemäß der Kontokorrentabrede anzuerkennen.

Zusammengefaßt bilden der Geschäftsvertrag und die Kontokorrentabrede den Kern des Kontokorrentverhältnisses. Aus dem Geschäftsvertrag entstehen die Einzelforderungen, die gemäß der Kontokorrentabrede behandelt werden. Die Kontokorrentabrede gibt dem Geschäftsvertrag ein eigenes Gepräge. Beide, Geschäftsvertrag und Kontokorrentabrede, können zwar auch allein bestehen: der Geschäftsvertrag z.B. als Kauf- oder Darlehensvertrag, die Kontokorrentabrede als (unausgefüllter) Rahmenvertrag; aber nur zusammen bilden sie den Kontokorrentvertrag. Der **Kontokorrentvertrag**[50] beinhaltet das, was die Kontokorrentparteien mit dem Geschäftsvertrag und der Kontokorrentabrede vereinbaren. Die Geschäftsverbindung als rein tatsächliches Verhältnis und nicht kontokorrentfähige Nebenabreden, wie zum Beispiel Dienstleistungsvereinbarungen, sind damit nicht gemeint. Der Kontokorrentvertrag ist daher nicht gleichbedeutend mit Kontokorrent(-verhältnis).

Der Kontokorrentvertrag besteht damit aus mehreren verschiedenen Verträgen. Ein Gesamtvertrag, der aus mehreren Verträgen besteht, ist nichts Ungewöhnliches. Es handelt sich entweder um einen

---

47 *Düringer/Hachenburg/Breit,* HGB, § 355, Anm. 29.

48 *Baumbach/Duden/Hopt,* HGB, § 355, Anm. 2) D.; *Harms,* Handelsrecht, 176; *Heymann/Horn,* HGB, § 355, Rn. 8; *Schmidt, Karsten,* Handelsrecht, § 20 II. 2. d), S. 550; *Schumann,* Handelsrecht II, § 5 II. 3., S. 46.

49 *Canaris* in Großkomm. HGB, § 355, Anm. 9 (Abs. 1) m.N.

50 *Canaris* in Großkomm. HGB, § 355, Anm. 9; *Hefermehl,* Grundfragen, S. 548, Fn. 2; *Schlegelberger/Hefermehl,* HGB, § 355, Rn. 5; *Schmidt, Karsten,* Handelsrecht, S. (§ 20 II 2) d), S. 550 f.

zusammengesetzten[51] oder einen gemischten Vertrag[52]. Einer Entscheidung, ob es ein zusammengesetzter Vertrag oder ein gemischter Vertrag ist, bedarf es nicht. Die Grenze zwischen beiden ist fließend. Die den Kontokorrentvertrag bildenden Einzelverträge sind jedenfalls gedanklich von einander zu trennen.

Insgesamt ist das ganze Kontokorrent ein Zusammenwirken verschiedener Vereinbarungen, die nur zusammen die Zwecke des Kontokorrents erfüllen.

Die folgenden Skizze soll symbolisieren, wie die verschiedenen Vereinbarungen zusammenwirken, um die Ansprüche und Leistungen aus der Geschäftsverbindung zu einer abstrakten Saldoforderung zusammenzufassen.

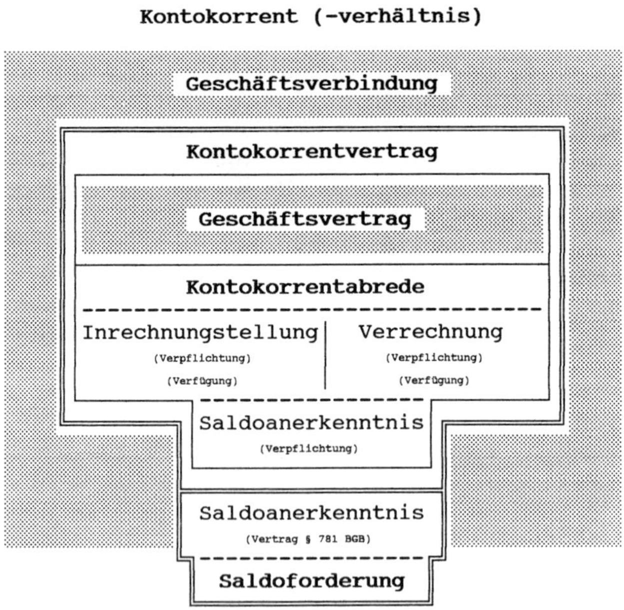

51 Zum zusammengesetzten Vertrag: Palandt/Heinrichs, BGB, Einf. § 305, Anm. 5) a), Rn. 16.

52 Zum gemischten Vertrag: Palandt/Heinrichs, BGB, Einf. § 305, Anm. 5) b), Rn. 19.

Das Kontokorrent soll vor allem drei Zwecken dienen:

Erstens, durch das Kontokorrent soll eine Vielzahl von Einzelforderungen zu einer Saldoforderung zusammengefaßt werden. Die Forderungen sollen verrechnet werden. Ständige gegenseitige Zahlungen werden so vermieden. Darin liegt eine **Vereinfachung**[53] des Zahlungsverkehrs.

Zweitens soll durch die Saldoforderung eine Verjährungsfrist, ein Gerichtsstand, ein Erfüllungsort etc. begründet werden. Das führt zu einer **Vereinheitlichung**[54] der in das Kontokorrent eingestellten Einzelforderungen.

Drittens sind die Einzelforderungen im Kontokorrent gebunden. Dritten ist ein Zugriff auf diese Einzelforderungen weitgehend verwehrt. Das ist für den Kontokorrentpartner eine **Sicherung**[55] seiner in das Kontokorrent eingestellten Einzelforderungen.

Eine Kreditfunktion soll dem Kontokorrent nach heute ganz herrschender Meinung[56] nicht zukommen. Aus der Vereinfachungsfunktion kann aber folgen, daß nicht jedes Debet sofort ausgeglichen werden muß[57].

---

53 *BGH*, Urt.v. 13.12.1990 - IX ZR 33/90, WM 1991, 497 (unter II. 3. c)); *Bierhoff*, Haftung, S. 52, 85; *Brox*, Handelsrecht, § 19 I. 1. a) (1), Rn. 331; *Budde*, Haftung, S. 41 f.; *Canaris* in Großkomm. HGB, § 355, Anm. 2; *Canaris*, Funktionen, S. 55 m.N.; *Denkschrift 1897*, S. 212; *Graf*, Interessen, S. 36 ff., 58; *Hammen*, Saldofeststellung, 1406 (unter 3.); *Heinemann*, Haftung, S. 27; *Herz*, Kontokorrent, S. 4 m.N. in Fn. 4, S. 34; *Maier*, Kontokorrent, S. 197 (unter I. 2.); *Roxel*, Rechnungsabschluss, S. 7, *Schmidt, Karsten*, Handelsrecht, S. 546; *Schwefer*, Pfändung, S. 13.

54 *Brox*, Handelsrecht, § 19 I. 1. a) (2), Rn. 331; *Canaris* in Großkomm. HGB, § 355, Anm. 2 a.E.; *Canaris*, Funktionen, S. 56; *Maier*, Kontokorrent, S. 197 (unter I. 2.); *Schmidt, Karsten*, Handelsrecht, S. 546.

55 *Brox*, Handelsrecht, § 19 I. 1. a) (3), Rn. 331; *Canaris* in Großkomm. HGB, § 355, Anm. 3; *Canaris*, Funktionen, S. 64 ff.; *Schmidt, Karsten*, Handelsrecht, S. 546; *Schwefer*, Pfändung, S. 14 f.

56 *BGH*, Urt.v. 19.12.1969 - I ZR 33/68, WM 70, 184, 186 (l.Sp. unter III. 2. c)); *RG*, Urt.v. 6.7.1916 - VI. 147/16, RGZ 88, 373, 376; *Canaris* in Großkomm. HGB, § 355, Anm. 4; *Canaris*, Funktionen, S. 67 ff. m.N.; *Capelle/Canaris*, Handelsrecht, § 25 I. 3., S. 277; *Denkschrift 1897*, S. 212; *Greber*, Kontokorrentverhältnis, S. 34 ff.; *Hefermehl*, Grundfragen, S. 558; *Heymann/Horn*, HGB, § 355, Rn. 4 m.N.; *Mohr*, Kontokorrentverkehr, S. 44 ff., 64; *Schlegelberger/Hefermehl*, HGB, § 355, Rn. 7; *Schmidt, Karsten*, Handelsrecht, § 20 I. 2. c), S. 546 f.; *Serick*, Eigentumsvorbehalt II, § 26 IV. 2. a), S. 365; *Schönle*, Bank- und Börsenrecht, § 7 II. 1. a) 3. a), S. 71 m.N.; *Theusner*, Natur, S. 14 f.

57 *Canaris* in Großkomm. HGB, § 355, Anm. 5; *Canaris*, Funktionen, S. 68 f.; *Schmidt, Karsten*, Handelsrecht, S. 547; *Theusner*, Natur, S. 11.

In jedem Fall zu beachten ist der Parteiwille[58]. Die Parteien müssen darüber einig sein, daß und welche einzelnen Ansprüche nicht selbständig geltend gemacht werden sollen. Sie müssen sich weiter einig sein, welche einzelnen Leistungen nicht zur Tilgung bestimmter Ansprüche erbracht, sondern in das Kontokorrent eingestellt werden sollen[59]. Auf die Bezeichnung "Kontokorrent" oder "laufende Rechnung" kommt es für das Vorliegen eines Kontokorrentverhältnisses nicht entscheidend an[60].

Einzelheiten zum Kontokorrent sind nur in den §§ 355 I a.E., II, III, 356, 357 HGB geregelt: Ausnahme vom Zinseszinsverbot, Rechnungsabschluß, Kündigung, Fortbestand der Sicherheiten nach Anerkennung des Rechnungsabschlusses und Pfändung des Saldos.

Die Regelung im Gesetz ist damit ausgesprochen dürftig[61]. Warum dem so ist, zeigt die Entstehungsgeschichte des Kontokorrents.

---

58 *BGH,* Urt.v. 23.10.1958 - II ZR 127/57, WM 59, 81, 83 (unter II. 2.); *RG,* Urt.v. 11.6.1940 - VII 233/39, RGZ 164, 212, 215 f.; *RG,* Urt.v. 1.4.1936 - V 199/35, JW 1936, 2540, 2541 (r.Sp.); *RG,* Urt.v. 27.2.1935 - I 154/34, HRR 1935, Nr. 802; *RG,* Urt.v. 12.5.1934 - I 53/34, RGZ 144, 311, 312 m.N.; *RG,* Urt.v. 25.9.1933 - VI 206/33, JW 1933, 2826, 2827 (r.Sp.); *RG,* Urt.v. 17.5.1933 - I 299/32, RGZ 140, 345, 347; *RG,* Urt.v. 18.4.1932 - VIII 649/31, RGZ 136, 178, 180; *RG,* Urt.v. 9.3.1929 - I 316/28, RGZ 123, 384, 386 f.; *RG,* Urt.v. 14.11.1903 - I. 244/03, RGZ 56, 19, 23; *Bierhoff,* Haftung, S. 52, 60, 69, 88; *Canaris* in Großkomm. HGB, § § 355, Anm. 1, 38, 42; *Denkschrift 1897,* S. 213; *Düringer/Hachenburg/Breit,* HGB, § 355, Anm. 29 m.N.; *Glanegger/Niedner/Renkl/Ruß,* HGB, § 355, Rn. 3; *Herz,* Kontokorrent, S. 5, Rn. 4 m.N., S. 46; *Heymann/Kötter,* HGB, § 355, Anm. 1, S. 756 a.E. m.N.; *Schlegelberger/Hefermehl,* HGB, § 355, Rn. 11, 14, 21, § 356, Rn. 3; *Serick,* Eigentumsvorbehalt II, § 26 IV. 1., S. 363.

59 *BGH,* Urt.v. 20.4.1956 - I ZR 203/54, WM 56, 1125, Ls. 1 und S. 1126; *RG,* Urt.v. 21.9.1883 - Rep. II 184/83, RGZ 10, 53, 54; *RG,* Urt.v. 26.11.1879 - I. 16/79. I. 897., RGZ 1, 18, 19 f.; *Canaris* in Großkomm. HGB, § 355, Anm. 32; *Schlegelberger/Hefermehl,* HGB, § 355, Rn. 14.

60 *BGH,* Urt.v. 20.4.1956 - I ZR 203/54, WM 56, 1125, Ls. 1 und S. 1126 (r.Sp.); *Canaris* in Großkomm. HGB, § 355, Anm. 31.

61 Siehe oben S. 5, Fn. 18.

II. DIE ENTSTEHUNGSGESCHICHTE

Das Kontokorrent ist eine Schöpfung der kaufmännischen Praxis[62]. Eine rechtliche Regelung erfuhr diese Kaufmannspraxis erst einmal in Hinblick auf das kanonische Wucherdogma und das römisch-rechtliche Verbot des Anatozismus[63]. Es stellte sich die Frage, ob im Rahmen eines Kontokorrents Zinsen und Zinseszinsen genommen werden durften. Die das Kontokorrent betreffende Regelung im ALR[64] ist daher unter "VIII. Von kaufmännischen Zinsen." in § 697 zu finden:

> Wenn Kaufleute sich untereinander wegen wechselseitiger Forderungen an Capital und Zinsen berechnen: so ist der, welchem ein Ueberschuß gebührt, von dem ganzen Betrage desselben, wenn gleich darunter Interessen mit begriffen sind, Zinsen seit dem Tage des Abschlusses anzusetzen berechtigt.

Die Haftung der Sicherungsgeber oder Gesellschafter für in das Kontokorrent eingestellte Einzelforderungen wurde nicht geregelt. Es ging ausschließlich um Zins und Zinseszins.

In dem Entwurf eines Handelsgesetzbuches für die Preußischen Staaten von 1875 wurde in Artikel 224[65] eine § 697 ALR entsprechende Regelung aufgenommen. Die Haftung der Sicherungsgeber oder Gesellschafter war auch hier nicht geregelt. Als Rechtsfolge bei Vorliegen einer laufenden Rechnung unter Kaufleuten war lediglich die Berechtigung, Zinsen und Zinseszinsen zu fordern, ausgedrückt.

Dieser Artikel 224 des preußischen Entwurfs ging nur wenig verändert als Artikel 291 in das ADHGB ein. Bei den Beratungen sah man keine Probleme bei der Haftung der Sicherungsgeber oder Gesellschafter für Kontokorrentverbindlichkeiten. Statt dessen wurde erörtert, die Vorschrift auf das Verhältnis zwischen Kaufleuten und Nichtkaufleuten auszudehnen, "was namentlich wegen des Verkehrs der Banquiers mit Kapitalisten erforderlich sei, da dieser ganz nach

---

62 *Canaris* in Großkomm. HGB, § 355, Anm. 1; *Hofmann,* Handelsrecht, S. 175 (unter H. III. 4. a)); *Raisch,* Voraussetzungen, S. 232; *Scherner,* Wandlungen, S. 173, 177, 180 f.

63 *Raisch,* Voraussetzungen, S. 233.

64 Zweyter Theil, Achter Titel, Siebenter Abschnitt.

65 Abgedruckt bei: *Raisch,* Voraussetzungen, S. 234 f., Fn. 29.

kaufmännischen Grundsätzen behandelt zu werden pflege[66]". Der Vorschlag wurde aber abgelehnt. Die Beurteilung des Rechtsverkehrs zwischen Kaufleuten und Nichtkaufleuten wurde als von Art. 291 ADHGB nicht erfaßt ausdrücklich offengelassen. Eine vertragliche Regelung entsprechend Art. 291 ADHGB wurde für diese Rechtsverhältnisse als üblich angesehen[67].

In der Denkschrift[68] zum HGB wird dieser Gedanke erneut aufgegriffen. Die Vorschrift wurde mit der Begründung, sie gelte sowieso bereits gewohnheitsrechtlich auch zwischen Kaufleuten und Nichtkaufleuten auf eben diesen Personenkreis erweitert.

Daneben wurden in der Denkschrift zum HGB erstmals Fragen zur Haftung erörtert. Man sah sich dazu wegen der Rechtsprechung zur Haftung ausgeschiedener Gesellschafter für Kontokorrentverbindlichkeiten veranlaßt.

Die ältere Rechtsprechung[69] hatte keine Bedenken, das Kontokorrent über die Rechnungsperiode hinaus in seine einzelnen Rechnungsposten aufzulösen und je einzeln zu entscheiden, ob der ausgeschiedene Gesellschafter für diesen Posten haftet. Diese Rechtsprechung blieb jedoch auf den Einzelfall beschränkt. Schon zur Zeit der Beratungen zum HGB wurde von der Rechtsprechung eine Haftung des ausgeschiedenen Gesellschafters nach der Feststellung des Saldos abgelehnt[70]. Die Haftung des ausgeschiedenen Gesellschafters bestehe für die Einzelforderung. In Folge der Novation könne weder auf die Einzelforderungen noch auf die zu den Einzelforderungen akzessorischen Sicherheiten zurückgegriffen werden[71]. Diese Novationstheorie wurde mit dem Wesen des Kontokorrents begründet. Aus dem Wesen des Kontokorrents ergebe sich, daß alle den Saldo begründenden Rechnungsposten in ihm aufgehen und an deren Stelle eben dieser Saldo als neue, selbständige Forderung trete[72]. Bedenken wegen des damit verbundenen Verlustes der Sicherheiten seien nicht gerecht-

---

66 *Protokolle ADHGB,* CLVII. Sitzung, S. 1317.

67 *Bornemann/Waldeck/Strohn/Bürgers,* ADHGB, Art. 291, Anm. III.

68 *Denkschrift 1897,* S. 215 f.; *Denkschrift 1896,* S. 200.

69 *RG,* Urt.v. 6.4.1881 - I Rep. 523/81, RGZ 4, 81, 84.

70 *RG,* Urt.v. 1.2.1887 - Rep. III 218/86, RGZ 18, 246, 249 f.

71 *RG,* Urt.v. 13.11.1889 - I.229/89, RGZ 25, 11, 16; *RG,* Urt.v. 1.2.1887 - Rep. III 218/86, RGZ 18, 246, 249; *RG,* Urt.v. 21.9.1883 - Rep. II 184/83, RGZ 10, 53, 55 f.; *RG,* Urt.v. 16.11.1880 - II. 148/80, RGZ 3, 17, 19.

72 *RG,* Urt.v. 21.9.1883 - Rep. II 184/83, RGZ 10, 53, 53 f.

fertigt, da sich die Kontokorrentgläubiger durch Bürgschaft oder Hypothek dauerhaft absichern könnten[73].

Der Gesetzgeber des HGB empfand diese Rechtsprechung als nicht in Einklang stehend mit den Bedürfnissen und Anschauungen des Verkehrs[74]. Er erließ daher § 356 HGB[75]. Die Übertragung der Sicherheiten der Einzelforderungen auf den Saldo und damit die Haftung für den Saldo sollte so auf gesetzliche Weise sichergestellt werden[76].

Als weitere Neuerung zum Kontokorrent wurde § 357 in das HGB aufgenommen. Wegen der Kontokorrentgebundenheit war die Pfändung der Einzelforderungen während der laufenden Kontokorrentperiode nicht möglich. Bei Pfändung allein des zukünftigen Saldos hatte der Schuldner durch Schaffung neuer Schuldposten die Möglichkeit, dem Gläubiger die Forderung zu entziehen. Durch die Regelung des § 357 HGB sollte diese Möglichkeit des Schuldners ausgeschlossen werden[77].

Zusammenfassend läßt sich sagen: Die gesetzliche Definition des Kontokorrents in § 355 HGB erfolgte allein in Hinblick auf die Befreiung vom Zinseszinsverbot. Die vorausgesetzte Kaufmannseigenschaft wenigstens einer der Parteien ist der Rest der ursprünglich allein kaufmännischen Praxis des Kontokorrents. In Folge dieser Praxis wurde die Dogmatik des Kontokorrents vernachlässigt[78]. Haftungsfragen wurden vom Gesetzgeber nur in Hinblick auf die unerwünschten Auswirkungen der Novationstheorie in § 356 HGB berücksichtigt. Die Ausgestaltung des Kontokorrents im übrigen bleibt nach wie vor der Rechtsprechung und Literatur überlassen.

---

73 *RG,* Urt.v. 21.9.1883 - Rep. II 184/83, RGZ 10, 53, 55.

74 *Denkschrift 1897,* S. 214; *Denkschrift 1896,* S. 198.

75 *RG,* Urt.v. 30.5.1911 - Ziv. II. 669/10, RGZ 076, 330, 331 f.; *Bierhoff,* Haftung, S. 68; *Düringer/Hachenburg/Breit,* HGB, § 356, Anm. 17; *Hammen,* Saldofeststellung, S. 1407 (l.Sp.); *Rohe,* Haftung, S. 66.

76 *Denkschrift 1897,* S. 214.

77 *Denkschrift 1897,* S. 215.

78 Siehe oben S. 5, Fn. 18.

2. Kapitel
Die Haftung ausgeschiedener Gesellschafter für in das Kontokorrent eingestellte Einzelforderungen

I. DIE HEUTE HERRSCHENDE MEINUNG

Die heute herrschende Ansicht[79] in Rechtsprechung und Literatur zur Haftung ausgeschiedener Gesellschafter für die in das Kontokorrent eingestellten Einzelverbindlichkeiten ist durch die Entscheidung[80] des Reichsgerichts vom 30.5.1911 begründet und unter anderen[81] vom Bundesgerichtshof mit der Entscheidung[82] vom 28.6.1968 ausdrücklich bestätigt worden. Danach haftet der ausgeschiedene Gesellschafter für die Verbindlichkeiten der Gesellschaft in Höhe des Tagessaldos bei seinem Ausscheiden, jedoch nicht über den nach seinem Ausscheiden gezogenen niedrigsten anerkannten Zwischensaldo hinaus[83]. Dabei wird unter Zwischensaldo nicht ein Tagessaldo, sondern der Saldo nach Rechnungsabschluß (§ 355 I, II HGB) in der Zeit zwischen Ausscheiden und Inanspruchnahme des ausgeschiedenen Gesellschafters verstanden[84].

---

79 Siehe oben S. 1, Fn. 1.

80 *RG*, Urt.v. 30.5.1911 - Ziv. II. 669/10, RGZ 76, 330-335.

81 *BGH*, Urt.v. 4.7.1985 - IX ZR 135/84, NJW 85, 3007, 3008 (unter I. 3.); *BGH*, Urt.v. 2.11.1973 - I ZR 88/72, DB 73, 2439, 2439 (unter I.); *BGH*, Urt.v. 9.12.1971 - III ZR 58/69, WM 72, 283, 284 (unter II. 1.); *BGH*, Urt.v. 17.9.1964 - II ZR 162/62, BB 64, 1233, 1233; *RG*, Urt.v. 27.2.1935 - I 154/34, HRR 1935, Nr. 802.

82 *BGH*, Urt.v. 28.6.1968 - I ZR 156/66, BGHZ 50, 277-284.

83 *BGH*, Urt.v. 28.6.1968 - I ZR 156/66, BGHZ 50, 277, 278.

84 *BGH*, Urt.v. 28.6.1968 - I ZR 156/66, BGHZ 50, 277, 279 ff.

1) Die Begründung zur Haftung für den Tagessaldo bei Ausscheiden

Die Ziehung des Tagessaldos wird zum einen gesellschaftsrechtlich begründet. Die Haftung für den Tagessaldo bei Ausscheiden trage "lediglich in angemessener und allgemein anerkannter Weise der gesetzlichen Regelung Rechnung, wonach der ausscheidende Gesellschafter für die Schulden der Gesellschaft zur Zeit seines Ausscheidens mithaftet[85]". Die Verrechnung der Schulden mit Guthaben bei Ziehung des Tagessaldos entspreche dem Haftungssystem der §§ 128, 159 HGB, da die Gesellschaft wegen ihrer Verpflichtung zur Schuldenbefreiung, § 738 I BGB, von einer bestehenden Aufrechnungslage nicht abzuweichen berechtigt sei[86].

Die Ziehung des Tagessaldos bei Ausscheiden wird zum anderen kontokorrentrechtlich begründet. Auch bei einer möglichen Kündigung des Kontokorrents zum Zeitpunkt des Ausscheidens, § 355 III HGB, entstünde ein entsprechender (Tages-)Saldo[87]. Oder das Ausscheiden des Gesellschafters bewirke in Analogie zu § 357 HGB oder wegen berechtigten wirtschaftlichen Interesses des Ausscheidenden eine Unterbrechung des Kontokorrents. Die Einzelforderungen seien daher am Tag des Ausscheidens zwischen dem Ausscheidenden und dem Kontokorrentgläubiger bindungsfrei mit der Folge, daß der ausgeschiedene Gesellschafter aufrechnen, und die Aufrechnungsmöglichkeit nach § 129 III HGB auch später einreden könne[88].

2) Die Begründung der herrschenden Meinung zur Haftung für die Gesellschaftsschulden nach Ausscheiden aufgrund der Bindung an die Kontokorrentabrede

Die Haftung für die Gesellschaftsschulden nach Ausscheiden wird kontokorrentrechtlich begründet. Der ausgeschiedene Gesellschafter bleibe an die während seiner Zugehörigkeit zur Gesellschaft geschlos-

85 *BGH*, Urt.v. 28.6.1968 - I ZR 156/66, BGHZ 50, 277, 284.

86 *Rohe*, Haftung, S. 67 f.

87 Vgl.: *Harms*, Handelsrecht, S. 179.

88 Vgl.: *Harms*, Handelsrecht, S. 179 f.

sene Kontokorrentabrede gebunden[89]. Die Sicherheit im Rechtsverkehr erfordere, daß er bezüglich der Wirkungen des Rechnungsabschlusses nicht anders behandelt werde als die Gesellschaft selbst[90].

3) Die Begründung zur Haftung für die Gesellschaftsschulden nach Ausscheiden gemäß § 356 HGB

Zur Begründung der Haftung nach Ausscheiden wird auch § 356 HGB genannt. Das Guthaben des Gesellschaftsgläubigers bei Ausscheiden des Gesellschafters bilde einen Rechnungsposten im Kontokorrent. Für diesen Rechnungsposten hafte der Ausgeschiedene gemäß Art. 112 ADHGB, heute gemäß § 128 HGB. Diese Haftung des Ausgeschiedenen sei eine im Sinne des § 356 HGB fortbestehende Sicherheit.[91]

a) Die Haftung ausgeschiedener Gesellschafter als Sicherheit im Sinne des § 356 HGB

Nach Ansicht der früheren Rechtsprechung[92] besteht die Haftung des Ausgeschiedenen im Verhältnis zur Gesellschaft als Gesamtschuldner. § 356 II HGB sei daher direkt anzuwenden. Nach heute herrschender Ansicht[93] findet § 356 I HGB entsprechende Anwendung. Die Haftung ausgeschiedener Gesellschafter sei eine Sicherheit im Sinne des § 356 HGB. Das ist unstreitig. Auf den dogmatischen Streit, ob die Haftung des ausgeschiedenen Gesellschafters neben der Schuld der Gesellschaft eine gesamtschuldnerische sei, soll es für die Anwendung des § 356 HGB nicht ankommen[94].

---

89 *BGH,* Urt.v. 28.6.1968 - I ZR 156/66, BGHZ 50, 277, 284; *Schlegelberger/Hefermehl,* HGB, § 356, Rn. 18; *Widmann/Mayer,* Umwandlungsrecht, § 45, Rn. 879.

90 *BGH,* Urt.v. 28.6.1968 - I ZR 156/66, BGHZ 50, 277, 284.

91 *BGH,* Urt.v. 28.6.1968 - I ZR 156/66, BGHZ 50, 277, 283; *RG,* Urt.v. 30.5.1911 - Ziv. II. 669/10, RGZ 76, 330, 333 f.

92 *RG,* Urt.v. 30.5.1911 - Ziv. II. 669/10, RGZ 76, 330, 333 f.

93 *BGH,* Urt.v. 2.11.1973 - I ZR 88/72, DB 73, 2439, 2439 (unter I.); *BGH,* Urt.v. 28.6.1968 - I ZR 156/66, BGHZ 50, 277, 283; *Baumbach/Duden/Hopt,* HGB, § 128, Anm. 5) E.

94 *Bierhoff,* Haftung, S. 50 f., 76 ff.; *Budde,* Haftung, S. 42, Fn. 2; *Canaris* in Großkomm. HGB, § 356, Anm. 14; *Schlegelberger/Hefermehl,* HGB, § 356, Rn. 10.

b) Der Grundsatz der Haftung in Höhe des niedrigsten Saldos der Zwischenzeit

Aus § 356 HGB liest die herrschende Meinung[95] den Grundsatz der Haftung in Höhe des niedrigsten Saldos der Zwischenzeit. Neben der Sicherheit für die Forderung sei einzige weitere Tatbestandsvoraussetzung des § 356 HGB, daß das Guthaben des Gläubigers aus der laufenden Rechnung und die Forderung sich decken[96]. Anders ausgedrückt: Der Saldo muß nach Rechnungsabschluß ein Guthaben des Gläubigers ausweisen. Er ist dann in Höhe der ursprünglichen Forderung gesichert. Die Zusammensetzung des Saldos ist nicht wesentlich[97]. Die ursprüngliche Forderung muß nicht mehr darin enthalten sein; die summenmäßige Deckung reicht[98]. Es handelt sich tatsächlich um eine Saldohaftung; wenn auch begrenzt auf den niedrigsten Saldo[99]. Die Haftung ist auf den niedrigsten Saldo begrenzt, da sie nicht wieder anwachsen kann, wenn sie einmal durch einen entsprechend niedrigen Saldo verringert wurde.

Dieser Grundsatz der Haftung für den niedrigsten Saldo der Zwischenzeit[100] stützt sich auf eine Auslegung des § 356 HGB, nach der nicht nur die Wirkung des Saldoanerkenntnisses, sondern auch die Wirkung der Verrechnung der Einzelforderungen von § 356 HGB ein-

---

95 Siehe oben S. 1, Fn. 1.

96 *RG,* Urt.v. 30.5.1911 - Ziv. II. 669/10, RGZ 76, 330, 333.

97 *Schlegelberger/Hefermehl,* HGB, § 356, Rn. 16.

98 *RG,* Urt.v. 30.5.1911 - Ziv. II. 669/10, RGZ 76, 330, 333.

99 *Düringer/Hachenburg/Breit,* HGB, § 356, Anm. 17.

100 Grundlegend: *RG,* Urt.v. 30.5.1911 - Ziv. II. 669/10, RGZ 76, 330, 334; ebenso: *BGH,* Urt.v. 9.12.1971 - III ZR 58/69, WM 72, 283, 284 (unter II. 1.); *BGH,* Urt.v. 28.6.1968 - I ZR 156/66, BGHZ 50, 277, Ls. 2 und S. 278, 283 f.; *BGH,* Urt.v. 17.9.1964 - II ZR 162/62, WM 64, 1147, 1148 (unter III. 1.); *BGH,* Urt.v. 19.6.1964 - V ZR 241/62, WM 64, 881 Ls. 2 und S., 882 (r.Sp.); *BGH,* Urt.v. 10.7.1961 - II ZR 222/59, WM 61, 1046, 1047 (unter I.); *BGH,* Urt.v. 24.11.1960 - VII ZR 165/59, WM 61, 58, 59 (unter II. 1.); *BGH,* Urt.v. 17.12.1959 - VII ZR 194/58, WM 60, 371, 373 (unter II. 3.); *BGH,* Urt.v. 28.11.1957 - VII ZR 42/57, BGHZ 26, 142, 150; *RG,* Urt.v. 14.8.1935 - V 14/35, WarnRspr 1935, 316, 318 (Nr. 153); *RG,* Urt.v. 27.2.1935 - I 154/34, HRR 1935, Nr. 802; *RG,* Urt.v. 18.4.1932 - VIII 649/31, RGZ 136, 178, 181; *RG,* Urt.v. 28.3.1928 - I 231/27, SeuffA 82, 219, 220, Nr. 129; *Baumbach/Duden/Hopt,* HGB, § 356, Anm. 1) B.; *Brox,* Handelsrecht, § 19 IV. 1. a), Rn. 347; *Düringer/Hachenburg/Breit,* HGB, § 356, Anm. 14; *Heymann/Kötter,* HGB, § 356, Anm. 3; *GK-HGB/Herget,* § 356, Rn. 6 ff. (unter III. 1., 2.); *Schlegelberger/Hefermehl,* HGB, § 356, Rn. 14 ff.

geschränkt wird. Das heißt, die Sicherheiten der Einzelforderungen bestehen trotz der Verrechnung der Einzelforderungen in Höhe des ganzen Saldos weiter. Das wird selten[101] ausdrücklich erklärt aber immer stillschweigend vorausgesetzt; denn nach der herrschenden Ansicht kann der Sicherungsgeber nicht einwenden, die Forderung und damit die Sicherheit sei durch Verrechnung erloschen. Er haftet mit seiner Sicherheit immer bis zur Höhe des niedrigsten, anerkannten Saldos der Zwischenzeit, ohne Rücksicht darauf, auf welchen Forderungen der Saldo beruht. Dabei ist der Saldo der Zwischenzeit (Zwischensaldo) nicht ein Tagessaldo, sondern der (Perioden-) Schlußsaldo zwischen der Inrechnungstellung der gesicherten Einzelforderung und der Inanspruchnahme des Sicherungsgebers[102].

c) Die Begründung zum Grundsatz der Haftung in Höhe des niedrigsten Saldos der Zwischenzeit

Zur Begründung der herrschenden Ansicht[103] werden die rechtliche Natur des Kontokorrents, die Entstehungsgeschichte, der Wortlaut und der Gesetzeszweck des § 356 HGB angeführt.

(1) Die rechtliche Natur des Kontokorrents

Ganz allgemein nennt die herrschende Ansicht die rechtliche Natur des Kontokorrents als Argument für den Grundsatz der Haftung für den niedrigsten Saldo der Zwischenzeit. Danach habe die Saldoziehung den Untergang der Einzelforderungen und damit den der Sicherheiten zur Folge[104]. Das Wesen des Kontokorrents bestehe in dieser Novation. Es folge aus der Absicht der Kontokorrentparteien, die in das Kontokorrent eingestellten Leistungen nicht zur Entlastung des Leistenden, sondern als Teil eines Ganzen, nämlich des dann zu ziehenden Saldos anzusehen[105]. Die Einzelforderungen könnten daher für die Haftung nicht mehr maßgeblich sein.

---

101 *RG*, Urt.v. 30.5.1911 - Ziv. II. 669/10, RGZ 76, 330, 333.

102 Vgl.: *BGH*, Urt.v. 28.6.1968 - I ZR 156/66, BGHZ 50, 277, 279 ff., und 284.

103 Siehe oben S. 1, Fn. 1.

104 *RG*, Urt.v. 30.5.1911 - Ziv. II. 669/10, RGZ 76, 330, 331 und 333.

105 *RG*, Urt.v. 21.9.1883 - Rep. II 184/83, RGZ 10, 53, 53 f.

(2) Die Entstehungsgeschichte

Die Argumente der herrschenden Ansicht aus der Entstehungsgeschichte beziehen sich auf den Willen des Gesetzgebers bei Erlaß des § 356 HGB. Der Gesetzgeber habe den Untergang der Sicherheiten der Einzelforderungen durch die Schaffung des § 356 HGB ausschließen wollen[106]. Aus dem Hinweis des Gesetzgebers[107], daß bei mehreren Salden die Sicherheiten nur bis zum Betrag des niedrigsten Saldos haften, sei der Schluß zu ziehen, die Sicherheiten bestünden dann auch positiv bis zur Höhe des niedrigsten Saldos fort[108].

(3) Der Wortlaut des § 356 HGB

Weiter wird zur Begründung des Grundsatzes der Haftung in Höhe des niedrigsten Saldos der Zwischenzeit der Wortlaut des § 356 HGB angeführt. Nach dem Wortlaut des § 356 HGB sei einzige Voraussetzung für den Fortbestand der Sicherheiten, daß das Guthaben aus der laufenden Rechnung und die Forderung sich decken. Der Fortbestand der Sicherheiten sei an keine weitere Voraussetzung geknüpft[109].

(4) Der Gesetzeszweck des § 356 HGB

Schließlich wird der Gesetzeszweck des § 356 HGB zur Begründung des Grundsatzes der Haftung in Höhe des niedrigsten Saldos der Zwischenzeit genannt. Der Grundsatz der Haftung in Höhe des niedrigsten Saldos der Zwischenzeit könne zwar zu Unbilligkeiten führen, da der ausgeschiedene Gesellschafter so eventuell für Forderungen hafte, die nicht mit denen bei seinem Ausscheiden identisch seien[110]. Diese Unbilligkeiten müßten jedoch hingenommen werden[111]. Denn jede andere Deutung des § 356 HGB würde dessen praktische Bedeutung,

---

106 *RG*, Urt.v. 30.5.1911 - Ziv. II. 669/10, RGZ 76, 330, 333.

107 *Denkschrift 1897*, S. 214.

108 *RG*, Urt.v. 30.5.1911 - Ziv. II. 669/10, RGZ 76, 330, 334 mit Bezug auf den in *RG*, Urt.v. 7.12.1907 - V 122/07, RGZ 67, 156-158 (Auszug) nicht abgedruckten Teil der Entscheidung. Dieser Teil ist in JW 1908, 48. (Nr. 25) wiedergegeben; dort wird auf die *Denkschrift 1897*, S. 214 verwiesen.

109 *RG*, Urt.v. 30.5.1911 - Ziv. II. 669/10, RGZ 76, 330, 333.

110 *Schlegelberger/Hefermehl*, HGB, § 356, Rn. 17; vgl. auch oben S. 3 f.

111 *RG*, Urt.v. 27.2.1935 - I 154/34, HRR 1935, Nr. 802; *RG*, Urt.v. 30.5.1911 - Ziv. II. 669/10, RGZ 76, 330, 334.

die Sicherung des Kontokorrentgläubigers, im wesentlichen beseitigen[112].

112 *RG,* Urt.v. 30.5.1911 - Ziv. II. 669/10, RGZ 76, 330, 333 f.

II. AUSEINANDERSETZUNG MIT DER HERRSCHENDEN MEINUNG

Zusammengefaßt stützt sich die herrschende Meinung auf drei Argumente:

1. Die Ziehung des Tagessaldos trage "lediglich in angemessener und allgemein anerkannter Weise der gesetzlichen Regelung Rechnung, wonach der ausgeschiedene Gesellschafter für die Schulden der Gesellschaft zur Zeit seines Ausscheidens mithaftet"[113].
2. Der Gesellschafter hafte auch nach seinem Ausscheiden aus der Gesellschaft wie der Kontokorrentschuldner selbst, da er an die während seiner Zugehörigkeit zur Gesellschaft geschlossene Kontokorrentabrede gebunden sei[114].
3. Es gelte gemäß § 356 HGB der Grundsatz der Haftung für den niedrigsten anerkannten Zwischensaldo, auch wenn die ursprünglich gesicherte Forderung (gemeint sind auch die vor Ausscheiden begründeten Verbindlichkeiten) im Wege der Umschaffung (Novation) weggefallen seien[115].

Die drei Argumente sollen im folgenden untersucht werden.

1) Begründung zur Haftung für den Tagessaldo bei Ausscheiden

a) Kritik in der Literatur

Die Kritik in der Literatur wendet sich gegen die Verrechnung der Schulden mit Guthaben bei Ziehung des Tagessaldos. Die Festsetzung der Haftungsobergrenze in Höhe des Tagessaldos bei Ausscheiden des Gesellschafters widerspreche der vereinbarten periodischen Verrechnung der gegenseitigen Forderungen. Denn mit Ziehung des Tagessaldos erfolge bereits vor Ende der Rechnungsperiode bei Ausscheiden des Gesellschafters eine Verrechnung.[116]

Eine solche unmittelbare Minderung der Haftung des ausgeschiedenen Gesellschafters sei gesellschaftsrechtlich nicht vorgesehen.

---

113 Siehe oben S. 20.

114 Siehe oben S. 20 f.

115 Siehe oben S. 21 ff.

116 *Budde*, Haftung, S. 43.

§ 129 HGB gewähre bei einer möglichen Aufrechnung mit Guthaben dem ausgeschiedenen Gesellschafter nur ein Verweigerungsrecht. Der haftende Gesellschafter könne weder die Gesellschaft noch den Gläubiger zwingen, die Aufrechnungsmöglichkeit zu seinen Gunsten zu nutzen und dabei gerade die ihn belastenden Forderungen zu tilgen. Es stehe den Kontokorrentparteien frei, welche der in das Kontokorrent eingestellten Forderungen mit welchen Gegenforderungen bei der Saldoziehung verrechnet werden sollen. Die Verrechnung gerade der den ausgeschiedenen Gesellschafter belastenden Sollposten bei Ausscheiden schmälere die Sicherungsrechte des Gesellschaftsgläubigers.[117]

b) Stellungnahme

Der Kritik in der Literatur ist zuzugeben, daß die Verrechnung der Schulden mit Guthaben bei Ausscheiden gesellschaftsrechtlichen Grundsätzen widerspricht. Die Begründung der herrschenden Meinung, die Ziehung des Tagessaldos trage "lediglich in angemessener und allgemein anerkannter Weise der gesetzlichen Regelung Rechnung, wonach der ausgeschiedene Gesellschafter für die Schulden der Gesellschaft zur Zeit seines Ausscheidens mithaftet[118]", stimmt daher nicht. Denn durch die Ziehung des Tagessaldos haftet er gerade nicht in der vollen Höhe für die Schulden der Gesellschaft; er haftet so nur für den durch die Guthaben geminderten Betrag. Das ist in Hinblick auf §§ 128, 129 III HGB weder allgemein anerkannt noch angemessen.

Der Gläubiger ist benachteiligt; denn nach Gesellschaftsrecht haftet ihm der ausgeschiedene Gesellschafter für alle "Verbindlichkeiten der Gesellschaft", § 128 HGB. Eine Minderung mit Guthaben kommt nach Gesellschaftsrecht nicht in Betracht.

Man kann auch nicht geltend machen, der Gläubiger müsse sich ja auch eine Aufrechnung, § 387 BGB, gefallen lassen. Denn der ausgeschiedene Gesellschafter kann nicht aufrechnen, vgl. § 719 I BGB. Die Guthaben der Gesellschaft stehen zu seiner Haftung nicht im Gegenseitigkeitsverhältnis[119]. Er hat nur die Rechte aus § 129 III HGB. Ebensowenig läßt sich einwenden, die Gesellschaft und der Gesellschaftsgläubiger hätten in der Kontokorrentabrede eine Verrech-

117 *Budde,* Haftung, S. 42 f., 46, 47; *Canaris* in Großkomm. HGB, § 356, Anm. 19.

118 *BGH,* Urt.v. 28.6.1968 - I ZR 156/66, BGHZ 50, 277, 284.

119 Vgl. auch: *Palandt/Heinrichs,* BGB, § 387, Anm. 3) b), Rn. 5.

nungsvereinbarung getroffen, die auch für den ausgeschiedenen Gesellschafter bindend sei. Denn diese Verrechnungsabrede gilt nur zum Schluß der Rechnungsperiode (arg. § 355 I HGB) oder zur Beendigung des Kontokorrents (arg. § 355 III HGB); nicht aber zur Ziehung eines Tagessaldos. Im Periodenkontokorrent ist eine Verrechnung innerhalb der Rechnungsperiode ausgeschlossen. Eine Verrechnung in der Periode durch Ziehung eines Tagessaldos hat mit der Kontokorrentabrede nichts zu tun. Die herrschende Meinung sagt das an anderer Stelle selbst, wenn sie feststellt, daß mit Ziehung des Tagessaldos "nicht ein Rechnungsabschluß im Sinne der Kontokorrentabrede aufgestellt[120]" wird. Es ist in sich widersprüchlich, wenn sie der Ziehung des Tagessaldos bei Ausscheiden dennoch eine haftungsbegrenzende Wirkung beimißt.

Auch der Hinweis, § 738 I BGB rechtfertige die Verrechnung mit Guthaben bei Ausscheiden[121], geht fehl; denn § 738 I BGB begründet keinen Anspruch des ausgeschiedenen Gesellschafters gegen den Gesellschaftsgläubiger[122]. Durch die Ziehung des Tagessaldos wird aber nach der herrschenden Meinung[123] die Haftung des ausgeschiedenen Gesellschafters unmittelbar gegenüber dem Gläubiger um die Tagesguthaben gemindert.

Es läßt sich auch nicht einwenden, der Gesellschaftsgläubiger müsse sich die Ziehung eines Saldos innerhalb der Rechnungsperiode zum Beispiel bei einer Kündigung gemäß § 355 III HGB auch gefallen lassen. Denn das Kontokorrent wird ja fortgesetzt. Wegen der bestehenbleibenden Identität der Personenhandelsgesellschaft[124] beendet das Ausscheiden des Gesellschafters nicht das Kontokorrent zwischen der Gesellschaft und dem Gesellschaftsgläubiger.

Auch eine Analogie zu § 357 HGB kann die Verrechnung bei Ziehung eines Tagessaldos bei Ausscheiden nicht rechtfertigen[125].

---

120 *BGH,* Urt.v. 28.6.1968 - I ZR 156/66, BGHZ 50, 277, 284.

121 *Rohe,* Haftung, S. 68.

122 *MünchKomm/Ulmer,* BGB, § 738, Rn. 52; *Staudinger/Keßler,* BGB, § 736, Rn. 16 i.V.m. § 738, Rn. 3 f.

123 Siehe oben S. 1, Fn. 1.

124 Zur Identität der Personenhandelsgesellschaft: *BAG,* Urt.v. 3.5.1983 - 3 AZR 1263/79, BAGE 42, 312, 321 f.; *BGH,* Urt.v. 8.11.1965 - II ZR 223/64, BGHZ 44, 229, 231; *Hueck,* OHG, S. 392; *Schmidt, Karsten,* Gesellschaftsrecht, S. 968 m.N. und S. 1106; a.A.: *v. Stebut,* Haftung, S. 196 ff.

125 Die Regelung in § 357 HGB zeigt statt dessen, daß die Ziehung des Tagessaldos auch zur Abgrenzung der vor Ausscheiden begründeten Verbindlichkeiten

Durch eine Pfändung des Zustellungssaldos wird das Kontokorrent nach heute ganz herrschender Meinung nicht unterbrochen[126]. Der Vollstreckungsgläubiger muß das Kontokorrent so hinnehmen, wie es die Kontokorrentparteien vereinbart haben[127]. Danach werden die Einzelforderungen weder bei einer Pfändung noch bei Ausscheiden eines Gesellschafters bindungsfrei; sie können nicht aufgerechnet werden. Auch ein wirtschaftliches Interesse des Ausscheidenden kann daran nichts ändern. Das wirtschaftliche Interesse des Ausscheidenden ist nur dann berechtigt, wenn es § 128 HGB entspricht. Nach § 128 HGB haftet der ausgeschiedene Gesellschafter aber in voller Höhe für die Schulden der Gesellschaft. Eine Verrechnung mit Guthaben kommt nicht in Betracht.

Ungeklärt ist auch die Behandlung der bereits begründeten, aber noch nicht in das Kontokorrent eingestellten Forderungen und Guthaben. Der ausgeschiedene Gesellschafter haftet für alle bei seinem Ausscheiden begründeten Verbindlichkeiten, auch wenn diese erst später fällig werden, §§ 128, 159 HGB. Das gilt unabhängig davon, ob sie in das Kontokorrent eingestellt wurden. Die Verbindlichkeiten und Guthaben werden bei Ziehung des Tagessaldos dagegen nur berücksichtigt, wenn sie am Tag des Ausscheidens bereits in das Kontokorrent eingestellt wurden. Bereits begründete, aber noch nicht in das Kontokorrent eingestellte Verbindlichkeiten und Guthaben bleiben unberücksichtigt. Es bleibt damit dem Zufall überlassen, in welcher Höhe die vor Ausscheiden begründeten Verbindlichkeiten durch Guthaben aufgerechnet werden.

Der Tagessaldo ist daher kein geeigneter Maßstab zur gesellschaftsrechtlichen Haftungsbemessung. Die Verrechnung mit Guthaben ist so nicht möglich; sie stimmt in sich nicht.

---

von den nach Ausscheiden begründeten **nicht** notwendig ist. Siehe unten S. 109 ff.

126 *Canaris* in Großkomm. HGB, § § 357, Anm. 17 m.N.; *Schlegelberger/Hefermehl,* HGB, § 357, Rn. 6 (S. 285) m.N.

127 *Heymann/Horn,* HGB, § 357, Rn. 5.

2) Die Begründung der herrschenden Meinung zur Haftung für die Gesellschaftsschulden nach Ausscheiden aufgrund der Bindung an die Kontokorrentabrede

Rechtsprechung[128] und Literatur[129] begründen die Haftung des ausgeschiedenen Gesellschafters für die Entwicklung der Gesellschaftsschulden nach Ausscheiden mit der These, der ausgeschiedene Gesellschafter sei weiter an die Kontokorrentabrede gebunden.

a) Kritik in der Literatur

In der Literatur wird dem entgegengesetzt, die Kontokorrentabrede sei ein Rechtsgeschäft, durch das nur die Verrechenbarkeit der zukünftigen Forderungen und Leistungen festgelegt werde, das aber selbst keine Haftung begründe[130]. Für die Haftung sei allein die materielle Begründetheit der einzelnen in das Kontokorrent eingestellten Forderungen entscheidend; hierauf habe das Kontokorrentverhältnis keinen Einfluß[131].

b) Stellungnahme

Das Argument der herrschenden Meinung, aber auch die Kritik, ist sehr spärlich. Zu bedenken ist, daß die Kontokorrentabrede eine umfassende Vereinbarung ist. Nach Rechtsprechung[132] und Literatur[133] ist sie die Abrede, die die Vereinbarung zum Kontokorrent macht. Sie ist neben dem Geschäftsvertrag der andere Teil des Kontokorrentvertrages. Als Rahmenvertrag[134] modifiziert sie den Geschäftsvertrag derart, daß die aus ihm folgenden Forderungen nicht einzeln beglichen, sondern in Rechnung gestellt werden sollen. Die einzelnen Po-

128 Siehe oben S. 20 f. und S. 2, Fn. 4.

129 Siehe oben S. 20 f. und S. 2, Fn. 5.

130 *Budde,* Haftung, S. 45; *Canaris* in Großkomm. HGB, § § 356, Anm. 20; *Rohe,* Haftung, S. 67; die den Begriff Geschäftsvertrag im Sinne des hier gebrauchten Begriffs Kontokorrentabrede verstehen, vgl. auch oben S. 8 ff.

131 *Heinemann,* Haftung, S. 27.

132 Z.B.: *BGH,* Urt.v. 19.12.1969 - I ZR 33/68, WM 70, 184, 185 (unter III. 2. a)) m.N.

133 Z.B.: *Heymann/Horn,* HGB, § 355, Rn. 8 m.N.; *Schmidt, Karsten,* Handelsrecht, § 20 II. 2. d), S. 550 f. m.N.

134 *Heymann/Horn,* HGB, § 355, Rn. 8; *Schönle,* Bank- und Börsenrecht, § 7 II. 1. a) 3. a), S. 72; *Schlegelberger/Hefermehl,* HGB, § 355, Rn. 13 m.N.

sten der Rechnung sollen dann zum Periodenschluß miteinander verrechnet werden. Es entsteht ein Schlußsaldo, der, um Klarheit zu schaffen, von den Parteien anzuerkennen ist. Die Kontokorrentabrede beinhaltet damit **drei** Gruppen von Vereinbarungen: die Vereinbarungen zur Inrechnungstellung, zur Verrechnung und zum Saldoanerkenntnis[135].

Diese Vereinbarungen der Kontokorrentabrede sollen im folgenden auf ihre Auswirkungen auf die Haftung ausgeschiedener Gesellschafter untersucht werden. Es soll gezeigt werden, daß die Vereinbarungen zur Inrechnungstellung, zur Verrechnung und zum Saldoanerkenntnis zwar Leistungspflichten begründen, für die auch der ausgeschiedene Gesellschafter haftet; eine Haftung für die in das Kontokorrent eingestellten Einzelforderungen läßt sich darauf aber nicht stützen.

(1) Die Vereinbarungen zur Inrechnungstellung

In der Literatur[136] wird oft allgemein von der Inrechnungstellung und deren Wirkung gesprochen ohne daß klar wird, was die Inrechnungstellung selbst ist. Selbst wenn die Inrechnungstellung als Verfügungsvertrag[137] bezeichnet wird, fehlt hierzu oft eine Begründung. Nur **Canaris**[138] begründet den Verfügungscharakter der Inrechnungstellung (er benutzt den Begriff "Kontokorrentabrede") und unterscheidet die Verpflichtung zur Inrechnungstellung.

Zur Beurteilung der herrschende Meinung[139], nach der der ausgeschiedene Gesellschafter wegen seiner Bindung an die Kontokorrentabrede für die Entwicklung der Gesellschaftsschulden nach seinem Ausscheiden haften soll, kommt es erst einmal darauf an, ob die Vereinbarung zur Inrechnungstellung überhaupt eine Verpflichtung begründet. Die Art der Vereinbarung richtet sich nach dem Zweck, den die Parteien mit der Vereinbarung verfolgen.

---

135 *Baumbach/Duden/Hopt,* HGB, § 355, Anm. 2) D.; *Harms,* Handelsrecht, S. 176; *Heymann/Horn,* HGB, § 355, Rn. 8; *Schmidt, Karsten,* Handelsrecht, § 20 II. 2. d), S. 550.

136 Z.B.: *Capelle/Canaris,* Handelsrecht, § 25 II., S. 277 f.; *Brox,* Handelsrecht, § 19 III. 1., Rn. 340; *Harms,* Handelsrecht, S. 176.

137 *Heymann/Horn,* HGB, § 355, Rn. 10; *Schlegelberger/Hefermehl,* HGB, § 355, Rn. 31.

138 *Canaris,* Funktionen, S. 71 und 69 f.

139 Siehe oben S. 31 m.N.

(a) Die Kontokorrentgebundenheit als Zweck der Vereinbarung zur Inrechnungstellung

Zweck des Kontokorrents ist u.a. die Sicherung[140] der zwischen den Parteien bestehenden Einzelforderungen. Sie sollen für die spätere Saldoziehung aufgehoben werden. Dieser Zweck des Kontokorrents wird durch die Kontokorrentgebundenheit der Einzelforderungen erreicht.

Durch die Kontokorrentgebundenheit verlieren die Forderungen ihre Selbständigkeit und werden bloße Rechnungsposten; sie werden "gelähmt[141]"[142]. Soweit sich aus der Vereinbarung zum Debetausgleich nichts anderes ergibt[143], können die Einzelforderungen dann nicht mehr selbständig geltend gemacht werden[144]. Daß die einzelnen Forderungen nicht beglichen, sondern verrechnet werden sollen, ist der Zweck des Kontokorrents[145]. Wegen der Unabtretbarkeit können sie nicht verpfändet (§ 1274 II BGB)[146] oder gepfändet (§ 851 ZPO)[147] werden.

> *Beispiel:* Das Guthaben eines (Kontokorrent-)Girokontos besteht aus den in das Kontokorrent eingestellten und damit kontokorrentgebundenen Einzelforderungen. Es kann nicht gepfändet werden[148]. Das gilt aber nicht für den Anspruch auf Auszahlung des Tagesguthabens aufgrund des mit dem Girovertrag verbundenen unregelmäßigen Ver-

140 Siehe oben S. 13, Fn. 55.

141 *v.Gierke,* Handelsrecht, S. 496.

142 Vgl.: *BGH,* Urt.v. 20.4.1956 - I ZR 203/54, WM 56, 1125, 1126; *RG,* Urt.v. 26.11.1879 - I. 16/79. I. 897., RGZ 1, 18, 19 f.; *Brox,* Handelsrecht, § 19 III. 1., Rn. 340; *Göppert,* Vereinfachung, S. 183 m.N.; *Hofmann,* Handelsrecht, S. 176 (unter H. III. 4. c)); *Maier,* Kontokorrent, S. 197 (unter III. 1.); *Reinicke/ Tiedtke,* Bürgschaft, S. 546 (unter II. 2.); *Schlegelberger/Hefermehl,* HGB, § 355, Rn. 31, 35.

143 Näher dazu unten S. 143 ff.

144 *BGH,* Urt.v. 13.12.1990 - IX ZR 33/90, WM 1991, 497 (unter II. 3. b)); *Baumbach/Duden/Hopt,* HGB, § 355, Anm. 3) A.; *Schmidt, Karsten,* Handelsrecht, S. 552 m.N.

145 *RG,* Urt.v. 17.5.1933 - I 299/32, RGZ 140, 345, 347; *Capelle/Canaris,* Handelsrecht, § 25 II. 1. a), S. 277; *Levy,* Contocorrent-Vertrag, S. 104 f.

146 *Capelle/Canaris,* Handelsrecht, § 25 II. 1. b), S. 277; *Heymann/Horn,* HGB, § 355, Rn. 19 m.N.

147 Vgl.: *BGH,* Urt.v. 8.7.1982 - I ZR 148/80, BGHZ 84, 371, 376 f. m.N.

148 *BGH,* Urt.v. 13.3.1981 - I ZR 5/79, BGHZ 80, 172, 176 (unter I. 1. a)).

wahrvertrages (§§ 700 I 3, 695 BGB). Er ist grundsätzlich nicht kontokorrentgebunden und kann daher gepfändet werden[149].

Aufgrund der Kontokorrentgebundenheit ist die Aufrechnung nicht mehr möglich[150]. Nach ganz herrschender Meinung[151] ist die Verjährung analog § 202 BGB gehemmt. Verzug ist ausgeschlossen[152]. Im übrigen bleibt die Rechtsnatur der Einzelforderungen, insbesondere die jeweilige Länge der Verjährungsfrist, erhalten[153].

Die Kontokorrentgebundenheit gilt nur für die Dauer des Kontokorrents. Sie endet mit dessen Beendigung, vgl. § 355 III HGB, und grundsätzlich auch schon nach der Verrechnung zum Periodenschluß. Letzteres muß aus § 355 I HGB gefolgert werden, wonach die Einzelforderungen "in regelmäßigen Zeitabschnitten ... ausgeglichen werden". Eine Übernahme des Überschusses in die nächste Rechenperiode ist gesetzlich nicht vorgesehen. Die Parteien können aber, wie in der Praxis üblich, die Übernahme des Saldos in die folgende Rechenperiode vereinbaren. Sie vereinbaren damit eine längere Kontokorrentbindung.

(b) Die Verfügung zur Inrechnungstellung

Die Kontokorrentgebundenheit wird durch die Inrechnungstellung erreicht. In Hinblick auf die aus ihr folgende Kontokorrentgebundenheit

---

149 *BGH,* Urt.v. 8.7.1982 - I ZR 148/80, BGHZ 84, 371, 376 f.; vgl. auch: *BGH,* Urt.v. 13.3.1981 - I ZR 5/79, BGHZ 80, 172, 179 ff. (unter I. 3.).

150 Vgl.: *BGH,* Urt.v. 7.2.1979 - VIII ZR 279/77; BGHZ 73, 259, 263 m.N.; *BGH,* Urt.v. 7.12.1977 - VIII ZR 164/76, BGHZ 70, 86, 92 m.N.; *Heymann/Horn,* HGB, § 355, Rn. 19 m.N.; *Schumann,* Handelsrecht II, § 5 III. 1., S. 47.

151 *BGH,* Urt.v. 28.4.1975 - II ZR 5/74, WM 75, 555, 556; *BGH,* Urt.v. 23.1.1970 - I ZR 37/68, WM 70, 548, Ls. 2 u. S. 548; *BGH,* Urt.v. 17.2.1969 - II ZR 30/65, BGHZ 51, 346, Ls. u. S. 348; *BGH,* Urt.v. 2.11.1967 - II ZR 46/65, BGHZ 49, 24, 27; *Canaris* in Großkomm. HGB, § 355, Anm. 57 m.N.; *Düringer/Hachenburg/Breit,* HGB, § 355, Anm. 34; *Maier,* Kontokorrent, S. 197 (unter III. 1); *Mohr,* Kontokorrentverkehr, S. 81; *Schlegelberger/Hefermehl,* HGB, § 355, Rn. 34; *Schumann,* Handelsrecht II, § 5 III. 1., S. 47; a.A.: *Kübler,* Feststellung, S. 162 f.

152 *Blaurock,* Kontokorrent, S. 692 (unter II.); *Canaris* in Großkomm. HGB, § 355, Anm. 58; *Düringer/Hachenburg/Breit,* HGB, § 355, Anm. 34; *Mohr,* Kontokorrentverkehr, S. 81; *Schlegelberger/Hefermehl,* HGB, § 355, Rn. 34; *Schumann,* Handelsrecht II, § 5 III. 1., S. 47; *Theusner,* Natur, S. 19.

153 *BGH,* Urt.v. 29.6.1973 - I ZR 120/72, WM 73, 1014, 1015 (unter III.); *BGH,* Urt.v. 2.11.1967 - II ZR 46/65, BGHZ 49, 24, 28; *Canaris* in Großkomm. HGB, § 355, Anm. 57; *Schlegelberger/Hefermehl,* HGB, § 355, Rn. 34.

der Einzelforderungen hat die Inrechnungstellung eine doppelte Wirkung: Ausschluß der selbständigen Geltendmachung der Einzelforderungen[154] und Nichtabtretbarkeit der eingestellten Einzelforderungen[155]. Bei Letzterem handelt sich um ein Abtretungsverbot im Sinne des § 399 S. 2 BGB[156].

Diese Doppelwirkung beruht auf einem Vertrag; denn die Wirkung tritt nur ein, wenn die Parteien entsprechendes vereinbart haben. Einseitige Erklärungen reichen nicht. So kann der Kontokorrentschuldner nicht einseitig die sofortige Leistung verweigern und dem Gläubiger die Abtretung der Forderung verbieten. Der Kontokorrentgläubiger kann nicht gegen den Willen des Schuldners ohne nachteilige Folgen die Annahme der Leistung verweigern und auf eine eigenmächtige Inrechnungstellung verweisen.

Der Vertrag zur Inrechnungstellung ist ein Verfügungsvertrag[157]. Eine Verfügung ist ein Rechtsgeschäft, durch das der Verfügende auf ein Recht unmittelbar einwirkt, es also entweder auf einen Dritten überträgt, oder mit einem Recht belastet oder das Recht aufhebt oder es sonstwie in seinem Inhalt verändert[158]. Die in das Kontokorrent

---

154 *BGH*, Urt.v. 11.6.1980 - VIII ZR 164/79, BGHZ 77, 256, 261 (unter II. 4.); *BGH*, Urt.v. 9.12.1971 - III ZR 58/69, WM 72, 283, 287 (l.Sp., 2. Abs.); *BGH*, Urt.v. 19.12.1969 - I ZR 33/68, WM 70, 184, 185 (unter III. 2. a)) und S. 186 (unter III. 3.); *RG*, Urt.v. 18.10.1922 - I 596/21, RGZ 105, 233, 234; *Levy*, Contocorrent-Vertrag, S. 101; *Schmidt, Karsten*, Handelsrecht, S. 552 m.N. in Fn. 35; *Theusner*, Natur, S. 19.

155 *BGH*, Urt.v. 21.1.1982 - VIII ZR 28/81; NJW 82, 1150, 1151 (unter III. 3. c)); *BGH*, Urt.v. 7.12.1977 - VIII ZR 164/76, BGHZ 70, 86, 92 m.N.; *BGH*, Urt.v. 21.12.1970 - II ZR 52/68, WM 71, 178, 178 (Aus den Gründen: 1. Abs.); *Blaurock*, Kontokorrent, S. 692 (unter II.); *Capelle/Canaris*, Handelsrecht, § 25 II. 1. b), S. 277; *Hefermehl*, Grundfragen, S. 557 m.N. in Fn. 34; *Mohr*, Kontokorrentverkehr, S. 82.

156 *BGH*, Urt.v. 13.5.1982 - III ZR 164/80, WM 82, 839, 840; *Maier*, Kontokorrent, S. 198 (unter III. 1.); *Palandt/Heinrichs*, BGB, § 399, Anm. 3) a), Rn. 8, m.N.; *Schmidt, Karsten*, Handelsrecht, S. 553; *Wolf*, Sachenrecht, Rn. 526 (§ 29 V. 1. b)).

157 *BGH*, Urt.v. 4.5.1979 - I ZR 127/77, BGHZ 74, 253, 254 f. (unter I. 1.); *Canaris*, Funktionen, S. 71, der unter Kontokorrentabrede allein die Inrechnungstellung versteht; *Canaris* in Großkomm. HGB, § 355, Anm. 9, der unter Kontokorrentabrede allein die Inrechnungstellung versteht; *Jauernig/Stürner*, BGB, § 387, Anm. 6. c), der unter Kontokorrentabrede allein die Inrechnungstellung versteht; *Schlegelberger/Hefermehl*, HGB, § 355, Rn. 31.

158 BGH, Urt.v. 15.3.1951 - IV ZR 9/50, BGHZ 1, 304; *BGH*, Urt.v. 24.10.1979 - VIII ZR 289/78, BGHZ 75, 221, 226; *BGH*, Urt.v. 4.5.1987 - II ZR 211/86, BGHZ 101, 24, 26; *Palandt/Heinrichs*, BGB, Überbl. v. § 104, Anm. 3) d) bb), Rn. 16 und § 185, Anm. 1) b), Rn. 2.

einzustellende Einzelforderung ist das Recht, auf das durch die Inrechnungstellung unmittelbar eingewirkt wird. Die Forderung wird dahin geändert, daß sie nicht mehr selbständig geltend gemacht werden kann. Auch die Vereinbarung des Abtretungsverbots ändert die Forderung in ihrem Bestand. Die Inrechnungstellung ist daher eine Verfügung über die bestehende Einzelforderung.

Die Verfügung kann antizipiert[159] in der Kontokorrentabrede oder - da der Parteiwille entscheidend ist - später mit Entstehen der Einzelforderung getroffen werden.

Eine Haftung ausgeschiedener Gesellschafter läßt sich auf diesen Verfügungsvertrag nicht stützen. Im Gegenteil, der ausgeschiedene Gesellschafter kann seiner Inanspruchnahme die Kontokorrentbindung der Einzelforderungen entgegenhalten, § 129 I HGB.

(c) Die Verpflichtung zur Inrechnungstellung

Der Inrechnungstellung als Verfügungsvertrag liegt aber eine Verpflichtung zugrunde; der Kontokorrentpartner kann von dem anderen den Abschluß des Verfügungsvertrages zur Inrechnungstellung der Einzelforderungen verlangen[160].

Das folgt aus dem Abstraktionsprinzip. Bei abstrakten Verfügungsgeschäften ist der Rechtsgrund (causa) nicht im Rechtsgeschäft enthalten, sondern liegt außerhalb des Geschäfts[161]. Auch der abstrakte Verfügungsvertrag der Inrechnungstellung braucht eine causa. Diese hat ihren Sitz in der Kontokorrentabrede.

Auch nach Ansicht von **Canaris**[162] liegt der verfügenden Inrechnungstellung eine Verpflichtung zugrunde. Allerdings ist nach seiner Ansicht[163] die Verfügung zur Inrechnungstellung (er benutzt den Begriff "Kontokorrentabrede") nicht abstrakt. Er verwendet die Begriffe "abstrakt" und "akzessorisch" im gegensätzlichen Sinne. Die Verfügung zur Inrechnungstellung sei nicht abstrakt, weil sie akzessorisch sei. Die Akzessorietät begründet er mit der inhaltlichen Abhängigkeit von der Verpflichtung zur Inrechnungstellung ("Geschäftsvertrag"). Nur aus

---

159 *BGH,* Urt.v. 4.5.1979 - I ZR 127/77, BGHZ 74, 253, 254 f. (unter I. 1.).

160 *Canaris,* Funktionen, S. 69, der diese Pflicht dem "Geschäftsvertrag" zuordnet.

161 *Palandt/Heinrichs,* BGB, Überbl. vor § 104, Anm. 3) e) cc), Rn. 21; vgl.: *Larenz,* Allg. Teil, S. 328 (§ 18 II. 3. d).

162 *Canaris,* Funktionen, S. 69 f.

163 *Canaris,* Funktionen, S. 71 f.

dieser ergäbe sich, welche Forderungen und Leistungen der Inrechnungstellung unterfallen.

Diese im Rahmen des Abstraktionsprinzips ungewöhnliche Ansicht muß hier nicht weiter diskutiert werden. Im Ergebnis herrscht Einigkeit. Der verfügenden Inrechnungstellung liegt eine Verpflichtung zur Inrechnungstellung zugrunde.

(d) Die Kontokorrentpflicht

Die Verpflichtung zur Inrechnungstellung der Einzelforderungen ist eine der Vereinbarungen zur Inrechnungstellung und damit ein Teil der Kontokorrentabrede. Sie wird zutreffend als Kontokorrentpflicht bezeichnet.

Davon zu unterscheiden ist die oben[164] beschriebene Kontokorrentgebundenheit. Kontokorrentgebunden sind die Einzelforderungen erst, wenn die Kontokorrentpflicht durch Abschluß des entsprechenden Verfügungsvertrags erfüllt ist. Der Unterschied zwischen Kontokorrentpflicht und Kontokorrentgebundenheit wird in Rechtsprechung[165] und Literatur[166] nicht immer deutlich. Bisweilen werden die Begriffe gleichbedeutend gebraucht[167]. Oder eine Unterscheidung wird überhaupt abgelehnt[168]. Nach dem hier vertretenen Standpunkt ist aber dogmatisch klar zwischen Verpflichtung und Verfügungswirkung zu unterscheiden.

Die Kontokorrentpflicht ist die Pflicht aus der Abrede zur Inrechnungstellung, die vereinbarten Ansprüche und Leistungen in das Kontokorrent einzustellen[169]. Welche Forderungen der Kontokorrentpflicht unterliegen, richtet sich nach dem Parteiwillen[170]. So kann

---

164 Siehe oben S. 33 f.

165 Vgl. z.B.: *BGH*, Urt.v. 21.12.1970 - II ZR 52/68, WM 71, 178, 2. Leitsatz und 1. Abs. aus den Gründen.

166 Vgl. z.B.: *Baumbach/Duden/Hopt*, HGB, § 355, Anm. 4) B.

167 Vgl. z.B.: *Schlegelberger/Hefermehl*, HGB, § 355, Rn. 21.

168 Vgl. z.B.: *Canaris* in Großkomm. HGB, § 355, Anm. 41.

169 *Düringer/Hachenburg/Breit*, HGB, § 355, Anm. 29.

170 *BGH*, Urt.v. 8.7.1982 - I ZR 148/80, BGHZ 84, 371, 377; *BGH*, Urt.v. 23.10.1958 - II ZR 127/57, BB 59, 59, 59; *RG*, Urt.v. 14.11.1903 - I. 244/03, RGZ 56, 19, 23; *Baumbach/Duden/Hopt*, HGB, § 355, Anm. 4) B.; *Canaris* in Großkomm. HGB, § 355, Anm. 42; *Denkschrift 1897*, S. 213; *Düringer/Hachenburg/Breit*, HGB, § 355, Anm. 29 m.N.; *Müller-Gumperda*, Kontokorrentvertrag, S. 21; *Schlegelberger/Hefermehl*, HGB, § 355, Rn. 21, § 356, Rn. 3.

vereinbart werden, daß bestimmte nicht aus der Geschäftsverbindung folgende Ansprüche der Parteien - z.B. abgetretene Forderungen[171] - in das Kontokorrent aufgenommen werden sollen[172], oder daß andere Forderungen aus der Geschäftsverbindung nicht in das Kontokorrent eingestellt werden sollen.

Ohne besondere Vereinbarung sind aber alle aus der Geschäftsverbindung folgenden Forderungen kontokorrentpflichtig[173].

(e) Ergebnis zu den Vereinbarungen zur Inrechnungstellung

Die Kontokorrentabrede ist gegenüber ausgeschiedenen Gesellschaftern anspruchsbegründend, wenn die Verpflichtung zur Inrechnungstellung in Frage steht. Die These der herrschenden Meinung[174], nach der der ausgeschiedene Gesellschafter wegen seiner Bindung an die Kontokorrentabrede für die Entwicklung der Gesellschaftsschulden nach Ausscheiden haften soll, wird dadurch aber nicht bestätigt; denn hier geht es allenfalls um einen Schadensersatzanspruch, wenn Einzelforderungen entgegen der Kontokorrentabrede **nicht** in das Kontokorrent aufgenommen werden. Es geht hier um **Forderungen der Gesellschaft** gegenüber dem Kontokorrentpartner. Dagegen wird die Bindung an die Kontokorrentabrede von der herrschenden Meinung zur Begründung der Haftung für in das Kontokorrent **eingestellte** Einzelforderungen **gegenüber** der Gesellschaft und den Gesellschaftern vorgetragen.

(2) Die Vereinbarungen zur Verrechnung

Die herrschende Meinung[175], nach der der ausgeschiedene Gesellschafter aufgrund der Kontokorrentabrede für die Entwicklung der Gesellschaftsschulden nach Ausscheiden haften soll, läßt sich auch

171 *Düringer/Hachenburg/Breit,* HGB, § 355, Anm. 29.

172 *BGH,* Urt.v. 23.10.1958 - II ZR 127/57, BB 59, 59, 59 f.; *Canaris* in Großkomm. HGB, § 355, Anm. 42; *Denkschrift 1897,* S. 213.

173 Allerdings ohne begriffliche Unterscheidung zwischen Kontokorrentpflicht und Kontokorrentgebundenheit: *BGH,* Urt.v. 8.7.1982 - I ZR 148/80, BGHZ 84, 371, 376; *BGH,* Urt.v. 21.1.1982 - VIII ZR 28/81; NJW 82, 1150, 1151 (unter III. 2. a)); *BGH,* Urt.v. 23.10.1958 - II ZR 127/57, WM 59, 81, 83; *Baumbach/Duden/Hopt,* HGB, § 355, Anm. 4) B.; *Canaris* in Großkomm. HGB, § 355, Anm. 43; *Düringer/Hachenburg/Breit,* HGB, § 355, Anm. 29.

174 Siehe oben S. 31 m.N.

175 Siehe oben S. 31 m.N.

nicht auf die Vereinbarungen zur Verrechnung der Einzelforderungen gründen. Es soll aber gezeigt werden, daß die Vereinbarungen zur Verrechnung eine Rechtslage schaffen oder eine Verpflichtung zur Verrechnung begründen, an die auch der später ausscheidende Gesellschafter gebunden ist. Diese Vereinbarungen zur Verrechnung beeinflussen gegebenenfalls die **Höhe** der Haftung des Ausgeschiedenen für die Einzelforderungen.

(a) Die Verrechnung als unselbständiger Teilakt

Die Verrechnung erfolgt nach Ansicht eines Teils der Rechtsprechung[176] und eines Teils der Literatur[177] nicht im Rahmen der Kontokorrentabrede, sondern am Ende der Rechnungsperiode mit Feststellung und Anerkennung des Saldos. Danach sind die Verrechnung und die Saldofeststellung (das Saldoanerkenntnis) je ein Teil desselben Rechtsakts[178]. Die Verrechnung könne davon nicht getrennt werden, denn sie sei lediglich das Mittel zur Feststellung des Abrechnungsergebnisses, dessen Anerkennung gleichzeitig begehrt werde[179].

Zur Begründung dieser Ansicht wird auf das Wesen der "Kontokorrent-Abrede[180]" (= Kontokorrentverhältnis) verwiesen. Die in die laufende Rechnung aufgenommenen beiderseitigen Ansprüche und Leistungen sollen mit dem periodischen Rechnungsabschluß durch Anerkennung des Saldos als Einzelforderung untergehen. Übrig bleibe nur ein neuer, aus dem Saldoanerkenntnis folgender, selbständiger Anspruch, der an die Stelle der bisherigen Einzelforderungen trete.[181]

---

176 *BGH,* Urt.v. 24.1.1985 - I ZR 201/82, BGHZ 93, 307, 314.

177 *Baumbach/Duden/Hopt,* HGB, § 355, 3. B.; *Hefermehl,* Grundfragen, S. 560; *Piper,* Termin- und Differenzeinwand, S. 726 (unter VI. 1.); *Schaudwet,* Bankenkontokorrent, S. 46 ff.; *Schlegelberger/Hefermehl,* HGB, § 355, Anm. 43 m.N.; *Sprengel,* Pfändung, S. 9 (l.Sp.).

178 *BGH,* Urt.v. 24.1.1985 - I ZR 201/82, BGHZ 93, 307, 313; *RG,* Urt.v. 25.3.1931 - I 300/30, RGZ 132, 218, 222; vormals a.A.: *RG,* Urt.v. 14.11.1903 - I. 244/03, RGZ 056, 19, 24.

179 *BGH,* Urt.v. 24.1.1985 - I ZR 201/82, BGHZ 93, 307, 313 f.

180 *BGH,* Urt.v. 24.1.1985 - I ZR 201/82, BGHZ 93, 307, 313.

181 *BGH,* Urt.v. 8.7.1982 - I ZR 148/80, BGHZ 84, 371, 376; *BGH,* Urt.v. 13.3.1981 - I ZR 5/79, BGHZ 80, 172, 176 (unter I. 1. a)); *BGH,* Urt.v. 28.6.1968 - I ZR 156/66, BGHZ 50, 277, 279; *BGH,* Urt.v. 2.11.1967 - II ZR 46/65, BGHZ 49, 24, 27; *BGH,* Urt.v. 28.11.1957 - VII ZR 42/57, BGHZ 26, 142, 150; *RG,* Urt.v. 3.10.1929 - VI 14/29, RGZ 125, 411, 416; *RG,* Urt.v.

(b) Kritik in der Literatur

Gegen die Deutung der Verrechnung und des Anerkenntnisses als eines Rechtsakts wird eingewandt, ohne vorherige Klage auf Anerkennung des Rechnungsabschlusses könne mangels eines Zahlungsanspruchs weder auf Leistung geklagt, noch im Mahnverfahren vorgegangen, noch ein Arrest in das Vermögen der Gegenseite erwirkt werden. Es müsse also stets zweimal geklagt werden: erst auf Anerkennung des Saldos, dann auf Leistung[182]. Bei Konkurs einer Kontokorrentpartei stehe damit der anderen Partei keine zur Anmeldung zur Tabelle fähige Geldforderung zu. Eine Pfändung gemäß § 829 ZPO des sich bei Beendigung der Kontokorrentperiode ergebenden Kontokorrentguthabens sei mangels Geldforderung nicht möglich[183]. Auch das Pfandrecht des Kommissionärs gemäß § 397 HGB gelange erst nach Anerkennung des Saldos zur Entstehung, da vorher von einer Forderung aus laufender Rechnung nicht gesprochen werden könne[184].

(c) Die Vereinbarung zur Verrechnung als (antizipierter) Verfügungsvertrag

Im Sinne dieser Kritik wird vertreten[185], die Verrechnung zum Schluß der Rechnungsperiode werde bereits bei Abschluß des Kontokorrents im Rahmen der Kontokorrentabrede als antizipierte Verfügung vereinbart. Aufgrund dieser antizipierten Verfügung bestehe eine kausale

---

30.5.1911 - Ziv. II. 669/10, RGZ 76, 330, 333; *Hofmann,* Handelsrecht, S. 177 (unter H. III. 4. c) bb)).

182 *Beitzke,* Probleme, S. 11 f.; *Canaris,* Börsentermingeschäft, S. 595 (l.Sp.); *Schumann,* Handelsrecht II, § 5 IV. 3., S. 51.

183 *Beitzke,* Probleme, S. 15.

184 *Beitzke,* Probleme, S. 10 ff.; *Blaurock,* Anerkenntnis, S. 2207 (unter III. 2.); *Grigat,* Verrechnung, S. 812.

185 *BGH,* Urt.v. 18.4.1989 - XI ZR 133/88, BGHZ 107, 192, 197 (unter II. 2. c)); *BGH,* Urt.v. 4.5.1979 - I ZR 127/77, BGHZ 74, 253,254 f. (unter I. 1.); *Beitzke,* Probleme, S. 12 f.; *Canaris,* Börsentermingeschäft, S. 594 (unter II. 2.); *Canaris* in Großkomm. HGB, § 355, Anm. 63c; *Capelle/Canaris,* Handelsrecht, § 25 III. 1. b), S. 279; *Ebenroth/Einsele,* Hindernisse, S. 214 (l.Sp. bei Fn. 115); *Göppert,* Vereinfachung, S. 203 m.N.; *Grigat,* Verrechnung, S. 812 f.; *Herz,* Kontokorrent, S. 80, 84; *Jauernig/Stürner,* BGB, § 387, Anm. 6. c); *Koenige/ Teichmann/Koehler,* HGB, § 355, Anm. 4.; *Maier,* Kontokorrent, S. 198 (unter III. 2. a)); *Schmidt, Karsten,* Handelsrecht, S. 554.

Saldoforderung am Schluß der Rechnungsperiode ohne weiteres. Einer zusätzlichen Parteierklärung bedürfe es nicht.

Zur Begründung wird auf § 355 III HGB verwiesen. Dort existiere die kausale Saldoforderung, also das Ergebnis der Verrechnung, auch ohne Anerkenntnis des Saldos[186]. Auch lasse § 355 I HGB die Zinspflicht mit dem Tage des Abschlusses entstehen und setze damit eine (kausale) Saldoforderung voraus[187].

(d) Stellungnahme

Durch die Verrechnung werden die Forderungen getilgt, soweit sie sich gegenüberstehen[188]. Das heißt, die Einzelforderungen werden nach heute ganz herrschender Ansicht[189], je nach Verrechnungsmodus, auch teilweise aufgehoben. Der Parteiwille ist gerade auf die Tilgung der Einzelforderungen gerichtet. Die Verrechnung ist nicht etwa das Ausrechnen oder Nachzählen des Überschusses; das könnte auch eine Rechenmaschine, automatisch und willenlos. Es geht hier um eine Rechtshandlung, deren Erfolg - die (teilweise) Tilgung der Einzelforderungen - eintritt, weil er **gewollt** ist. Es handelt sich damit um ein Rechtsgeschäft. Dieses Rechtsgeschäft ist von dem Saldoanerkenntnis zu trennen. Durch dieses Rechtsgeschäft wird auf ein bestehendes Recht, nämlich die Einzelforderungen unmittelbar eingewirkt.

186 *BGH,* Urt.v. 4.5.1979 - I ZR 127/77, BGHZ 74, 253, 255 (unter I. 1.); *Blaurock,* Anerkenntnis, S. 2207 (unter III. 3.); *Canaris* in Großkomm. HGB, § 355, Anm. 64 (letzter Abs.); *Grigat,* Verrechnung, S. 812.

187 *Blaurock,* Anerkenntnis, S. 2207 (unter III. 3.); *Grigat,* Verrechnung, S. 813.

188 Heute unstreitig: *BGH,* Urt.v. 3.11.1978 - I ZR 150/76, WM 79, 69, 70 (r.Sp. unter II. 1)); *RG,* Urt.v. 30.5.1911 - Ziv. II. 669/10, RGZ 76, 330, 333; *Brox,* Handelsrecht, § 19 III. 2. a), Rn. 342; *Budde,* Haftung, S. 45; *Canaris* in Großkomm. HGB, § 355, Anm. 63b, 67; *Canaris,* Verrechnung, S. 421 u. 473; *Capelle/Canaris,* Handelsrecht, § 25 III. 1. a), S. 279; *Herz,* Kontokorrent, S. 15 m.N. in Fn. 2; *Maier,* Kontokorrent, S. 198 (unter III. 2. a)); *MünchKomm/Hüffer,* BGB, § 781, Rn. 13 a.E.; *Reinicke/Tiedtke,* Bürgschaft, S. 546 (unter II. 2.); *Schmidt, Karsten,* Handelsrecht, S. 555; *Schlegelberger/Hefermehl,* HGB, § 355, Rn. 59 (hierzu in sich widersprüchlich eine materiellrechtliche Wirkung ablehnend: § 356, Rn. 17); vormals a.A.: *Hefermehl,* Grundfragen, S. 553 u. 555; vgl. zu den in sich widersprüchlichen Äußerungen der Rechtsprechung die Nachweise bei: *GK-HGB/Herget,* § 355, Rn. 41 (unter IV. 1. c)).

189 *Brox,* Handelsrecht, § 19 III. 2. a), Rn. 342; *Canaris* in Großkomm. HGB, § 355, vor Anm. 63, Anm. 67; *Canaris,* Verrechnung, S. 421 f.; *MünchKomm/Hüffer,* BGB, § 781, Rn. 13 a.E.; *Schmidt, Karsten,* Handelsrecht, S. 554; zur abweichenden älteren Ansicht: *Canaris* in Großkomm. HGB, § 355, Anm. 63 ff.; *Canaris,* Verrechnung, S. 421 f. (unter I. 1., 2.).

Die Einzelforderungen werden dadurch aufgehoben. Es handelt sich um einen Verfügungsvertrag[190].

Diesen Verfügungsvertrag kann man sich als die Vereinbarung einer Formel, in die die Einzelforderungen eingestellt werden, vorstellen. Der Verfügungsvertrag ist das Übereinkommen einer juristischen Behandlung der Einzelforderungen und einer rechnerischen Methode, die den Rest der Einzelforderungen bestimmt.

So wird z.B. nach der herrschenden Lehre[191] von der verhältnismäßigen Gesamtaufrechnung die Gesamtheit der Posten der größeren Seite verhältnismäßig gegen die Posten der kleineren Seite verrechnet. Die Posten der kleineren Seite erlöschen damit. Im Saldo sind weiterhin alle Posten der größeren Seite enthalten, vermindert um das Verhältnis der kleineren Seite zur größeren Seite.

Diese juristisch-mathematische Formel soll unabhängig davon gelten, ob sie tatsächlich richtig oder falsch in die Praxis umgesetzt wird.

Die bisweilen zu lesende Erklärung, die Verrechnung erfolge "automatisch[192]", erweckt dagegen den Eindruck, die Verrechnung müsse vollzogen werden. Das ist insoweit mißverständlich, da es auf den praktischen Vollzug der Verrechnung nicht ankommt. Eine Automatik ist nicht notwendig. Die restlichen Einzelforderungen erlöschen und existieren von vornherein als juristisch-mathematische Wahrheit aufgrund der vereinbarten Formel, auch wenn sie niemand nachgerechnet hat.

---

190 *Blaurock,* Kontokorrent, S. 692 f. (unter III.); *Canaris,* Funktionen, S. 72; *Canaris* in Großkomm. HGB, § 355, Anm. 63c; *Canaris,* Verrechnung, S. 422 (unter II.); *Capelle/Canaris,* Handelsrecht, § 25 III. 1. a), S. 279; *Herz,* Kontokorrent, S. 7 und S. 80 m.N.; *Maier,* Kontokorrent, S. 198 (unter III. 2. a)); *Schlegelberger/Hefermehl,* HGB, § 355, Rn. 59; *Schmidt, Karsten,* Handelsrecht, S. 554 f.

191 *BGH,* Urt.v. 2.11.1967 - II ZR 46/65, BGHZ 49, 24, 30; *RG,* Urt.v. 11.6.1940 - VII 233/39, RGZ 164, 212, 215; *RG,* Urt.v. 25.3.1931 - I 300/30, RGZ 132, 218, 219 m.N.; *RG,* Urt.v. 4.1.1905 - I. 377/04, JW 1905, 186, 187 Nr. 39; *RG,* Urt.v. 26.11.1904 - I 302/04, RGZ 59, 192, 193; *RG,* Urt.v. 14.11.1903 - I. 244/03, RGZ 56, 19, 24; *Blaurock,* Anerkenntnis, S. 2208 (l.Sp. 2. Abs. unter IV.); *Düringer/Hachenburg/Breit,* HGB, § 355, Anm. 10, 39; *Greber,* Kontokorrentverhältnis, S. 104 ff.; *Heymann/Kötter,* HGB, § 355, Anm. 1; *Koenige/Teichmann/Koehler,* HGB, § 355, Anm. 4; *Ritter,* HGB, § 355, Anm. 5 h.

192 Grundlegend: *Beitzke,* Probleme, S. 12 ff.; ebenso: *BGH,* Urt.v. 4.5.1979 - I ZR 127/77, BGHZ 74, 253, 254 f. (unter I. 1.); *Schmidt, Karsten,* Handelsrecht, § 20 IV. 1., S. 554 f. m.N.; *Schönle,* Bank- und Börsenrecht, § 7 II. 1. a) 3. a), S. 72.

Die Verrechnung ist also ein Verfügungsvertrag. Sie kann antizipiert im Rahmen der Kontokorrentabrede vereinbart werden. Da die Verrechnung gemäß § 355 I HGB in regelmäßigen Zeitabschnitten erfolgen soll, entfaltet sie ihre Wirkung, die Tilgung der verrechneten Einzelforderungen, aber grundsätzlich erst mit Periodenschluß. Bei Kündigung des Kontokorrents tritt die Wirkung der Verrechnung mit Beendigung des Kontokorrents ein, so daß gemäß § 355 III HGB "nach der Rechnung ein Überschuß" (Saldo) besteht. Die Verrechnung bestimmt, wem in welcher Höhe der Rest der Einzelforderungen gebührt.

Für den Regelfall gilt, daß der Verfügungsvertrag zur Verrechnung antizipiert im Rahmen der Kontokorrentabrede geschlossen wird.

Ausnahmen sind denkbar; denn jedenfalls ist der Parteiwille zu beachten[193]. Die Parteien können den Verfügungsvertrag zur Verrechnung im Rahmen der Kontokorrentabrede antizipiert schließen oder sich den Abschluß des Verrechnungsvertrages zum Schluß der Periode vorbehalten. Der mutmaßliche Parteiwille wird zwar für die erste Alternative sprechen[194], zwingend ist das aber nicht[195].

Auch wenn im Regelfall die Verrechnung der Einzelforderungen als antizipierter Verfügungsvertrag in der Kontokorrentabrede stattfindet, wird die herrschende Meinung[196], nach der der ausgeschiedene Gesellschafter wegen seiner Bindung an die Kontokorrentabrede für die Entwicklung der Gesellschaftsschulden nach seinem Ausscheiden haften soll, nicht gestützt. Es handelt sich hier um eine Verfügung, aus der keine Leistungspflicht folgt. Eine Haftung des Ausgeschiedenen kommt nicht in Betracht.

Das heißt aber nicht, daß die Verfügung zur Verrechnung der Einzelforderungen keine Auswirkungen auf die Haftung ausgeschiedener Gesellschafter hat. An die durch diese Verfügung geschaffene Rechtslage sind sowohl der ausgeschiedene Gesellschafter als auch der Kontokorrentgläubiger gebunden. Durch die Verrechnung werden die Einzelforderungen (teilweise) getilgt. Für bereits getilgte Forde-

---

193 *BGH*, Urt.v. 28.6.1968 - I ZR 156/66, BGHZ 50, 277, 280; *Canaris* in Großkomm. HGB, § 355, Anm. 64; *Hefermehl*, Grundfragen, S. 560 und 561.

194 *Canaris* in Großkomm. HGB, § 355, Anm. 64.

195 *Baumbach/Duden/Hopt*, HGB, § 355, Anm. 3) B.; *Canaris* in Großkomm. HGB, § 355, Anm. 64; *Hefermehl*, Grundfragen, S. 560.

196 Siehe oben S. 31 m.N.

rungen haftet der ausgeschiedene Gesellschafter nicht. Die Verfügung zur Verrechnung der Einzelforderungen ist insoweit für die Höhe der Haftung des ausgeschiedenen Gesellschafters maßgeblich.

(e) Die Verpflichtung zur Verrechnung

Der Umstand, daß der Verfügungsvertrag zur Verrechnung je nach Parteiwillen auch außerhalb der Kontokorrentabrede stattfinden kann einerseits und das Abstraktionsprinzip andererseits legen es nahe, neben der Verfügung zur Verrechnung auch eine Verpflichtung zur Verrechnung der Einzelforderungen anzunehmen[197].

Die Verrechnung gehört zu den essentialia des Kontokorrentvertrages[198]. Die Abrede kann nur dann eine Kontokorrentabrede sein, wenn in ihr auf eine Verrechnung Bezug genommen wird. Andernfalls würde die Vereinbarung der Parteien erst mit Vollzug der Verrechnung zum Periodenschluß zu einem Kontokorrent. Um hier eindeutige Verhältnisse zu schaffen, ist eine Verpflichtung zur Verrechnung in der Kontokorrentabrede anzunehmen.

Außerdem würde ohne eine solche Verpflichtung zur Verrechnung der Verfügungsvertrag zur Verrechnung rechtsgrundlos geleistet. Auch das Abstraktionsprinzip spricht daher für das Vorhandensein einer causa der abstrakten Verrechnungsverfügung. Das ist der Verpflichtungsvertrag zur Verrechnung in der Kontokorrentabrede.

Inhalt des Schuldvertrages zur Verrechnung ist die Vereinbarung einer Pflicht, die entsprechenden Willenserklärungen zum Abschluß des Verfügungsvertrages zur Verrechnung abzugeben. Er bestimmt auch, auf welche juristisch-mathematische Art die Verrechnung erfolgen muß. Aus dem Schuldvertrag zur Verrechnung folgt weiter, wann die Verrechnungsverfügung stattfinden soll. Nach der hier vertretenen Auffassung wird die Verrechnung grundsätzlich gleich mit in der Kontokorrentabrede durch antizipierten Verfügungsvertrag erklärt. Da die Verrechnungsverfügung die juristisch-mathematische Formel des Saldos beinhaltet, kann sie ohne Probleme schon im Vorhinein vereinbart werden. Die Konstruktion eines Verpflichtungsgeschäfts mit gleichzeitiger Erfüllung durch ein Verfügungsgeschäft ist nichts Besonderes. Auch ein Bargeschäft wird juristisch in ein Verpflichtungs-

---

197 Nur im Ergebnis übereinstimmend: *Canaris,* Funktionen, S. 70; *Canaris* in Großkomm. HGB, § 355, Anm. 10.

198 *Canaris* in Großkomm. HGB, § 355, Anm. 27.

geschäft (z.B. Kaufvertrag) mit gleichzeitiger Erfüllung durch Verfügungsgeschäft/e (z.B. Übereignung/en) abstrahiert.

Nach besonderer Vereinbarung kann die Verrechnung (Verfügung) aber auch später, z.B. im Sinne der Rechtsprechung[199] zum Periodenschluß und bei Beendigung des Kontokorrents vorzunehmen sein.

An die vereinbarte juristisch-mathematische Art der Verrechnung ist auch der später ausscheidende Gesellschafter gebunden, soweit es für seine Haftung auf die Verrechnung der Einzelforderungen ankommt. Die Bindung an die durch den Verfügungsvertrag zur Verrechnung der Einzelforderungen geschaffene Rechtslage wurde bereits genannt[200]. Wurde ausnahmsweise keine antizipierte Verfügung zur Verrechnung in der Kontokorrentabrede geschlossen, folgt die Bindung an die vereinbarte Art der Verrechnung aus § 128 HGB, wonach der (ausgeschiedene) Gesellschafter für die Verbindlichkeiten der Gesellschaft persönlich haftet. Er haftet also grundsätzlich auch für die Erfüllung der Verpflichtung, die Verrechnung vereinbarungsgemäß vorzunehmen. Wie bereits dargestellt[201], kann der (ausgeschiedene) Gesellschafter zwar nicht selbst anstelle der Gesellschaft die Verrechnung vornehmen; soweit aber eine Verrechnung der Einzelforderungen für die Höhe **seiner** Haftung gegenüber dem Kontokorrentgläubiger bestimmend ist, ist er an die während seiner Zugehörigkeit zur Gesellschaft vereinbarte juristisch-mathematische Art der Verrechnung gebunden.

(f) Ergebnis zu den Vereinbarungen zur Verrechnung

Es wurde festgestellt, daß die Kontokorrentabrede, auch soweit sie die Vereinbarungen zur Verrechnung enthält, keine Haftung des ausgeschiedenen Gesellschafters für in das Kontokorrent eingestellte Einzelforderungen gegen die Gesellschaft **begründet**. Der ausgeschiedene Gesellschafter ist aber an die Art der Verrechnung der Einzelforderungen gebunden, die in der Kontokorrentabrede vereinbart wurde. Für ihn ist die vereinbarte Rechtslage aufgrund des antizipierten Verfügungsvertrages zur Verrechnung maßgeblich. Wurde ausnahmsweise keine antizipierte Verfügung zur Verrechnung in der Kontokorrentabrede geschlossen, ist der Ausgeschiedene schuldrecht-

199 *BGH*, Urt.v. 24.1.1985 - I ZR 201/82, BGHZ 93, 307, 313 f.

200 Siehe oben S. 43 f.

201 Siehe oben S. 28 f.

lich an die verpflichtende Vereinbarung zur Verrechnung, die vor seinem Ausscheiden im Rahmen der Kontokorrentabrede getroffen wurde, gebunden.

Die Bindung des ausgeschiedenen Gesellschafters an die Kontokorrentabrede ist in Hinblick auf die Vereinbarungen zur Verrechnung zwar nicht im Sinne der herrschenden Meinung[202] ein Haft**grund**; sie ist aber gegebenenfalls für die **Höhe** der Haftung maßgeblich.

(3) Die Vereinbarungen zum Saldoanerkenntnis

Nachdem sich die herrschende Meinung, nach der der ausgeschiedene Gesellschafter wegen seiner Bindung an die Kontokorrentabrede für die in das Kontokorrent eingestellten Forderungen haften soll, nicht auf die Vereinbarungen zur Inrechnungstellung und die Vereinbarungen zur Verrechnung der Einzelforderungen gründen läßt, bleiben nur die Vereinbarungen zum Saldoanerkenntnis.

In § 355 I HGB wird "die Feststellung des für den einen oder anderen sich ergebenden Überschusses" als Tatbestandsvoraussetzung eines Kontokorrents genannt. Diese Feststellung des Überschusses wird in Rechtsprechung[203] und Literatur[204] als Saldoanerkenntnis bezeichnet.

Die Terminologie ist leider auch hier nicht einheitlich. Bisweilen ist von Feststellung[205] des Saldos oder von Saldierung[206] die Rede. Andere Autoren[207] gebrauchen diese Begriffe nicht (nur) für das Saldoanerkenntnis, sondern (auch) für die Verrechnung.

Nicht immer deutlich wird auch, ob die Verpflichtung zum Saldoanerkenntnis oder das Saldoanerkenntnis selbst gemeint ist[208].

Was nun unter dem Saldoanerkenntnis im Rahmen der Kontokorrentabrede zu verstehen ist, muß geklärt werden, um die herr-

---

202 Siehe oben S. 1, Fn. 1.

203 *BGH,* Urt.v. 24.1.1985 - I ZR 201/82, BGHZ 93, 307, 313 m.N.

204 Z.B. *Heymann/Horn,* HGB, § 355, Anm. 25.

205 *Capelle/Canaris,* Handelsrecht, § 25 IV, S. 283.

206 *BGH,* Urt.v. 28.6.1968 - I ZR 156/66, BGHZ 50, 277, 279 (unter II. 2.).

207 *Baumbach/Duden/Hopt,* HGB, § 355, Anm. 3) B.; *Schlegelberger/Hefermehl,* HGB, § 355, Rn. 43.

208 Z.B.: *Brox,* Handelsrecht, § 19 II. 2. c), Rn. 339.

schende Meinung[209], nach der der ausgeschiedene Gesellschafter aufgrund der Kontokorrentabrede für die Entwicklung der Gesellschaftsschulden nach seinem Ausscheiden haften soll, beurteilen zu können. Auf den ersten Blick könnte ja eine Bindung des ausgeschiedenen Gesellschafters an das Saldoanerkenntnis dessen Haftung für die anerkannten Zwischensalden begründen und insoweit die herrschende Meinung stützen. Voraussetzung hierfür wäre, daß das Saldoanerkenntnis Bestandteil der vor Ausscheiden geschlossenen Kontokorrentabrede ist. Die Rechtsnatur und der Zweck des Saldoanerkenntnisses zeigen aber, daß das die abstrakte Saldoforderung begründende Anerkenntnis nicht Bestandteil der vor Ausscheiden getroffenen Kontokorrentabrede ist, an die der ausgeschiedene Gesellschafter gebunden ist.

(a) Das Saldoanerkenntnis als abstraktes Schuldanerkenntnis

Nach der von der Rechtsprechung[210] und einem Teil der Literatur[211] verfolgten Novationstheorie ist das die neue Saldoforderung begründende Saldoanerkenntnis ein abstraktes Schuldanerkenntnis im Sinne des § 781 BGB. Auch der größte Teil der eine Novation ablehnenden

---

209 Siehe oben S. 31 m.N.

210 *BGH,* Urt.v. 4.7.1985 - IX ZR 135/84, NJW 85, 3007, 3009 (l.Sp.); *BGH,* Urt.v. 24.1.1985 - I ZR 201/82, BGHZ 93, 307, 313 f.; *OVG Münster,* Urt.v. 20.3.1984 - 13 A 2697/83, NJW 87, 90, 90; *BGH,* Urt.v. 8.7.1982 - I ZR 148/80, BGHZ 84, 371, 376; *BGH,* Urt.v. 13.3.1981 - I ZR 5/79, BGHZ 80, 172, 176; *BGH,* Urt.v. 8.3.1972 - VIII ZR 40/71, BGHZ 58, 257, 260; *BGH,* Urt.v. 9.12.1971 - III ZR 58/69, WM 72, 283, 284 (unter II. 2.); *BGH,* Urt.v. 19.12.1969 - I ZR 33/68, WM 70, 184, 186 (unter III. 3. c)); *BGH,* Urt.v. 28.6.1968 - I ZR 156/66, BGHZ 50, 277, 279; *BGH,* Urt.v. 28.11.1957 - VII ZR 42/57, BGHZ 26, 142, 150; *BGH,* Urt.v. 21.6.1955 - I ZR 93/54, WM 55, 1163, 1164; *RG,* Urt.v. 22.12.1939 - VII 139/39, RGZ 162, 244, 249; *RG,* Urt.v. 25.9.1933 - VI 206/33, JW 1933, 2826, 2827 (r.Sp.); *RG,* Urt.v. 3.10.1929 - VI 14/29, RGZ 125, 411, 416; *RG,* Urt.v. 7.1.1916 - II 386/15, RGZ 87, 434, 437; *RG,* Urt.v. 13.11.1889 - I.229/89, RGZ 25, 11, 15; *RG,* Urt.v. 1.2.1887 - Rep. III 218/86, RGZ 18, 246, 247 f.; *RG,* Urt.v. 21.9.1883 - Rep. II 184/83, RGZ 10, 53, 54; *RG,* Urt.v. 16.11.1880 - II. 148/80, RGZ 3, 17, 19.

211 *Beitzke,* Probleme, S. 14; *v.Gierke,* Handelsrecht, S. 497; *Harms,* Handelsrecht, S. 176; *Heymann/Kötter,* HGB, § 355, Anm. 1, S. 758 (1. Abs.); *Hofmann,* Handelsrecht, S. 177 (unter H. III. 4. c) bb)) m.N.; *Mohr,* Kontokorrentverkehr, S. 86, 93; *Palandt/Heinrichs,* BGB, § 305, Anm. 4) c), Rn. 10; *Pickart,* Bankvertrag, S. 1244; *Piper,* Termin- und Differenzeinwand, S. 726 (unter VI.); *Serick,* Vorausabtretung, S. 874 (unter II. 1. m.w.N. in Fn. 10).

Literatur[212] sieht in dem Saldoanerkenntnis ein abstraktes Schuldanerkenntnis im Sinne des § 781 BGB. Insoweit stimmen beide Ansichten überein und müssen hier (noch[213]) nicht diskutiert werden.

Mit diesem abstrakten Saldo wird die Vereinheitlichung der im kausalen Saldo enthaltenen Einzelforderungen erreicht[214]; denn die abstrakte Saldoforderung hat eine Verjährungsfrist, einen Erfüllungsort, und einen Gerichtsstand. Die abstrakte Saldoforderung führt auch zu einer Stärkung der Stellung des Saldogläubigers. Er ist zwar gegebenenfalls dem Bereicherungsanspruch aus § 812 II BGB ausgesetzt, ihm steht aber unter Umständen der Verwirkungseinwand zu.[215]

(b) Das Saldoanerkenntnis als kausaler Schuldfeststellungsvertrag

Nach anderer Ansicht[216] ist das Saldoanerkenntnis ein Schuldfeststellungsvertrag; es soll sich um einen kausalen Feststellungsvertrag handeln. Eine unrichtige Saldofeststellung sei unter Berücksichtigung des Einzelfalls analog § 779 BGB unwirksam[217]. Einer abstrakten Saldofeststellung, die bei Unrichtigkeit gemäß §§ 812, 817 S. 2, 2. Halbsatz BGB kondizierbar oder bei Börsentermingeschäften gemäß §§ 764, 762 II BGB, §§ 52, 53, 59 BörsG unwirksam sei, bedürfe es nicht.[218]

Es wird auch vertreten[219], das kausale Saldoanerkenntnis als ein deklaratorisches Schuldanerkenntnis habe einen prozessualen Einwendungsausschluß zur Folge, der sich sogar auf den Fall erstrecke,

---

212 *Baumbach/Duden/Hopt,* HGB, § 355, Anm. 3) A.; *Brox,* Handelsrecht, § 19 III. 3., Rn. 346; *Canaris,* Börsentermingeschäft, S. 595 (r.Sp.); *Canaris,* Funktionen, S. 58; *Canaris* in Großkomm. HGB, § 355, Anm. 93; *Erman/Hense/Hantl,* BGB, § 781, Rn. 3 m.N.; *Jauernig/Stürner,* BGB, § 387, Anm. 6. c); *Jauernig/Vollkommer,* BGB, § 781, Anm. 4. a); *MünchKomm/Hüffer,* BGB, § 781, Rn. 12; *Roxel,* Rechnungsabschluss, S. 37, 62 f.; *Schlegelberger/Hefermehl,* HGB, § 355, Rn. 58; *Schmidt, Karsten,* Handelsrecht, S. 558.

213 Siehe aber unten S. 60 ff.

214 Siehe oben S. 13 bei Fn. 54.

215 *Canaris* in Großkomm. HGB, § 355, Anm. 93.

216 *Kübler,* Feststellung, S. 162 (unter III. 4.) i.V.m. S. 135 (unter II. 5.); ähnlich: *Schönle,* Bank- und Börsenrecht, S. 74.

217 *Kübler,* Feststellung, S. 163.

218 *Kübler,* Feststellung, S. 157 f. (unter III. 1.), vgl. auch S. 135 (unter II. 5.); *Schönle,* Bank- und Börsenrecht, S. 74.

219 *Blaurock,* Anerkenntnis, S. 2208 (r.Sp. unter V.).

daß die Einzelforderung überhaupt nicht entstanden oder aber bereits erloschen sei.

(c) Kritik am Saldoanerkenntnis als kausaler Schuldfeststellungsvertrag

Gegen die Qualifizierung des Saldoanerkenntnisses als kausalen Feststellungsvertrag wird vorgebracht, man müsse dann bei Geltendmachung des anerkannten Saldos die Rechtsnatur der jeweils zugrundeliegenden, festgestellten Forderung berücksichtigen. Die Länge der Verjährungsfrist richte sich damit nach dem jeweiligen Vertragstyp. Das aber widerspreche dem Zweck des Kontokorrents, die einzelnen Forderungen zu vereinheitlichen. Zwar werde dieses Problem auch von den Vertretern des kausalen Anerkenntnisses gesehen, die dort angebotene Lösung, nämlich die allgemeine 30jährige Verjährungsfrist gemäß § 195 BGB aufgrund der Kontokorrentabrede allen Einzelforderungen zuzuerkennen[220], sei aber dogmatisch unhaltbar. Denn eine vertragliche Verlängerung der Verjährung aufgrund der Kontokorrentabrede sei gemäß § 225 I BGB nichtig[221]. Auch der Zweck der kurzen Verjährungsfristen, bald Klarheit über schnell abzuwickelnde Rechtsverhältnisse zu schaffen, werde vereitelt, wenn bereits die Einstellung in das Kontokorrent ohne Rücksicht auf eine Saldofeststellung, die 30jährige Verjährungsfrist begründe[222].

Gegen die Analogie zu § 779 BGB bei unrichtiger Saldofeststellung wird eingewandt, die Unwirksamkeit der Saldofeststellung könne dann nach unbegrenzt langer Zeit geltend gemacht werden. Das führe zu einer Unsicherheit, die durch das Kontokorrent gerade vermieden werden solle.[223]

Auch der mit dem deklaratorischen Schuldanerkenntnis verbundene Einwendungsausschluß sei praktisch unhaltbar[224]. Dieser entspreche keinesfalls dem Willen der Parteien[225].

Im Sinne dieser Kritik überzeugen die Notlösungen der Vertreter des kausalen Saldoanerkenntnisses nicht. Sie stehen mit der Zweck-

---

220 *Kübler,* Feststellung, S. 162 f.

221 *Canaris,* Funktionen, S. 61 f.; *Canaris* in Großkomm. HGB, § 355, Anm. 92.

222 *BGH,* Urt.v. 2.11.1967 - II ZR 46/65, BGHZ 49, 24, 28.

223 *Canaris* in Großkomm. HGB, § 355, Anm. 92; *Canaris,* Funktionen, S. 62 f.

224 *Canaris* in Großkomm. HGB, § 355, Anm. 92 a.E., 98.

225 *BGH,* Urt.v. 13.12.1967 - Ib ZR 168/65, DB 68, 303, 303 (unter 2. a)).

setzung des Kontokorrents nicht im Einklang. Das Saldoanerkenntnis ist kein kausales oder deklaratorisches Schuldanerkenntnis.

Die herrschende Meinung, nach der das Saldoanerkenntnis der Parteien ein Vertrag im Sinne des § 781 BGB ist und eine abstrakte Saldoforderung begründet, ist überzeugend. Der Zweck des Kontokorrents, die Vereinfachung[226] des Zahlungsverkehrs und die Vereinheitlichung[227] der Einzelforderungen, wird so am besten erreicht. In seinen rechtlichen Konsequenzen kommt das abstrakte Saldoanerkenntnis zu zweckmäßigen Lösungen.

(d) Das abstrakte Saldoanerkenntnis zum Rechnungsabschluß

Das abstrakte Saldoanerkenntnis soll möglichst abschließend Klarheit über den Bestand des Saldos und die in ihm enthaltenen (restlichen) Einzelforderungen schaffen[228]. Dazu ist die Prüfung des Saldos und der eingestellten Einzelforderungen notwendig. Das kann keinesfalls im Vorhinein geschehen. Das Saldoanerkenntnis ist erst möglich, wenn nach Rechnungsabschluß (§§ 355 II, III HGB) die einzeln aufgeführten Posten nachprüfbar vorhanden sind.

Das Saldoanerkenntnis als Vertrag im Sinne des § 781 BGB muß daher von den Parteien nach Rechnungsabschluß abgegeben werden[229]. Das Saldoanerkenntnis zum Rechnungsabschluß als Vertrag im Sinne des § 781 BGB ist also kein Bestandteil der Kontokorrentabrede. Es kann nicht - wie die Erklärung zur Verrechnung[230] - im Vorhinein sinnvoll abgegeben werden.

(e) Die Verpflichtung zum Saldoanerkenntnis

Dennoch wird von einigen Autoren[231] das Saldoanerkenntnis als ein Element der Kontokorrentabrede genannt. Hierbei kann es sich nur

---

226 Siehe oben S. 13, Fn. 53.

227 Siehe oben S. 13, Fn. 54.

228 *Canaris* in Großkomm. HGB, § 355, Anm. 28.

229 Vgl.: *BGH*, Urt.v. 4.7.1985 - IX ZR 135/84, NJW 85, 3007, 3009 (unter III. 2. b) (r.Sp.)); *GK-HGB/Herget*, § 355, Rn. 42 (unter IV. 2. a)) und Rn. 85 (unter VI. 3. b) bb)).

230 Siehe oben S. 40 ff.

231 *Baumbach/Duden/Hopt*, HGB, § 355, Anm. 2) D.; *Harms*, Handelsrecht, S. 176; *Heymann/Horn*, HGB, § 355, Rn. 8; *Schmidt, Karsten*, Handelsrecht, § 20 II. 2. d), S. 550; *Schumann*, Handelsrecht II, § 5 II 3, S. 46

um die Verpflichtung zum Saldoanerkenntnis handeln. Es ist unstreitig, daß eine Verpflichtung zum Saldoanerkenntnis aufgrund der Kontokorrentabrede besteht[232].

Zur praktischen Bedeutung der Annahme einer Verpflichtung zum Saldoanerkenntnis wird auf die Entscheidung des BGH[233] in WM 70, S. 184-187 verwiesen.

Die Pflicht zum Saldoanerkenntnis ist eine einfache[234] Leistungspflicht im Dauerschuldverhältnis Kontokorrent. Sie erlischt normalerweise[235] gemäß § 362 I BGB mit Erfüllung[236]. Davon zu unterscheiden ist der Fortbestand des Kontokorrents als Dauerschuldverhältnis[237]. Das Dauerschuldverhältnis ist mit Erfüllung der einfachen Leistungspflicht grundsätzlich nicht erloschen[238]. Das Saldoanerkenntnis führt nicht - wie früher angenommen wurde[239] - zum Ende des Kontokorrents[240]. Im Fortlauf des Kontokorrents schließt sich eine neue Rechnungsperiode mit der erneuten Verpflichtung zum Saldoanerkenntnis an[241].

Endet das Kontokorrent vor dem Ende der vereinbarten Rechnungsperiode, entsteht kein Periodenschlußsaldo und damit keine

232 *BGH,* Urt.v. 19.12.1969 - I ZR 33/68, WM 70, 184, 185 (unter III. 2. a), 2. Abs.); *BGH,* Urt.v. 30.6.1955 - I ZR 186/53, WM 55, 1315, 1316 (l.Sp., 2. Abs.); *Canaris,* Funktionen, S. 70, der die Kontokorrentabrede insoweit als "Geschäftsvertrag" bezeichnet, vgl. oben S. 8 ff.; *Canaris* in Großkomm. HGB, § 355, Anm. 94 a.E., der die Kontokorrentabrede insoweit als "Geschäftsvertrag" bezeichnet, vgl. oben S. 8 ff.; *Heymann/Horn,* HGB, § 355, Rn. 26; *Schlegelberger/Hefermehl,* HGB, § 355, Rn. 49.

233 *BGH,* Urt.v. 19.12.1969 - I ZR 33/68, WM 70, 184-187.

234 Zur Bezeichnung der einzelnen Leistungspflicht in einem Dauerschuldverhältnis als "einfache" Leistungspflicht vgl. auch: *Larenz,* Schuldrecht AT, S. 30 f. (§ 2 VI.).

235 Als Erlöschensgründe sind auch der Auflösungsvertrag oder die Konfusion denkbar.

236 *Wiese,* Beendigung, S. 839 und 840.

237 *Canaris* in Großkomm. HGB, § 355, Anm. 110; *Gschnitzer,* Kündigung, S. 350 ff., 361; *Herz,* Kontokorrent, S. 76 m.N.; *Schlegelberger/Hefermehl,* HGB, § 355, Rn. 97; *Schmidt, Karsten,* Handelsrecht, S. 550, 562, 564.

238 *Larenz,* Schuldrecht AT, S. 31 (§ 2 VI.).

239 *RG,* Urt.v. 21.9.1883 - Rep. II 184/83, RGZ 10, 53, 54.

240 *Canaris* in Großkomm. HGB, § 355, Anm. 111.

241 *RG,* Urt.v. 4.4.1933 - VII 352/32, RGZ 140, 219, 221 m.N.; *Göppert,* Vereinfachung, S. 174 f. m.N.; *Schlegelberger/Hefermehl,* HGB, § 355, Rn. 94.

Pflicht zum Saldoanerkenntnis[242]. Es besteht dann ein Anspruch auf Auszahlung des kausalen Saldos aufgrund der darin enthaltenen Einzelforderungen unabhängig von einem Saldoanerkenntnis[243]. § 355 III HGB stellt das nur klar.

(f) Die Haftung für die Pflicht zum Saldoanerkenntnis

Es besteht aufgrund der Kontokorrentabrede eine Verpflichtung zum Anerkenntnis des jeweiligen Saldos nach Rechnungsschluß. Diese Pflicht trifft aber nur den Kontokorrentpartner. Der ausgeschiedene Gesellschafter ist nicht Kontokorrentpartner. Er kann nicht für die im Kontokorrent stehende Gesellschaft das Saldoanerkenntnis abgeben. Ein Anerkenntnis fremder Schuld gibt es nicht. Die Abgabe der Willenserklärung zum Saldoanerkenntnis ist **unvertretbar**.

Es ist unstreitig, daß bei unvertretbaren Handlungen gegebenenfalls nur der geschäftsführende Gesellschafter die Leistung erbringen kann[244]; die von der Geschäftsführung ausgeschlossenen oder ausgeschiedenen Gesellschafter haften jedenfalls nur auf Geldersatz[245]. Insbesondere beschränkt sich die Haftung auf Geldersatz, wenn die Gesellschaft zur Abgabe einer Willenserklärung verpflichtet ist[246], wobei hier fraglich ist, ob bei Verweigerung des Saldoanerkenntnisses überhaupt ein zu ersetzender Schaden entstehen kann.

Jedenfalls muß der ausgeschiedene Gesellschafter kein Saldoanerkenntnis abgeben, aufgrund dessen er dann für den abstrakten Saldo haften könnte. Die herrschende Meinung[247], nach der der ausgeschiedene Gesellschafter aufgrund der Kontokorrentabrede für die Entwicklung der Gesellschaftsschulden nach seinem Ausscheiden haf-

242 Vgl.: *BGH,* Urt.v. 2.11.1967 - II ZR 46/65, BGHZ 49, 24, 26 f.; *Schlegelberger/ Hefermehl,* HGB, § 355, Rn. 101.

243 *BGH,* Urt.v. 7.12.1977 - VIII ZR 164/76, BGHZ 70, 86, 93; *BGH,* Urt.v. 2.11.1967 - II ZR 46/65, BGHZ 49, 24, 26; *Canaris* in Großkomm. HGB, § 355, Anm. 118; *Schlegelberger/Hefermehl,* HGB, § 355, Rn. 101.

244 *BGH,* Urt.v. 14.2.1957 - II ZR 190/55, BGHZ 23, 302, 306 f.; *Hueck,* OHG, S. 318 (§ 21 II. 5.); kritisch: *Flume,* Haftungsverbindlichkeiten, S. 234 ff.

245 *Baumbach/Duden/Hopt,* HGB, § 128, Anm. 2) B.; *Düringer/Hachenburg/ Flechtheim,* HGB, § 128, Anm. 3; *Hueck, Götz,* Gesellschaftsrecht, S. 117 (§ 15 III. 1) a)); *Schlegelberger/Geßler,* HGB, § 128, Rn. 6 m.N.; *Wieland,* Handelsrecht I, S. 637 f.

246 *Hueck, Götz,* Gesellschaftsrecht, S. 117 (§ 15 III. 1) a)); *Wieland,* Handelsrecht I, S. 637 f.

247 Siehe oben S. 31 m.N.

ten soll, läßt sich daher auch nicht mit einem Verweis auf die in der Kontokorrentabrede enthaltene Verpflichtung zum Saldoanerkenntnis begründen.

(g) Ergebnis zu den Vereinbarungen zum Saldoanerkenntnis

Neben der Inrechnungstellung und der Verrechnung beinhaltet die Kontokorrentabrede einen schuldrechtlichen Vertrag, der die Verpflichtung zum Saldoanerkenntnis begründet. Es handelt sich um eine Verpflichtung im Rahmen eines Dauerschuldverhältnisses. Aufgrund dieser einmal vereinbarten Verpflichtung ist jeder Saldo nach Rechnungsabschluß (z.B. § 355 II HGB) anzuerkennen. Das Kontokorrent wird durch das Saldoanerkenntnis nicht beendet. Bei Beendigung des Kontokorrents ohne vereinbarten Rechnungsabschluß (z.B. bei Kündigung, § 355 III HGB) besteht keine Pflicht zum Saldoanerkenntnis.

Die Pflicht zum Saldoanerkenntnis wird durch den Abschluß eines abstrakten Schuldanerkenntnisvertrages im Sinne des § 781 BGB erfüllt. Dieser Vertrag ist nicht Bestandteil der Kontokorrentabrede. Er wird nach jedem Rechnungsabschluß in einer besonderen Vereinbarung geschlossen.

Die herrschende Meinung[248], nach der der ausgeschiedene Gesellschafter aufgrund der Kontokorrentabrede für die Entwicklung der Gesellschaftsschulden nach seinem Ausscheiden haften soll, läßt sich auch nicht mit einem Verweis auf die in der Kontokorrentabrede enthaltene Verpflichtung zum Saldoanerkenntnis begründen. Der ausgeschiedene Gesellschafter haftet für die Erfüllung der Verpflichtung zum Saldoanerkenntnis allenfalls auf Geldersatz. Er haftet aufgrund der Kontokorrentabrede nicht für den Saldo selbst oder die kontokorrentgebundenen Einzelforderungen.

(4) Ergebnis zur Haftung für die Gesellschaftsschulden nach Ausscheiden aufgrund der Bindung an die Kontokorrentabrede

Im Ergebnis bleibt festzuhalten, daß die herrschende Meinung[249], nach der der ausgeschiedene Gesellschafter aufgrund der Kontokorrentabrede für die Entwicklung der Gesellschaftsschulden nach seinem Ausscheiden haften soll, sich nicht auf die Bindung des ausge-

248 Siehe oben S. 31 m.N.

249 Siehe oben S. 31 m.N.

schiedenen Gesellschafters an die Kontokorrentabrede gründen läßt. Zwar beinhaltet die Kontokorrentabrede die Verpflichtungen, die vereinbarten Einzelforderungen in Rechnung zu stellen, die Einzelforderungen zu verrechnen und den Saldo bei Periodenschluß anzuerkennen. Für diese Verpflichtungen haftet der Ausgeschiedene grundsätzlich auch[250]. Eine Haftung für die vor seinem Ausscheiden begründeten Einzelforderungen oder gar für die Entwicklung der Schulden nach seinem Ausscheiden kommt danach aber nicht in Betracht.

3) Die Begründung zur Haftung für die Gesellschaftsschulden nach Ausscheiden nach dem Grundsatz der Haftung für den niedrigsten Zwischensaldo

Nach der Auseinandersetzung mit der Begründung der herrschenden Meinung zur Ziehung des Tagessaldos bei Ausscheiden und zur Haftung für die Entwicklung der Gesellschaftsschulden nach Ausscheiden aufgrund der Bindung an die Kontokorrentabrede bleibt das Argument der herrschenden Meinung aus § 356 HGB[251]. Nach § 356 HGB soll der ausgeschiedene Gesellschafter auch für die Entwicklung der Gesellschaftsschulden nach Ausscheiden haften. Kern dieser Argumentation ist der Grundsatz der Haftung für den niedrigsten Zwischensaldo.

a) Kritik in der Literatur an den Folgen

Die Kritik in der Literatur wendet sich vor allem gegen die Folgen des Grundsatzes der Haftung für den niedrigsten anerkannten Zwischensaldo.

(1) Verrechnung der Schulden mit Guthaben

Kritisiert wird die Verrechnung der Schulden mit Guthaben der Gesellschaft im Rahmen des Grundsatzes der niedrigsten Saldohaftung nach Ausscheiden des Gesellschafters[252].

250 Näher zu Inhalt und Umfang dieser Haftung im 3. Kapitel, I. Haftung für die Verpflichtungen aus der Kontokorrentabrede, S. 125 ff.

251 Siehe oben S. 21 ff.

252 *Bierhoff*, Haftung, S. 83.

Hier würden unter Umständen Vorauszahlungen der Gesellschaft für demnächst einzugehende Verpflichtungen die Haftung des ausgeschiedenen Gesellschafters verringern[253].

Das sei eine Benachteiligung des Gläubigers der Gesellschaft bei Inanspruchnahme des ausgeschiedenen Gesellschafters[254]. Nach den Anforderungen des kaufmännischen Handelsverkehrs müßten alle für eine Forderung bestellten Sicherheiten, wozu auch die Haftung eines ausgeschiedenen Gesellschafters gehöre, bis zu ihrer endgültigen Erledigung bestehen bleiben[255].

(2) Haftung für neue Verbindlichkeiten

Zum anderen wird eingewandt, daß der ausgeschiedene Gesellschafter auch bei einem Kontokorrentverhältnis nach gesellschaftsrechtlichen Grundsätzen der §§ 128, 159 HGB nur für die vor seinem Ausscheiden begründeten Verbindlichkeiten haften müsse[256].

Der von der herrschenden Meinung angewandte Grundsatz der niedrigsten Saldohaftung führe dagegen zu einer Haftung des ausgeschiedenen Gesellschafters auch für erst nach seinem Ausscheiden begründete, neue Verbindlichkeiten[257]. Hinsichtlich dieser Verbindlichkeiten könne der Gläubiger nach Gesellschaftsrecht kein Sicherungsinteresse mehr geltend machen[258]. Andernfalls hafte der Ausgeschiedene für nach seinem Ausscheiden vorgenommene Rechtsgeschäfte zwischen der Gesellschaft und einem Dritten, obwohl er auf deren Abschluß keinen Einfluß mehr nehmen könne und am Gewinn nicht mehr beteiligt sei[259]. Diese Geschäfte verstießen so gegen das Verbot von Verträgen zu Lasten Dritter[260]. Der Gesellschaft und dem Gläu-

---

253 *Bierhoff,* Haftung, S. 83.

254 *Bierhoff,* Haftung, S. 83; *Heinemann,* Haftung, S. 27 f.

255 *Bierhoff,* Haftung, S. 83.

256 *Bierhoff,* Haftung, S. 82; *Budde,* Haftung, S. 41, 44 f., 47; *Canaris* in Großkomm. HGB, § 356, Anm. 20; *Capelle/Canaris,* Handelsrecht, § 25 V. 2. b), S. 288; *Heinemann,* Haftung, S. 27; *Rohe,* Haftung, S. 66; *Schmidt, Karsten,* Handelsrecht, S. 560 ff.; *Ulmer/Wiesner,* Haftung, S. 396, Fn. 11 a.E.

257 *Budde,* Haftung, S. 41; *Capelle/Canaris,* Handelsrecht, § 25 V. 2. b), S. 288; *Rohe,* Haftung, S. 66.

258 *Budde,* Haftung, S. 41.

259 *Canaris* in Großkomm. HGB, § 356, Anm. 20.

260 *Budde,* Haftung, S. 46; *Canaris* in Großkomm. HGB, § 356, Anm. 20; *Heinemann,* Haftung, S. 27; *Rohe,* Haftung, S. 66.

biger wäre es damit möglich, das Ausscheiden des Gesellschafters zu ignorieren; denn der ausgeschiedene Gesellschafter sei praktisch zeitlich unbegrenzt die vielleicht tatsächlich entscheidende Kreditgrundlage der Gesellschaft. Ein Ausscheiden würde angesichts dieser Konsequenz für den Gesellschafter erheblich erschwert[261].

b) Stellungnahme zu den Folgen

(1) Verrechnung der Schulden mit Guthaben

Die Kritik ist nicht überzeugend, soweit sie sich gegen die Verrechnung der Schulden mit Guthaben bei Ziehung der anzuerkennenden Periodenschlußsalden richtet. Anders als bei Ziehung des Tagessaldos geht es hier um eine für das Kontokorrent typische Verrechnung zum jeweiligen Periodenschluß. Dieser Verrechnungszeitpunkt entspricht der Vereinbarung in der Kontokorrentabrede[262]. An diese vor seinem Ausscheiden getroffene Vereinbarung ist der ausgeschiedene Gesellschafter gebunden[263]. Der Gläubiger ist nicht benachteiligt. Er ist gegenüber dem ausgeschiedenen Gesellschafter ebenso wie gegenüber der Gesellschaft an die periodische Verrechnung gebunden. Es ist der Zweck des Kontokorrents, die gegenseitigen Zahlungen auf diese Art zu vereinfachen[264].

(2) Haftung für neue Verbindlichkeiten

Beachtlich ist die Kritik aber, soweit sie sich gegen die Haftung für neue, nach Ausscheiden begründete Verbindlichkeiten richtet. Die Haftung für neue, nach Ausscheiden begründete Verbindlichkeiten verstößt gegen gesellschaftsrechtliche Grundsätze, wonach der Ausgeschiedene nur für vor seinem Ausscheiden begründet Verbindlichkeiten haftet. Das folgt aus § 128 HGB. § 128 HGB begründet die Haftung. Die Entstehung der Haftung setzt tatbestandlich die Gesellschafterstellung des betreffenden Rechtssubjekts voraus. Die Haftung trifft das Rechtssubjekt zwar "persönlich" (§ 128 I S. 1 HGB); fällt die Gesellschafterstellung weg, ändert das nichts an der einmal nach § 128

261 *Rohe*, Haftung, S. 70, 142 f.

262 Siehe oben S. 43.

263 Siehe oben S. 43 und S. 45.

264 Siehe oben S. 13, Fn. 53.

HGB begründeten Haftung des Rechtssubjekts[265]. Eine Voraussetzung für die Nachhaftung des Gesellschafters ist aber, daß die Verpflichtung der OHG vor dessen Ausscheiden begründet wurde[266].

Die Haftung für neue Verbindlichkeiten hat neben dem Verstoß gegen § 128 HGB zum einen zur Folge, daß der Ausgeschiedene gegebenenfalls zeitlich unbegrenzt haftet und zum anderen, daß die Gesellschaft und der Gläubiger die Höhe der Haftung manipulieren können.

(a) Zeitlich unbegrenzte Haftung

Die Salden der Zwischenzeit sinken möglicherweise auf unabsehbare Zeit nicht auf Null. Der Grundsatz der Haftung für den niedrigsten Saldo der Zwischenzeit kennt dann keine zeitliche Begrenzung; denn nach diesem Grundsatz endet die Haftung erst, wenn ein Saldo unter Null sinkt; unabhängig, aus welchen Einzelforderungen er sich zusammensetzt.

(b) Möglichkeiten der Manipulation

Durch Einstellen neuer Forderungen kann die Haftung des ausgeschiedenen Gesellschafters nach oben manipuliert werden. Zwar bildet nach herrschender Meinung der bei Ausscheiden gezogene Tagessaldo eine Höchstgrenze der Haftung des Ausgeschiedenen; aber innerhalb dieser Grenze kann der Ausgeschiedene zeitlich unbegrenzt festgehalten werden. Die Kontokorrentparteien müssen nur kurz vor Ziehung des Schlußsaldos entsprechend hohe Forderung des Gläubigers in das Kontokorrent einstellen. Als Ausgeschiedener hat der ehemalige Gesellschafter keine Möglichkeit, dagegen vorzugehen. Auch die Geltendmachung der §§ 138, 242 BGB dürfte ihm mangels Einblick in die Geschäftsabläufe schwer fallen.

---

265 *BAG,* Urt.v. 21.7.1977 - 3 AZR 189/76, NJW 78, 391, 391 (unter II. 1.); *Baumbach/Duden/Hopt,* HGB, § 128, Anm. 1) C., § 158, Anm. 1) A.; *Heyn,* Haftung, S. 923 m.N.; *Kübler,* Gesellschaftsrecht, S. 84 (§ 7 V. 6.); *Reinhardt/Schultz,* Gesellschaftsrecht, Rn. 140.

266 *BGH,* Urt.v. 25.11.1985 - II ZR 80/85, BGH, NJW 86, 1690, 1690; *BGH,* Urt.v. 21.12.1970 - II ZR 258/67, BGHZ 55, 267, 269 f.; *RG,* Urt.v. 9.10.1929 - Ziv. I 140/29, RGZ 125, 417, 418 f.; *RG,* Urt.v. 24.11.1914 - III 273/14, RGZ 86, 60, 61; *Baumbach/Duden/Hopt,* HGB, § 128, Anm. 5) C., § 59, Anm. 2) C.; *Fenyves,* Erbenhaftung, S. 89 f. m.N.; *Fischer* in Großkomm. HGB, § 128, Anm. 50 f.; *Flume,* Allg. Teil I/1, S. 296; *Hadding,* Haftung, S. 151; *Rohe,* Haftung, S. 1, 89 f., 137 f.; *Schmidt, Karsten,* Gesellschaftsrecht, S. 1101 f.

Die Schwächen der herrschenden Meinung zeigen sich schließlich auch im Vergleich zur Haftung bei Kündigung des Kontokorrents nach § 355 III HGB. Bei Kündigung des Kontokorrents entsteht lediglich ein kausaler Saldo. Das heißt, der in § 355 III HGB genannte Zahlungsanspruch beruht auf den den Saldo bildenden Einzelforderungen[267]. Eines Saldoanerkenntnisses bedarf es nicht[268]. § 356 HGB greift nicht ein. Die Sicherheiten bleiben für die Einzelforderungen bestehen. Bei Kündigung des Kontokorrents vor einem Saldoanerkenntnis haftet der ausgeschiedene Gesellschafter also genau für die Einzelforderungen, die vor seinem Ausscheiden begründet wurden, § 128 HGB. Wird dagegen das Kontokorrent fortgeführt, haftet er nach herrschender Meinung summenmäßig in Höhe des Tagessaldos oder des niedrigsten Saldos der Zwischenzeit. Je nach Zeitpunkt der Kündigung des Kontokorrents durch die verbliebene Gesellschaft oder durch den Gläubiger kann so die Haftung des ausgeschiedenen Gesellschafters nach unten manipuliert werden.

Beispiel: Die Gesellschaft hatte bei Ausscheiden des Gesellschafters keine Guthaben, aber Verbindlichkeiten in Höhe von 3.000 DM. Der Tagessaldo bei Ausscheiden beträgt 3.000 DM zu Lasten der Gesellschaft. Nach Ausscheiden des Gesellschafters erwirbt die Gesellschaft Guthaben in Höhe von 3.000 DM und geht neue Verbindlichkeiten in Höhe von 3.000 DM ein. Der nächste Rechnungsabschlußsaldo beträgt wieder 3.000 DM zum Nachteil der Gesellschaft. Der ausgeschiedene Gesellschafter haftet nach herrschende Meinung in Höhe von 3.000 DM. Kündigt hier die Gesellschaft nur einen Tag vor Feststellung des Schlußsaldos, entsteht ein kausaler Saldo. Die entsprechende Verrechnung erfolgt gemäß § 355 III HGB ohne weiteres[269]; nach herrschender Meinung[270] verhältnismäßig. Es werden die Einzelforderungen saldomäßig geltend gemacht[271]. Der Saldo errechnet sich hier aus 6.000 DM Verbindlichkeiten der Gesellschaft abzüglich 3.000 DM

267 Vgl.: *BGH,* Urt.v. 11.10.1988 - XI ZR 67/88, BGHZ 105, 263, 265 (unter 1.); *BGH,* Urt.v. 7.12.1977 - VIII ZR 164/76, BGHZ 70, 86, 94 f.; *BGH,* Urt.v. 2.11.1967 - II ZR 46/65, BGHZ 49, 24, Ls. 1 und S. 26 f.; *Schmidt, Karsten,* Handelsrecht, § 20 VI 1., S. 565 i.V.m. § 20 IV. 1., S. 555; *Canaris* in Großkomm. HGB, § 355, Anm. 118 i.V.m. Anm. 98; *Capelle/Canaris,* Handelsrecht, § 25 IV., S. 283; in sich widersprüchlich bezeichnet *BGH,* Urt.v. 27.6.1988 - II ZR 283/87, NJW 89, 159, 159 (unter I. 2.) § 355 III HGB als Anspruchsgrundlage, prüft dann aber richtig den Anspruch aus den Einzelforderungen.

268 Siehe oben S. 52 mit Nachweisen in Fn. 242.

269 *Schlegelberger/Hefermehl,* HGB, § 355, Rn. 50.

270 Siehe oben S. 42, Fn. 191.

271 *Schlegelberger/Hefermehl,* HGB, § 355, Rn. 101.

Verbindlichkeiten des Gläubigers. Die Posten der Gesellschaft und damit auch die Altverbindlichkeiten sind nach der herrschenden verhältnismäßigen Gesamtaufrechnung jeweils zur Hälfte in dem kausalen Saldo enthalten. Der ausgeschiedene Gesellschafter haftet nur in Höhe von 1.500 DM.

c) Kritik in der Literatur an der Begründung

Die eben genannte Kritik und die in der Literatur wendet sich gegen die Folgen des Grundsatzes der Haftung für den niedrigsten anerkannten Zwischensaldo. Die Kritik wendet sich aber auch gegen die Begründung des Grundsatzes der Haftung für den niedrigsten anerkannten Zwischensaldo.

Hier macht vor allen **Canaris**[272] geltend, daß § 356 HGB den Grundsatz der Haftung für den niedrigsten anerkannten Zwischensaldo nicht stütze. § 356 HGB betreffe nur das Saldoanerkenntnis, nicht aber die Verrechnung. Der Sicherungsgeber könne sehr wohl einwenden, daß die gesicherte Forderung (teilweise) durch Verrechnung erloschen sei. Die Haftung könne daher geringer sein, als der niedrigste anerkannte Zwischensaldo. Das folge schon aus dem Wortlaut des § 356 HGB, der nur von "Anerkennung" und gerade nicht von Verrechnung spreche. Auch die Entstehungsgeschichte zeige, daß der Gesetzgeber mit § 356 HGB nur der Novationstheorie begegnen wolle. Nach der Novationstheorie gingen die Einzelforderungen aber nicht wegen der Verrechnung, sondern wegen des Saldoanerkenntnisses unter.

d) Stellungnahme zur Begründung

Zur Begründung des Grundsatzes der Haftung für den niedrigsten anerkannten Zwischensaldo wird von der herrschenden Meinung[273] die rechtliche Natur des Kontokorrents, die Entstehungsgeschichte, der Wortlaut und der Gesetzeszweck des § 356 HGB angeführt.

---

272 Grundlegend: *Canaris,* Verrechnung, S. 423 und 471 ff.; ebenso: *Blaurock,* Kontokorrent, S. 694; *Canaris* in Großkomm. HGB, § 356, Anm. 6 ff.; *Herz,* Kontokorrent, S. 111.

273 Siehe oben S. 23 ff.

(1) Die rechtliche Natur des Kontokorrents

Nach der herrschenden Meinung folgt aus der rechtlichen Natur des Kontokorrents die Novation der Einzelforderungen[274]. Aufgrund dieser Novation würden die Einzelforderungen durch die abstrakte Saldoforderung ersetzt. Die Einzelforderungen könnten daher für die Haftung nicht mehr maßgeblich sein.

(a) Die Novationstheorie

Die Novationstheorie wird seit dem Jahr 1880 von der Rechtsprechung[275] verfolgt. Auch in der Literatur[276] wird sie seit langem vertreten. Danach erlöschen alle Einzelforderungen mit Saldoanerkenntnis. Es findet eine Schuldumschaffung statt. An die Stelle der Einzelforderungen tritt die neue, selbständige Saldoforderung im Sinne des § 781 BGB. Das heißt, die Einzelforderungen gehen in dem neuen Saldo auf. Der Saldo wird, wenn seine Inrechnungstellung vereinbart ist, in der darauf folgenden Kontokorrentperiode selbst zu einem Rechnungsposten, der wiederum durch den neuen Saldo ersetzt wird.

---

274 Siehe oben S. 23, Fn. 104.

275 *RG,* Urt.v. 16.11.1880 - II. 148/80, RGZ 3, 17, 19; ebenso: *BGH,* Urt.v. 4.7.1985 - IX ZR 135/84, NJW 85, 3007, 3009 (l.Sp.); *BGH,* Urt.v. 24.1.1985 - I ZR 201/82, BGHZ 93, 307, 313 f.; *OVG Münster,* Urt.v. 20.3.1984 - 13 A 2697/83, NJW 87, 90, 90; *BGH,* Urt.v. 8.7.1982 - I ZR 148/80, BGHZ 84, 371, 376; *BGH,* Urt.v. 13.3.1981 - I ZR 5/79, BGHZ 80, 172, 176; *BGH,* Urt.v. 28.4.1975 - II ZR 113/74, WM 75, 556, 557 (unter II. 2.); *BGH,* Urt.v. 8.3.1972 - VIII ZR 40/71, BGHZ 58, 257, 260; *BGH,* Urt.v. 9.12.1971 - III ZR 58/69, WM 72, 283, 284 (unter II. 2.); *BGH,* Urt.v. 19.12.1969 - I ZR 33/68, WM 70, 184, 186 (unter III. 3. c)); *BGH,* Urt.v. 28.6.1968 - I ZR 156/66, BGHZ 50, 277, 279; *BGH,* Urt.v. 28.11.1957 - VII ZR 42/57, BGHZ 26, 142, 150; *BGH,* Urt.v. 21.6.1955 - I ZR 93/54, WM 55, 1163, 1164; *RG,* Urt.v. 22.12.1939 - VII 139/39, RGZ 162, 244, 249; *RG,* Urt.v. 25.9.1933 - VI 206/33, JW 1933, 2826, 2827 (r.Sp.); *RG,* Urt.v. 3.10.1929 - VI 14/29, RGZ 125, 411, 416; *RG,* Urt.v. 7.1.1916 - II 386/15, RGZ 87, 434, 437; *RG,* Urt.v. 13.11.1889 - I.229/89, RGZ 25, 11, 15; *RG,* Urt.v. 1.2.1887 - Rep. III 218/86, RGZ 18, 246, 247 f.; *RG,* Urt.v. 21.9.1883 - Rep. II 184/83, RGZ 10, 53, 54; näher zur rechtshistorischen Entwicklung der Novationstheorie: *Hammen,* Saldofeststellung, S. 1405 ff.

276 *v.Gierke,* Handelsrecht, S. 497; *Harms,* Handelsrecht, S. 176; *Heymann/Kötter,* HGB, § 355, Anm. 1, S. 758 (1. Abs.); *Hofmann,* Handelsrecht, S. 177 (unter H. III. 4. c) bb) m.N.; *Mohr,* Kontokorrentverkehr, S. 86, 93; *Palandt/Heinrichs,* BGB, § 305, Anm. 4) c), Rn. 10; *Pickart,* Bankvertrag, S. 1244; *Piper,* Termin- und Differenzeinwand, S. 726 (unter VI.); *Serick,* Vorausabtretung, S. 874 (unter II. 1. m.N. in Fn. 10).

(b) Kritik in der Literatur an der Novationstheorie

Gegenüber der Novationstheorie bestehen erhebliche Bedenken. So wird gegen sie eingewandt, sie werde durch das Wesen des Kontokorrentverhältnisses nicht notwendig bedingt. Wenn das Saldoanerkenntnis einen selbständigen Rechtsgrund bilde, so schließe das nicht aus, daß die in der Rechnung enthaltenen Einzelforderungen in gewissen Beziehungen noch eine Rechtswirkung üben. Das gelte besonders für die Sicherheiten der Einzelforderungen. Der Untergang der Sicherheiten aufgrund der Novationstheorie stünde dagegen mit den Bedürfnissen des Rechtsverkehrs nicht in Einklang.[277]

Weiter wird der Novationstheorie entgegengehalten, die Parteien könnten durchaus ein Interesse an dem Weiterbestehen der Einzelforderungen haben. Das gelte gerade dann, wenn für die Einzelforderungen Sicherheiten wie Pfandrechte oder Bürgschaften bestünden[278].

Die Gefahr einer doppelten Inanspruchnahme bestehe nicht[279]; denn die selbständige Geltendmachung der Einzelforderungen sei durch die Kontokorrentabrede ausgeschlossen.

Auch Normen werden zur Ablehnung der Novationstheorie genannt:

So folge aus § 364 II BGB, daß durch die Übernahme einer neuen Verbindlichkeit, hier der Saldoforderung, die bisherige Schuld, hier die Einzelforderung, im Zweifel nicht erlösche[280].

§ 356 HGB, der die Sicherheiten der Einzelforderungen für den abstrakten Saldo fortbestehen lasse, zeige, daß auch die Einzelforderungen insoweit weiter bestünden[281]. Aus dem Wortlaut der Vorschrift "als sein Guthaben aus der laufenden Rechnung und die Forde-

---

277 *Denkschrift 1897,* S. 214; *Denkschrift 1896,* S. 198.

278 *Canaris* in Großkomm. HGB, § 355, Anm. 88; *Hefermehl,* Grundfragen, S. 551; *Levy,* Contocorrent-Vertrag, S. 191.

279 *Canaris* in Großkomm. HGB, § 355, Anm. 90; *Hefermehl,* Grundfragen, S. 552.

280 *Brox,* Handelsrecht, § 19 III. 3. c), Rn. 346; *Canaris* in Großkomm. HGB, § 355, Anm. 88; *Hammen,* Saldofeststellung, S. 1407 (unter 5.); *Hefermehl,* Grundfragen, S. 553; *Schmidt, Karsten,* Handelsrecht, S. 558.

281 *Baumbach/Duden/Hopt,* HGB, § 355, Anm. 3) A.; *Blaurock,* Kontokorrent, S. 694 (unter V.); *Hammen,* Saldofeststellung, S. 1407 (unter 5.).

rung sich decken" folge, daß die gesicherte Forderung und die Sicherheiten für sie fortbestehen[282].

Auch unabhängig vom Wortlaut des § 356 HGB seien die Sicherheiten von dem Bestand der ursprünglich zu sichernden Forderung abhängig[283]. Schließlich sei auch der Gesetzgeber von dem Fortbestand der ursprünglichen Forderungen ausgegangen[284]. In der Denkschrift[285] von 1897 zum Entwurf des HGB heißt es zu § 348, der dem heutigen § 356 HGB entspricht:

> Ein Uebergang der Pfand= oder sonstigen Sicherungsrechte auf die Saldoforderung findet nach dem Entwurfe nicht statt; vielmehr besteht die **alte Forderung** fort, soweit es sich um die Geltendmachung der Sicherheit handelt.

Im Sinne dieser Kritik bleiben nach heute vorherrschender Ansicht in der Literatur[286] die Einzelforderungen neben dem abstrakten Saldo bestehen. Der abstrakte Saldo tritt neben den durch Verrechnung der Einzelforderungen bestehenden kausalen Saldo.

Die Rechtsprechung verfolgt die Novationstheorie zwar weiter, wird bei Anwendung der sich aus ihr ergebenden Konsequenzen aber zurückhaltender. So subsumiert sie sogar die Möglichkeit der Aufrechnung mit einer Einzelforderung unter § 356 HGB[287]. Das hat zur Folge, daß die Gegenforderung aus der Aufrechnungslage mit der Einzelforderung dem novierten Saldoanspruch entgegengesetzt werden kann. Auch im übrigen sollen die Parteien bei "berechtigtem wirtschaftlichen Interesse" auf die dem Saldo zugrunde liegenden Einzelforderungen zurückgreifen können[288]. So bestehen die Einzelforde-

---

282 *Canaris* in Großkomm. HGB, § 356, Anm. 4; *Schlegelberger/Hefermehl,* HGB, § 356, Rn. 1.

283 *Baumbach/Duden/Hopt,* HGB, § 355, Anm. 3) A.; *Blaurock,* Anerkenntnis, S. 2208 (unter IV.); *Henrich,* Probleme, S. 278 f.

284 *Canaris* in Großkomm. HGB, § 356, Anm. 4.

285 *Denkschrift 1897,* S. 214; vgl. auch *Denkschrift 1896,* S. 199.

286 *Baumbach/Duden/Hopt,* HGB, § 355, Anm. 3) A.; *Brox,* Handelsrecht, § 19 III. 3. c), Rn. 346; *Canaris,* Börsentermingeschäft, S. 595 (r.Sp.); *Canaris* in Großkomm. HGB, § 355, Anm. 88; *MünchKomm/Hüffer,* BGB, § 781, Rn. 12; *Roxel,* Rechnungsabschluss, S. 37, 62 f.; *Schlegelberger/Hefermehl,* HGB, § 355, Rn. 58; *Schmidt, Karsten,* Handelsrecht, S. 558.

287 *BGH,* Urt.v. 21.6.1955 - I ZR 93/54, WM 55, 1163, 1164.

288 *BGH,* Urt.v. 19.12.1969 - I ZR 33/68, WM 70, 184, 186 (unter III. 3. c)); *BGH,* Urt.v. 19.6.1964 - V ZR 241/62, WM 64, 881, 882; *BGH,* Urt.v. 21.6.1955 - I ZR 93/54, WM 55, 1163, 1164; *RG,* Urt.v. 22.12.1939 - VII 139/39, RGZ 162,

rungen "in gewisser Hinsicht fort und ... [können] weiterhin als Grundlage für die Sicherheiten dienen[289]".

(c) Stellungnahme zur Novationstheorie

Die Novationstheorie überzeugt nicht. Das ihr zugrunde liegende Verständnis erklärt sich aus der ursprünglichen Kaufmannspraxis. Danach ist das Wesen des Kontokorrents tatsächlich in der Absicht der Kontokorrentparteien begründet, die in das Kontokorrent eingestellten Leistungen nicht zur Entlastung des Leistenden, sondern als Teil eines Ganzen, nämlich des dann zu ziehenden Saldos, anzusehen[290]. Das entspricht der auch heute anerkannten Vereinfachungs- und Vereinheitlichungsfunktion[291]. Aus diesem Wesen des Kontokorrents folgt aber nicht die dogmatische Notwendigkeit, die ursprünglichen Einzelforderungen durch das Saldoanerkenntnis untergehen zu lassen. Dem Willen der Parteien, die einzelnen Leistungen nicht zur Entlastung des Leistenden, sondern als Teil eines Ganzen, nämlich des dann zu ziehenden Saldos, anzusehen, wird schon allein durch das Saldoanerkenntnis im Sinne des § 781 BGB entsprochen. Mehr bedarf es zur Verwirklichung des Parteiwillens nicht. Der Untergang der Einzelforderungen ist eine dogmatische Überinterpretation des Parteiwillens, die nur auf den ersten Blick die gewünschten klaren Verhältnisse schafft; die Konsequenzen für die Sicherheiten aber außer acht läßt. Es entspricht dem Wesen des Kontokorrents, die Sicherheiten zu erhalten. Das ist offensichtlich unstreitig. Die Rechtsprechung als Vertreter der Novationstheorie läßt selbst bei "berechtigtem wirtschaftlichen Interesse[292]" den Rückgriff auf die Einzelforderungen zu. Dann ist es aber dogmatisch in sich widersprüchlich, die Einzelforderungen

244, 251; *RG,* Urt.v. 11.6.1940 - VII 233/39, RGZ 164, 212, 215; *RG,* Urt.v. 7.1.1916 - II 386/15, RGZ 87, 434, 437 f.

289 *BGH,* Urt.v. 12.2.1959 - II ZR 232/58, BGHZ 29, 280, 283; vgl. auch: *BGH,* Urt.v. 21.6.1955 - I ZR 93/54, WM 55, 1163, 1164; *RG,* Urt.v. 22.12.1939 - VII 139/39, RGZ 162, 244, 250 f.; *RG,* Urt.v. 7.1.1916 - II 386/15, RGZ 87, 434, 438; *RG,* Urt.v. 30.5.1911 - Ziv. II. 669/10, RGZ 76, 330, 335.

290 *RG,* Urt.v. 21.9.1883 - Rep. II 184/83, RGZ 10, 53, 53 f.

291 Siehe oben S. 13 mit Nachweisen in Fn. 53 und 54.

292 *BGH,* Urt.v. 19.12.1969 - I ZR 33/68, WM 70, 184, 186 (unter III. 3. c)); *BGH,* Urt.v. 19.6.1964 - V ZR 241/62, WM 64, 881, 882; *BGH,* Urt.v. 21.6.1955 - I ZR 93/54, WM 55, 1163, 1164; *RG,* Urt.v. 22.12.1939 - VII 139/39, RGZ 162, 244, 251; *RG,* Urt.v. 11.6.1940 - VII 233/39, RGZ 164, 212, 215; *RG,* Urt.v. 7.1.1916 - II 386/15, RGZ 87, 434, 437 f.

erst aufgrund juristischer Abstraktion untergehen zu lassen, um sie dann aufgrund juristischer Abstraktion doch wieder als gegeben zu unterstellen. Die Novationstheorie ist daher abzulehnen.

Die heute vorherrschende Meinung in der Literatur[293] ist überzeugend: Das Saldoanerkenntnis der Parteien als ein Vertrag im Sinne des § 781 BGB begründet eine abstrakte Saldoforderung, die neben den kausalen Saldo tritt. Die (restlichen) Einzelforderungen bleiben neben dem abstrakten Saldo bestehen.

(2) Die Entstehungsgeschichte

Neben dem "Wesen des Kontokorrents" (der Novationstheorie) soll nach herrschender Meinung die Entstehungsgeschichte des Kontokorrents den Grundsatz der Haftung für den niedrigsten anerkannten Zwischensaldo begründen[294]. Nach diesem Grundsatz kann der Sicherungsgeber und der ausgeschiedene Gesellschafter nicht einwenden, die Forderung und damit die Haftung sei durch Verrechnung erloschen[295].

Aber auch die Entstehungsgeschichte zeigt, daß § 356 HGB nur das Saldoanerkenntnis betrifft, nicht aber die Verrechnung. Der Grundsatz der Haftung für den niedrigsten anerkannten Zwischensaldo kann - wie auch **Canaris**[296] geltend macht - nicht auf die Entstehungsgeschichte gestützt werden.

Sicher wollte der Gesetzgeber das völlige Erlöschen der Sicherheiten als Auswirkung der Novationstheorie vermeiden[297]. Die Sicherheiten erlöschen nach der Novationstheorie aber aufgrund der ersetzenden Wirkung des Saldoanerkenntnisses und nicht aufgrund der

---

293 Siehe oben S. 62, Fn. 286.

294 Siehe oben S. 23 f.

295 Siehe oben S. 22 f.

296 *Canaris* in Großkomm. HGB, § 356, Anm. 8.

297 *Denkschrift 1897,* S. 213 f.; *Denkschrift 1896,* S. 198 f.

Verrechnung[298]; "diese Wirkung ... [muß] ... der gemeinsamen **Feststellung** des Saldos beigelegt werden[299]".

Auch der Gesetzgeber hat die Novationstheorie so verstanden. In der Begründung zum Entwurf des heutigen § 356 HGB heißt es wörtlich: "Die Rechtsprechung nimmt an, daß mit der beiderseitigen **Anerkennung** des Saldos ... die Sicherheiten erlöschen[300]. ... so soll nach dieser [der Novationstheorie] Rechtsauffassung die **Anerkennung** des ... Saldos ... die Rechtsfolge haben, daß die ... Sicherheit erlischt. ... Diese Rechtssätze stehen mit den Bedürfnissen und Anschauungen des Verkehrs nicht im Einklange.[301]"

Auch der Hinweis des Gesetzgebers zum heutigen § 356 HGB, daß bei mehreren Abrechnungen der niedrigste Saldo über die Haftung entscheide[302], trägt die heute herrschenden Ansicht nicht. Dieser Hinweis drückt nur ein selbstverständliches Rechenergebnis aus; denn folgen "mehrere Abrechnungen aufeinander[303]", sind die einmal verrechneten Forderungen insoweit getilgt, sie können nicht wieder anwachsen. Die Differenz zwischen dem niedrigsten Saldo und den späteren höheren Salden kann nur aus Forderungen bestehen, die von den in Frage stehenden Sicherheiten nicht gedeckt sind. Mehr sagt dieser Hinweis nicht.

Der Schluß der Reichsgerichts[304]: wenn bei mehreren Verrechnungen die Haftung nur bis zum Betrage des niedrigsten Saldos be-

---

298 Vgl.: *BGH*, Urt.v. 24.1.1985 - I ZR 201/82, BGHZ 93, 307, 313; *BGH*, Urt.v. 8.7.1982 - I ZR 148/80, BGHZ 84, 371, 376; *BGH*, Urt.v. 13.3.1981 - I ZR 5/79, BGHZ 80, 172, 176; *BGH*, Urt.v. 8.3.1972 - VIII ZR 40/71, BGHZ 58, 257, 260; *BGH*, Urt.v. 28.6.1968 - I ZR 156/66, BGHZ 50, 277, 279; *RG*, Urt.v. 1.2.1887 - Rep. III 218/86, RGZ 18, 246, 250; *RG*, Urt.v. 21.9.1883 - Rep. II 184/83, RGZ 10, 53, 54; *RG*, Urt.v. 16.11.1880 - II. 148/80, RGZ 3, 17, 19.

299 *RG*, Urt.v. 1.2.1887 - Rep. III 218/86, RGZ 18, 246, 250.

300 *Denkschrift 1897*, S. 213.

301 *Denkschrift 1897*, S. 214; *Denkschrift 1896*, S. 198.

302 *RG*, Urt.v. 30.5.1911 - Ziv. II. 669/10, RGZ 76, 330, 334 mit Bezug auf den in *RG*, Urt.v. 7.12.1907 - V 122/07, RGZ 67, 156-158 (Auszug) nicht abgedruckten Teil der Entscheidung. Dieser Teil ist in JW 1908, 48. (Nr. 25) wiedergegeben; dort wird auf die *Denkschrift 1897*, S. 214 verwiesen. (Vgl. auch *Denkschrift 1896*, S. 198).

303 *Denkschrift 1897*, S. 214; *Denkschrift 1896*, S. 198.

304 *RG*, Urt.v. 30.5.1911 - Ziv. II. 669/10, RGZ 76, 330, 334 mit Bezug auf den in *RG*, Urt.v. 7.12.1907 - V 122/07, RGZ 67, 156-158 (Auszug) nicht abgedruckten Teil der Entscheidung. Dieser Teil ist in JW 1908, 48. (Nr. 25) wiedergegeben; dort wird auf die *Denkschrift 1897*, S. 214 verwiesen.

steht, dann besteht sie auch positiv mindestens bis zum Betrag dieses Saldos, ist falsch. Es handelt sich dabei um einen verkürzten, mittelbaren Schluß (Enthymem[305]) mit drei Begriffen: ursprüngliche Haftung (H); Betrag, der den niedrigsten Zwischensaldo übersteigt (B), und Betrag bis zur Höhe des niedrigsten Zwischensaldos (S).

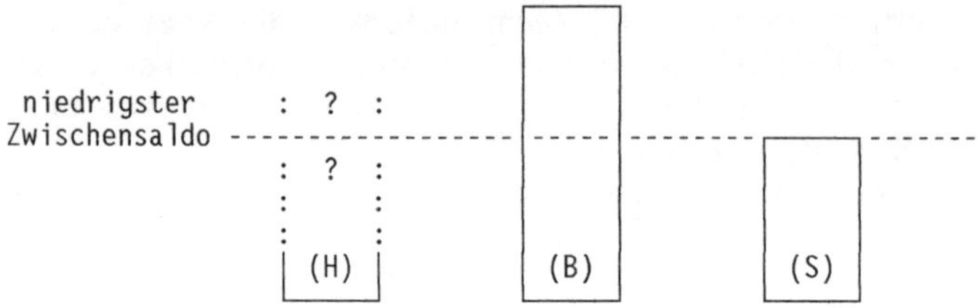

Vollständig lautet der falsche Schluß des Reichsgerichts: Die ursprüngliche Haftung (H) besteht nicht für den Betrag, der den niedrigsten Zwischensaldo übersteigt (B). (Der Betrag bis zur Höhe des niedrigsten Zwischensaldos (S) ist nicht der Betrag, der den niedrigsten Zwischensaldo übersteigt (B)). Also besteht die ursprüngliche Haftung (H) für den Betrag bis zur Höhe des niedrigsten Zwischensaldos (S). Abgekürzt ausgedrückt:

```
"Wenn gilt: H ist nicht B
 und gilt:  S ist nicht B
 dann gilt: H    ist    S"
```

Bei diesem Schluß wird in den Vordersätzen jedem Subjektsbegriff sein Prädikatsbegriff abgesprochen. Damit stimmt weder der Oberbegriff (H) noch der Unterbegriff (S) mit dem Mittelbegriff (B) überein. Wenn beide Vordersätze verneinend sind, ist ein logischer Schluß aber nicht möglich[306]. Eine positive Aussage zur Haftung für den Betrag bis zur Höhe des niedrigsten Zwischensaldos läßt sich aus dem Satz des Gesetzgebers: "Folgen mehrere Abrechnungen aufeinander, so muß der niedrigste Saldo entscheiden" so nicht ziehen.

305 *Schneider*, Logik, S. 139.

306 *Schneider*, Logik, S. 123.

(3) Der Wortlaut des § 356 HGB

Auch der Wortlaut des § 356 HGB spricht gegen die herrschende Ansicht[307]. Nach § 356 I HGB wird der Gläubiger durch die "**Anerkennung** des Rechnungsabschlusses" nicht gehindert, die Sicherheit geltend zu machen. Die Verrechnung ist in § 356 I HGB in diesem Zusammenhang nicht genannt.

(4) Der Gesetzeszweck des § 356 HGB

Auch die Ergebnisse in der praktischen Anwendung sprechen gegen die herrschende Ansicht. Der Sicherungsgeber (nicht nur der haftende ausgeschiedene Gesellschafter) haftet danach unter Umständen für eine ganz andere als die gesicherte Forderung[308].

Beispiel: Zwischen A und B besteht ein Kontokorrent. Das Konto wird von B geführt. Der Dritte (D) hat sich für die Verbindlichkeit des A aus dem Kaufvertrag B.1. in Höhe von 3.000 DM verbürgt.

Soll		Haben	
Kaufvertrag A.1.:	**1.000 DM**	Differenzgeschäft	**2.000 DM**
Kaufvertrag A.2.:	**2.000 DM**	(Kaufvertrag B.1.:	**3.000 DM**
Kaufvertrag A.3.:	**2.000 DM**	= gesichert durch Bürgschaft)	
Differenzgeschäft:	**1.000 DM**	Wandelung:	**1.000 DM**
S a l d o :	*3.000 DM*	Kaufvertrag B.2.:	**3.000 DM**
	9.000 DM		**9.000 DM**

Nach der herrschenden Lehre[309] von der verhältnismäßigen Gesamtaufrechnung wird die Gesamtheit der Posten der größeren Seite verhältnismäßig gegen die Posten der kleineren Seite verrechnet. Die Posten der kleineren Seite erlöschen damit. Im Saldo sind weiterhin alle Posten der größeren Seite enthalten, vermindert um das Verhältnis der kleineren Seite zur größeren Seite. Obwohl damit die durch die Bürgschaft des D gesicherte Forderung des B aus dem Kaufvertrag B.1. in dem Saldo nur noch in Höhe von 1.000 DM enthalten ist, haftet D nach der hier zitierten herrschenden Ansicht für den Saldo in voller Höhe seiner Bürgschaft von 3.000 DM. Er kann nicht einwenden, die gesicherte Forderung sei durch Verrechnung zu 2/3 erloschen; er hafte da-

307 *Canaris* in Großkomm. HGB, § 356, Anm. 8.

308 *Schlegelberger/Hefermehl*, HGB, § 356, Rn. 7.

309 Siehe oben S. 42, Fn. 191.

her nur in Höhe von 1.000 DM. Seine Haftung mindert sich nach der hier zitierten herrschenden Ansicht erst, wenn der Saldo - oder wird der Saldo selbst in das folgende Kontokorrent eingestellt, der nachfolgende Saldo u.s.w. - niedriger als seine Bürgenschuld ist.

Es ist auch möglich, daß die ursprünglich gesicherte Forderung in dem Saldo gar nicht mehr enthalten ist. Etwa ein Darlehen kann durch in das Kontokorrent eingestellte Raten vollständig getilgt sein oder eine Kaufpreisforderung wurde durch eine Leistung in das Kontokorrent beglichen. Zwar erfolgt grundsätzlich die Leistung der Raten oder der Kaufpreisforderung in das Kontokorrent nicht zur Tilgung bestimmter Ansprüche; aber der Saldo kann durch die Leistungen entsprechend gesunken sein. Nach herrschender Ansicht bleiben alle Sicherheiten dennoch in voller Höhe bestehen. Sie sichern nun aber tatsächlich einen Saldo, der auf anderen Forderungen beruht. Der Zweck der Sicherung der ursprünglichen Forderung wird so ad absurdum geführt. Bei einem Eigentumsvorbehalt wird das besonders deutlich[310]. Das vorbehaltene Eigentum sichert nach dem Grundsatz der Haftung für den niedrigsten Saldo der Zwischenzeit unter Umständen eine Forderung, die mit der unter Eigentumsvorbehalt übergebenen Ware nichts zu tun hat. Dieses Ergebnis läßt sich auch nicht mit dem Wesen des Kontokorrents rechtfertigen. Zwar sollen die in das Kontokorrent eingestellten Leistungen nicht eine bestimmte Forderung begleichen; es wird von den Parteien aber erwartet, daß die Forderungen kontokorrentmäßig verrechnet und getilgt werden.

Bei mehreren Sicherheiten im Kontokorrent bleiben nach der herrschenden Ansicht alle Sicherheiten für den Saldo in voller Höhe bestehen[311]. Das gilt selbst dann, wenn der Saldo kleiner ist als die kleinste ursprünglich gesicherte Forderung. Der Saldo erfährt damit eine Absicherung, die weit über das ursprünglich vereinbarte Sicherungsinteresse der Parteien hinausgeht. Überhaupt werden die Sicherheiten durch den Grundsatz der Haftung für den niedrigsten Saldo der Zwischenzeit mangels besonderer Vereinbarung zeitlich unendlich ausgedehnt. Die ursprüngliche Zeitgrenze, nämlich die Tilgung der gesicherten Forderung, greift nicht mehr ein. Daß der Saldo einmal unter den Betrag der ursprünglich gesicherten Forderung sinkt,

---

310 *Canaris* in Großkomm. HGB, § 356, Anm. 7.

311 *Denkschrift 1897*, S. 214; *Denkschrift 1896*, S. 198 f.; *Düringer/Hachenburg/Breit*, HGB, § 356, Anm. 9; *Ritter*, HGB, § 356, Anm. 1; *Schlegelberger/Hefermehl*, HGB, § 356, Rn. 19.

kann, muß aber nicht sein. Die dem immer wieder neuen Saldo zugrundeliegenden Forderungen können unendlich oft wechseln. Ein Ende der einmal für eine Einzelforderung gegebenen Sicherheit ist so auf unabsehbare Zeit hinausgeschoben.

Diese Unbilligkeiten werden auch von den Vertretern des Grundsatzes der Haftung für den niedrigsten Saldo der Zwischenzeit gesehen; man ist aber der Ansicht, diese Unbilligkeiten zur Erhaltung der praktischen Bedeutung des § 356 I HGB hinnehmen zu müssen[312].

Auch das ist nicht richtig. Denn die praktische Bedeutung des § 356 HGB besteht in dem Erhalt der Sicherheiten trotz Saldoanerkenntnisses in einem Umfang, der den Anschauungen und Bedürfnissen des Verkehrs gerecht wird[313]. Dieser Zweck des § 356 HGB wird auch erreicht, wenn nicht alle Sicherheiten in voller Höhe, sondern nur in Höhe der Forderungen bestehen bleiben, die nach der Verrechnung übrig bleiben.

(5) Ergebnis zum Grundsatz der Haftung des niedrigsten Saldos der Zwischenzeit

Die herrschender Ansicht vom Grundsatz der Haftung für den niedrigsten Saldo der Zwischenzeit mit der Anwendung des § 356 HGB auch auf die Verrechnung ist abzulehnen.

Sie führt nicht nur bei der Haftung ausgeschiedener Gesellschafter, sondern auch bei der Bürgschaft oder anderen Sicherheiten der Einzelforderungen zu einer ungerechtfertigten Haftungserweiterung des Sicherungsgebers. Bei der Haftung ausgeschiedener Gesellschafter ist darin ein Verstoß gegen gesellschaftsrechtliche Grundsätze zu sehen, wonach der Ausgeschiedene nur für die vor Ausscheiden begründeten Verbindlichkeiten haftet. Sie führt unter Umständen zu einer zeitlich unbegrenzten Haftung und eröffnet der Gesellschaft und dem Gläubiger die Möglichkeit, die Haftung des Ausgeschiedenen in der Höhe zu manipulieren. Diese mißlichen Folgen der herrschenden Meinung sind weder durch die rechtliche Natur des Kontokorrents, noch durch die Entstehungsgeschichte, den Wortlaut oder den Gesetzeszweck des § 356 HGB gerechtfertigt.

---

312 *RG,* Urt.v. 30.5.1911 - Ziv. II. 669/10, RGZ 76, 330, 334.

313 *Denkschrift 1897,* S. 214; *Denkschrift 1896,* S. 198.

Es bleibt festzuhalten: Unstreitig bestimmen die Einzelforderungen Inhalt, Umfang und Bestand der Haftung[314]. Die Haftung endet, wenn die zugrundeliegenden Forderungen durch Verrechnung oder aus anderen Gründen erlöschen. Daran ändert § 356 HGB nichts. § 356 HGB ist keine Anspruchsgrundlage für eine Haftung, sondern setzt eine solche voraus[315]. Oder bildlich ausgedrückt: § 356 HGB ist eine Brücke über das Saldoanerkenntnis der Novationstheorie. Auf dieser Brücke kommen die Sicherheiten nur soweit, wie sie von den Einzelforderungen getragen werden. Mit Überwindung der Novationstheorie wird auch § 356 HGB unnötig.

4) Ergebnis der Auseinandersetzung mit der herrschenden Meinung

Die herrschende Meinung[316], wonach der ausgeschiedene Gesellschafter für den Tagessaldo bei Ausscheiden, begrenzt durch die Höhe des nach seinem Ausscheiden gezogenen niedrigsten anerkannten Schlußsaldo haftet, ist abzulehnen. Sie ist nicht allgemein anerkannt und trägt nicht der gesetzlichen Regelung (§ 128 HGB) Rechnung. Die Durchbrechung des Gesellschaftsrechts ist auch nicht durch das Kontokorrentrecht gerechtfertigt. Die Bindung des ausgeschiedenen Gesellschafters an die Kontokorrentabrede begründet keine Haftung für die Entwicklung der Gesellschaftsschulden nach Ausscheiden. § 356 HGB beinhaltet nicht einen Grundsatz der Haftung für den niedrigsten anerkannten Schlußsaldo nach Ausscheiden, so daß die herrschende Meinung sich auch nicht darauf berufen kann.

---

314 Vgl.: *BGH*, Urt.v. 28.11.1957 - VII ZR 42/57, BGHZ 26, 142, 150 (unter IV.); *RG*, Urt.v. 8.10.1936 - VI.40/36, HRR 1937, Nr. 463; *RG*, Urt.v. 4.3.1918 - VI 433/17, LZ 1918, Sp.1212, 1213 (unter a)); *Canaris* in Großkomm. HGB, § 356, Anm. 28; *Düringer/Hachenburg/Breit*, HGB, § 356, Anm. 10; *Koenige/Teichmann/Koehler*, HGB, § 356, Anm. 3.b); *Ritter*, HGB, § 356, Anm. 3; *Schlegelberger/Hefermehl*, HGB, § 356, Rn. 24.

315 *Rohe*, Haftung, S. 67 m.N.in Fn. 3; *Schlegelberger/Hefermehl*, HGB, § 356, Rn. 4.

316 Siehe oben S. 1, Fn. 1.

III. LÖSUNGSVORSCHLÄGE DER LITERATUR

Als Lösung zur Haftung ausgeschiedener Gesellschafter für in das Kontokorrent eingestellte Einzelverbindlichkeiten wird in der Literatur entweder ein zweites, neues Kontokorrent bei Ausscheiden des Gesellschafters[317] oder eine Verrechnung im Rahmen des § 356 HGB gemäß §§ 366, 367, 396 BGB vorgeschlagen[318].

1) Neues Kontokorrent bei Ausscheiden

Ein neues Kontokorrent bei Ausscheiden wird sowohl von den Befürwortern als auch den Gegnern der herrschenden Meinung empfohlen.

a) Konsequenz aus der herrschenden Meinung

Der Abschluß des bestehenden und das Anlegen eines zweiten, neuen Kontokorrents bei Ausscheiden des Gesellschafters wird von den Befürwortern[319] der herrschenden Meinung empfohlen. Es ist ein praktischer Trick. Danach können die Kontokorrentparteien einverständlich oder durch die Kündigung des Kontokorrents bei Ausscheiden des Gesellschafters durch eine Partei die Haftung des Ausscheidenden festlegen. Das alte Kontokorrent ist dann beendet. Der ausgeschiedene Gesellschafter haftet nach der herrschenden Meinung für den (Schluß-)Saldo bei Ausscheiden. Das neue Kontokorrent ist dem Ausgeschiedenen nicht mehr zuzurechnen. Die dann zu ziehenden (Zwischen-)Salden sind Salden des neuen Kontokorrents. Damit läßt sich die aus Sicht des Gläubigers unerwünschte Haftungsbefreiung des ausgeschiedenen Gesellschafters nach dem Grundsatz der niedrigsten Saldohaftung vermeiden. Die neuen (Zwischen-)Salden betreffen den Ausgeschiedenen nicht. Eine Haftungsbefreiung kann daraus nicht mehr folgen.

---

317 *Bierhoff,* Haftung, S. 84; *Budde,* Haftung, S. 46; *v. Godin,* Umfang, S. 339; *Heinemann,* Haftung, S. 25 f. und S. 79.

318 *Canaris* in Großkomm. HGB, § 356, Anm. 20 i.V.m § 355, Anm. 67 ff. und § 356, Anm. 6.

319 *v. Godin,* Umfang, S. 339.

Im übrigen befürwortet diese Ansicht[320] die herrschende Meinung unter Hinweis auf den Gesetzeswortlaut und die Ausführungen der Denkschrift zum Handelsgesetzbuch.

b) Gegen die herrschende Meinung

Das Anlegen eines zweiten, neuen Kontokorrents wird auch von Kritikern[321] der herrschenden Meinung als Lösung angeboten. Die Haftung des Ausgeschiedenen bestimme sich ausschließlich nach den allgemeinen Vorschriften (§§ 128, 159 HGB)[322]. Die kontokorrentrechtlichen Bestimmungen (§§ 355-357 HGB) hätten nur den Zweck, unübersichtliche Geschäftsverbindungen zu vereinfachen[323]. Eine Änderung materiellrechtlicher Grundsätze sei bei Einführung dieser Bestimmungen nicht das Ziel gewesen[324]. Nicht nur diese rechtlichen Überlegungen, sondern auch wirtschaftliche Bedenken stünden wegen der unbilligen Ergebnisse gegen die herrschende Meinung[325]. Der Gesellschafter hafte gemäß § 128, 159 HGB voll und ganz, aber auch nur für die vor seinem Ausscheiden entstandenen Kontokorrentverbindlichkeiten[326]. Die praktische Durchführung der Abgrenzung zwischen früheren und späteren Geschäften soll dabei durch die Errichtung eines zweiten, neuen Kontokorrentkontos für die künftigen, nach dem Ausscheiden stattfindenden Bewegungen des Geschäftsverkehrs erfolgen[327]. Die Haftung des Ausgeschiedenen soll sich dann ausschließlich nach dem alten Konto richten[328].

Auch sei bei Ausscheiden des Gesellschafters die Ziehung eines "Sondersaldos" oder die Aufteilung des Kontokorrents in zwei fiktive

---

320 *v. Godin,* Umfang, S. 338 f.

321 *Bierhoff,* Haftung, S. 84, 87; *Budde,* Haftung, S. 46; *Heinemann,* Haftung, S. 25 f., 79.

322 *Bierhoff,* Haftung, S. 84; *Budde,* Haftung, S. 47; *Heinemann,* Haftung, S. 78 f.

323 *Bierhoff,* Haftung, S. 85; vgl. auch: *Canaris* in Großkomm. HGB, § 355, Anm. 2; *Denkschrift 1897,* S. 212.

324 *Bierhoff,* Haftung, S. 85 f.

325 *Bierhoff,* Haftung, S. 86.

326 *Bierhoff,* Haftung, S. 84, 86; *Budde,* Haftung, S. 47 f.; *Heinemann,* Haftung, S. 78 f.

327 *Bierhoff,* Haftung, S. 84, 87; *Heinemann,* Haftung, S. 79.

328 *Bierhoff,* Haftung, S. 87; *Heinemann,* Haftung, S. 79.

Konten möglich[329]. Die Summe der daraus durch Addition zu ermittelnden Verbindlichkeiten der Gesellschaft sei die Obergrenze für die Haftung des ausgeschiedenen Gesellschafters[330].

c) Stellungnahme

(1) Vorteile der Lösung

Für die Lösung, nach der bei Ausscheiden des Gesellschafters das bestehende Kontokorrent geschlossen wird und ein neues zu eröffnen ist, sprechen mehrere Gründe.

Diese Methode ist im Rahmen der jetzt herrschenden Meinung[331] praktisch möglich. Sie ist einfach anzuwenden; denn die Ziehung des Schlußsaldos und die Eröffnung eines neuen Kontokorrents ist in der hier am ehesten betroffenen Praxis zwischen Bank und Gesellschaft das alltägliche Geschäft. Durch die Eröffnung eines neuen Kontokorrents wird die Haftung des ausgeschiedenen Gesellschafters für neue Verbindlichkeiten vermieden. Er haftet nur für die Forderungen aus dem alten Kontokorrent. Die Haftung endet jedenfalls mit Tilgung der vor Ausscheiden begründeten Forderungen.

(2) Nachteile der Lösung

Trotz dieser Vorteile wird diese Lösung in der Praxis kaum angewandt[332]. Schließlich ist ein Zweck des Kontokorrents die Vereinfachung[333] des Zahlungsverkehrs. Diesem Zweck wird durch Abschluß und Neueröffnung einer laufenden Rechnung nicht entsprochen, zumal das bei Ausscheiden des Gesellschafters "nur" eine Vorsorgemaßnahme ist. In den meisten Fällen ist eine Inanspruchnahme des ausgeschiedenen Gesellschafters nicht notwendig; die Gesellschaften verkraften einen Austritt problemlos. Die Frage der Haftung des ausgeschiedenen Gesellschafters stellt sich normalerweise erst, wenn die Gesellschaft illiquide geworden ist. Dann ist es aber für den Abschluß

329 *Budde,* Haftung, S. 46.

330 *Budde,* Haftung, S. 44, 47.

331 Siehe oben S. 1, Fn. 1.

332 *Budde,* Haftung, S. 46.

333 Siehe oben S. 13, Fn. 53.

des alten und die Eröffnung eines neuen, zweiten Kontokorrents zu spät.

Bei Abschluß des alten Kontokorrents bleibt unklar, ob es sich dann um eine Kündigung mit der Ziehung eines kausalen Saldos oder um einen Abschluß mit einem anzuerkennenden abstrakten Saldo handelt. Bei einem kausalen Saldo aufgrund einer Kündigung haftet der ausgeschiedene Gesellschafter gemäß § 128 HGB für die darin enthaltenen Einzelforderungen. Haftungsdauer, Haftungsumfang und Gerichtsstand richtet sich nach der Einzelforderung. Wird dagegen bei Ausscheiden ein Schlußsaldo gezogen, haftet er für den abstrakten Saldo, weil dieser eine neue, während seiner Zugehörigkeit zur Gesellschaft begründete Verbindlichkeit ist. Haftungsdauer, Haftungsumfang und Gerichtsstand bestimmt allein die Saldoforderung. Die Entscheidung zwischen beiden Möglichkeiten bleibt offen. Die Entscheidung könnte zwar nach dem Parteiwillen zu treffen sein; fraglich ist aber, welcher Parteiwille anzunehmen ist.

Jedenfalls erfolgt bei Ziehung des Saldos eine Verrechnung mit Guthaben außerhalb der vereinbarten Periode. Das ist zwar kontokorrentrechtlich in Hinblick auf § 355 III HGB in Ordnung; die damit verbundene Verminderung der Haftung des ausgeschiedenen Gesellschafters bleibt aber gesellschaftsrechtlich bedenklich.

Nicht zuletzt ist gegen den Abschluß des alten und die Eröffnung eines neuen Kontokorrents einzuwenden, daß es sich hierbei nicht um eine rechtliche Lösung, sondern um die praktische Umgehung der Frage nach der Haftung des ausgeschiedenen Gesellschafters für Kontokorrentverbindlichkeiten handelt. Für die Praxis mag der Vorschlag wertvoll sein; dogmatisch kann er aber nicht maßgeblich sein.

Abzulehnen ist auch die Ziehung eines "Sondersaldos[334]" oder die Errichtung eines "fiktiven Zweitkontos[335]". Zwar soll hier der ausgeschiedene Gesellschafter in Höhe der Summe der im Zeitpunkt des Ausscheidens in das Kontokorrent eingestellten Verbindlichkeiten haften[336]; eine Verrechnung mit Guthaben findet also nicht statt. Eine dogmatische Begründung fehlt aber. Der Rückgriff auf "wirtschaftliche Bedürfnisse und Interessen der Beteiligten[337]" ist zu allgemein, um eine derartige Durchbrechung kontokorrentrechtlicher

334 *Budde,* Haftung, S. 46.

335 *Budde,* Haftung, S. 46.

336 *Budde,* Haftung, S. 44, 47 f.

337 *Budde,* Haftung, S. 47.

Grundsätze zu rechtfertigen. Das Kontokorrent soll der Vereinfachung des Zahlungsverkehrs dienen. Ein Sondersaldo oder fiktives Zweitkonto wird diesem Zweck nicht gerecht. Auch ist im Kontokorrentrecht die Haftung für Sondersalden und fiktive Zweitkonten nicht bekannt. Eine Parteivereinbarung hierzu müßte von vornherein in der Kontokorrentabrede getroffen werden. Nach Ausscheiden des Gesellschafters kann eine solche Vereinbarung zwischen den Kontokorrentparteien den Ausgeschiedenen nicht mehr binden.

2) Verrechnung entsprechend §§ 366, 367, 396 BGB

Von **Canaris**[338] wird als Lösung zur Haftung ausgeschiedener Gesellschafter für Kontokorrentverbindlichkeiten eine Verrechnung zum jeweiligen Periodenschluß entsprechend der "rein bürgerlich-rechtlichen Lehre von der Anwendbarkeit der §§ 366, 367, 396 BGB[339]" angeboten. Hier soll ein Tagessaldo bei Ausscheiden nicht gezogen werden[340]. Die kontokorrentrechtlichen Vorschriften sollen Anwendung finden[341]. § 356 HGB wird aber nicht im Sinne der herrschenden Ansicht[342] interpretiert. Der Anwendungsbereich dieser Norm soll sich allein auf die Anerkennung des Saldos beschränken; er soll nicht für die Verrechnung im Rahmen des Kontokorrents gelten[343].

Der Lösungsvorschlag von **Canaris** ruht damit auf zwei Säulen. Zum einen ist der Anwendungsbereich des § 356 HGB entscheidend. Zum anderen kommt es auf die Art der Verrechnung der Einzelforderungen an.

a) Der Anwendungsbereich des § 356 HGB

Anders als nach der herrschenden Meinung[344] umfaßt nach Ansicht von **Canaris**[345] § 356 HGB nicht die Verrechnung, sondern nur das

338 *Canaris* in Großkomm. HGB, § 356, Anm. 19 f.

339 *Canaris* in Großkomm. HGB, § 355, Anm. 74 ff.

340 *Canaris* in Großkomm. HGB, § 356, Anm. 19.

341 *Canaris* in Großkomm. HGB, § 356, Anm. 19, 20.

342 Siehe oben S. 22 ff. mit Nachweisen in Fn. 100.

343 Siehe oben S. 59, Fn. 272.

344 Siehe oben S. 22 ff. mit Nachweisen in Fn. 100.

345 Siehe oben S. 59 mit Nachweisen in Fn. 272.

Saldoanerkenntnis. Hiernach bleiben nur die Sicherheiten der Einzelforderungen nach § 356 HGB bestehen, die nicht durch die Verrechnung getilgt wurden.

b) Die Verrechnung der Einzelforderungen

Die Bedeutung der Verrechnung nach der "rein bürgerlich-rechtlichen Lehre von der Anwendbarkeit der §§ 366, 367, 396 BGB[346]" zeigt sich am besten im Vergleich zur herrschenden verhältnismäßigen Gesamtaufrechnung und der älteren Lehre vom Staffelkontokorrent.

(1) Verhältnismäßige Gesamtaufrechnung

Nach der herrschenden Lehre[347] von der verhältnismäßigen Gesamtaufrechnung wird zum Periodenschluß und bei Ende des Kontokorrents die Gesamtheit der Posten der größeren Seite verhältnismäßig gegen die Posten der kleineren Seite verrechnet. Die Posten der kleineren Seite erlöschen damit. Im Saldo sind weiterhin alle Posten der größeren Seite enthalten, vermindert um das Verhältnis der kleineren Seite zur größeren Seite. Wird die Klagbarkeit einzelner Posten bestritten (z.B. gemäß §§ 762, 764 BGB, §§ 52 ff. BörsG) soll nicht nur das Saldoanerkenntnis, sondern auch die Verrechnung unwirksam sein, da die Verrechnung nur ein unselbständiger Teilakt des Saldoanerkenntnisses sei[348].

Beispiel: Zwischen A und B besteht ein Kontokorrent. Das Konto wird von B geführt.

Soll		Haben	
Kaufvertrag A.1.:	**1.000 DM**	┌ Differenzgeschäft:	**2.000 DM**
└= vor Ausscheiden begründet		└= vor Ausscheiden begründet	
Kaufvertrag A.2.:	**2.000 DM**	┌ Kaufvertrag B.1.:	**3.000 DM**
Kaufvertrag A.3.:	**2.000 DM**	└= vor Ausscheiden begründet	
Differenzgeschäft:	**1.000 DM**	Wandelung:	**1.000 DM**
S a l d o :	*3.000 DM*	Kaufvertrag B.2.:	**3.000 DM**
	9.000 DM		**9.000 DM**

346 *Canaris* in Großkomm. HGB, § 355, Anm. 74 ff.

347 Siehe oben S. 42, Fn. 191.

348 *BGH,* Urt.v. 24.1.1985 - I ZR 201/82, BGHZ 93, 307, 312 f. (unter II. 2. b) cc) bbb)); *BGH,* Urt.v. 22.10.1984 - II ZR 262/83, BGHZ 92, 317, 325; *RG,* Urt.v. 12.5.1934 - I 53/34, RGZ 144, 311, 314; *RG,* Urt.v. 17.5.1933 - I 299/32, RGZ 140, 345, 347 f.; *RG,* Urt.v. 25.3.1931 - I 300/30, RGZ 132, 218, 220 f.

Der Saldo setzt sich aus allen Forderungen der größeren Seite zusammen, also aus dem Differenzgeschäft, dem Kaufvertrag B.1., der Wandelung und dem Kaufvertrag B.2., vermindert um das Verhältnis der kleineren Seite zur größeren Seite: 6.000/9.000 = 2/3. Damit ist in dem Saldo von 3.000 DM die Forderung aus dem vor Ausscheiden begründeten Differenzgeschäft in Höhe von 666,66 DM, dem vor Ausscheiden begründeten Kaufvertrag B.1. in Höhe von 1.000 DM, der Wandelung in Höhe von 333,33 DM und dem Kaufvertrag B.2. in Höhe von 1.000 DM enthalten.

Im Saldo enthaltene Einzelforderungen:

Differenzgeschäft:	**666,66 DM**
└= vor Ausscheiden begründet	
Kaufvertrag B.1.:	**1.000,-- DM**
└= vor Ausscheiden begründet	
Wandelung:	**333,33 DM**
Kaufvertrag B.2.:	**1.000,-- DM**
	3.000,-- DM

(2) Staffelkontokorrent

Nach der Lehre[349] vom Staffelkontokorrent werden die Posten aufgrund der Kontokorrentabrede ohne weiteres miteinander verrechnet, sobald sie sich gegenüberstehen. Im eben[350] genannten Beispiel würde die Forderung des A aus Kaufvertrag A.1. mit der Forderung des B aus dem vor Ausscheiden begründeten Differenzgeschäft, der Rest des Differenzgeschäfts mit der Forderung des A aus Kaufvertrag A.2., der Rest der Forderung des A aus Kaufvertrag A.2. mit der Forderung des B aus dem vor Ausscheiden begründeten Kaufvertrag B.1. u.s.w. sofort verrechnet. Als Saldo bliebe die ganze Forderung des B aus dem erst nach Ausscheiden begründeten Kaufvertrag B.2.

349 *Göppert,* Lehre, S. 318 ff., insbes. S. 327 f.; *Göppert,* Vereinfachung, S. 161 ff., insbes. S. 203; *Krapf,* Kontokorrentvertrag, S. 185 ff., insbes. S. 190; *Nebelung,* Bankkontokorrent, S. 449 f.; *Schönle,* Bank- und Börsenrecht, S. 74 f.; *Theusner,* Natur, S. 46; *Völp,* Einlösung, S. 819; *Weispfenning,* Beitrag, S. 3094 f.; aus der Rechtsprechung wohl nur ausnahmsweise: *OLG Celle,* Urt.v. 11.11.1960 - 11 U 98/60; WM 60, 1398, 1398; *OLG Celle,* Urt.v. 22.1.1960 - 11 U 204/59; WM 60, 208, 208.

350 Siehe S. 76.

Im Saldo enthaltene Einzelforderung:	
Kaufvertrag B.2.:	**3.000,-- DM**
	3.000,-- DM

(3) Rein bürgerlich-rechtliche Lehre von der Anwendbarkeit der §§ 366, 367, 396 BGB

Nach der von **Canaris**[351] begründeten "rein bürgerlich-rechtlichen Lehre von der Anwendbarkeit der §§ 366, 367, 396 BGB" werden die Einzelforderungen nach der in § 366 II BGB genannten Rangordnung verrechnet. So sollen zuerst die klagbaren und unklagbaren Forderungen untereinander und erst anschließend gegeneinander verrechnet werden[352]. Stehen beide Salden nicht derselben Kontokorrentpartei zu, würden unklagbare mit klagbaren Forderungen verrechnet. Dann müsse der antizipierte Verrechnungsvertrag nachträglich bestätigt werden[353]. Danach sollen analog § 366 II BGB die gesicherten Forderungen erst nach den ungesicherten Forderungen erlöschen. Wirtschaftlich zusammenhängende Vorgänge sollen analog § 366 I BGB miteinander verrechnet werden. "Zahlt z.B. ein Teil eine bestimmte Summe, die nach ihrer Höhe oder nach sonstigen Umständen des Einzelfalles nur als Gegenleistung für eine bestimmte Forderung des anderen Teils gemeint sein kann, so ist das als konkludente Ausübung des Bestimmungsrechts gemäß § 366 I zu respektieren.[354]"

Im obigen[355] Beispiel wäre der Saldo der klagbaren Forderungen (2.000 DM zu Gunsten des B) und der der unklagbaren Forderungen (1.000 DM zu Gunsten des B) gegeneinander zu verrechnen: 3.000 DM zu Gunsten des B. Die Forderung des B aus Wandelung wird mit der Forderung des A aus Kaufvertrag A.1. in Höhe von 1.000 DM als wirtschaftlich zusammenhängend verrechnet. In dem Saldo ist dann,

351 Grundlegend: *Canaris,* Verrechnung, S. 425 f., 470 ff.; ebenso: *Canaris* in Großkomm. HGB, § 355, Anm. 74 ff.; *Capelle/Canaris,* Handelsrecht, § 25 III. 2. a), S. 281; zustimmend: *Budde,* Haftung, S. 43, 46, 48; *Gernhuber,* Erfüllung, § 7 I. 3., S. 133; *Herz,* Kontokorrent, S. 90 ff.; *Schlegelberger/Hefermehl,* HGB, § 355, Rn. 56; *Schmidt, Karsten,* Handelsrecht, § 20 IV. 2., S. 556.

352 *Canaris* in Großkomm. HGB, § 355, Anm. 84.

353 *Canaris* in Großkomm. HGB, § 355, Anm. 79, 85.

354 *Canaris* in Großkomm. HGB, § 355, Anm. 75; *Canaris,* Verrechnung, S. 425 (r.Sp.).

355 Siehe oben S. 76.

da die gesicherten Forderungen erst nach den ungesicherten berücksichtigt werden, der vor Ausscheiden begründete Kaufvertrag B.1. in voller Höhe von 3.000 DM enthalten.

Im Saldo enthaltene Einzelforderung:	
Kaufvertrag B.1.: └= vor Ausscheiden begründet	**3.000,-- DM**
	3.000,-- DM

Wurde der Verrechnungsvertrag antizipiert[356] geschlossen, bedarf er für die Verrechnung mit den unklagbaren Forderungen der Bestätigung.

Im Ergebnis ist die Haftung des ausgeschiedenen Gesellschafters durch § 356 HGB auf die Verbindlichkeiten beschränkt, die nach seinem Ausscheiden noch nicht verrechnet wurden[357]. Für neu entstandene Rechnungsposten soll er nicht haften[358].

(4) Stellungnahme

(a) Vorteile der Lösung

Für diese Lösung spricht, daß kein Tagessaldo bei Ausscheiden des Gesellschafters gezogen wird. Eine Verrechnung mit Guthaben findet insoweit nicht statt. Der ausgeschiedene Gesellschafter haftet für die Verbindlichkeiten, die während seiner Zugehörigkeit zur Gesellschaft in das Kontokorrent eingestellt wurden.

Besonders hervorzuheben ist, daß diese Lösung einen Ausgleich zwischen Gesellschaftsrecht und Kontokorrentrecht findet. Gegenüber der herrschenden Meinung und der Lösung, nach der ein zweites (fiktives) Kontokorrent oder ein Sondersaldo bei Ausscheiden geschaffen werden soll, wird hier nicht gegen gesellschaftsrechtliche oder kontokorrentrechtliche Grundsätze verstoßen. Hier wird durch eine weit über das vorliegende Problem hinausgreifende Auslegung des § 356 HGB eine Übereinstimmung von Gesellschaftsrecht und Kontokorrentrecht erreicht.

356 Siehe oben S. 40 und S. 43.

357 *Canaris* in Großkomm. HGB, § 356, Anm. 9, 20.

358 *Canaris* in Großkomm. HGB, § 356, Anm. 20.

Die Lösung kommt - wenn man die Art der Verrechnung akzeptiert - zu angemessenen Ergebnissen: der ausgeschiedene Gesellschafter haftet voll, aber auch nur für die vor seinem Ausscheiden begründeten Verbindlichkeiten. Die Haftung endet mit Tilgung der Forderungen durch Verrechnung.

(b) Nachteile der Lösung

Gegen die hier diskutierte Lösung spricht, daß der Abrechnungsmodus ausgesprochen kompliziert ist. Fraglich ist auch, ob § 366 II BGB, der für die einseitige Aufrechnungslage gedacht ist, auf das vertragliche Kontokorrent entsprechend paßt[359]. Jedenfalls hat die "rein bürgerlich-rechtliche Lehre von der Anwendbarkeit der §§ 366, 367, 396 BGB" mit § 366 BGB nur noch wenig zu tun. So sollen die unklagbaren Forderungen und die klagbaren Forderungen jeweils untereinander und anschließend gegeneinander verrechnet werden[360]. Warum das aus § 366 BGB folgt, ist nicht klar. Vielleicht wollen die Parteien die unklagbaren Forderungen, weil sie weniger Sicherheit bieten, gerade zuerst möglichst auch mit unklagbaren Forderungen verrechnet haben[361]. Auch wenn die Naturalobligation nicht ohne weiteres unter den Begriff "Schuld" im Sinne des § 366 BGB subsumiert werden kann[362], ist nicht einzusehen, daß aus § 366 BGB für die Verrechnung im Kontokorrent genau das Gegenteil, nämlich die Nachrangigkeit der Naturalobligationen folgen soll. Soweit auf den in § 366 II BGB enthaltenen mutmaßlichen Willen des Schuldners abgestellt wird[363], zeigt sich, daß die "rein bürgerlich-rechtliche Lehre von der Anwendbarkeit der §§ 366, 367, 396 BGB" die Besonderheiten der gegenseitigen Verrechnung nicht beachtet. Während bei der einseitigen Aufrechnung allein der Wille des Schuldners maßgeblich sein mag, muß bei der gegenseitigen Verrechnung im Kontokorrent der

359 *BGH,* Urt.v. 13.12.1990 - IX ZR 33/90, WM 1991, 497 (unter II. 3. b) r.Sp.); *Roxel,* Rechnungsabschluss, S. 21, 64.

360 Siehe oben S. 78 f. mit Nachweis in Fn. 352;.

361 Vgl.: *RG,* Urt.v. 14.11.1903 - I. 244/03, RGZ 56, 19, 23; *Ebenroth/Einsele,* Hindernisse, S. 215 (l.Sp.).

362 *Canaris* in Großkomm. HGB, § 355, Anm. 83.

363 *Canaris* in Großkomm. HGB, § 355, Anm. 83 m. N. aus den Motiven und Protokollen zum BGB und der älteren Rechtsprechung; die heute herrschende Literatur stellt mehr auf den vermuteten, vernünftigen Willen **beider** Parteien ab, vgl. z.B.: *Palandt/Heinrichs,* BGB, § 366, Anm. 3) a), Rn. 7; *Jauernig/Stürner,* BGB, § 366, Anm. 2.

Wille des Gläubigers in gleichem Maße berücksichtigt werden. Der Wille des Gläubigers ist nun aber ganz sicher darauf gerichtet, daß seine unklagbaren Forderungen möglichst zuerst durch Verrechnung beglichen werden.

Die Verrechnung der klagbaren und unklagbaren Forderungen in der beschriebenen Weise ist auch in sich widersprüchlich. Entweder werden die unklagbaren Forderungen aufgrund des tatsächlichen Parteiwillens nicht berücksichtigt, oder es werden die Naturalobligationen als erfüllbare Verbindlichkeiten wie andere Verbindlichkeiten gewertet. Die Forderungen, weil unklagbar, nur so wenig wie rechnerisch möglich mit klagbaren Forderungen zu verrechnen, ist nicht interessengerecht. Denn entweder wollen die Parteien die Forderung bei der Verrechnung als erfüllbar behandelt wissen; dann sind sie mit den klagbaren Forderungen in voller Höhe gleichzusetzen. Oder auch nur eine Partei beruft sich auf die Unklagbarkeit; dann dürfen alle unklagbaren Forderungen nicht, auch nicht "nur im unerläßlichen Mindestumfang[364]", verrechnet werden.

Soweit die "rein bürgerlich-rechtliche Lehre von der Anwendbarkeit der §§ 366, 367, 396 BGB" einen Parteiwillen im Sinne des § 366 I BGB annimmt, wirtschaftlich zusammenhängende Vorgänge nicht auseinanderzureißen[365], entspricht das nicht der Vereinheitlichungsfunktion[366] des Kontokorrents. Der Wille der Parteien geht im Rahmen eines Kontokorrents typischer Weise gerade dahin, daß die einzelnen Leistungen "nur eine rechtlich untrennbare Verbindung von Rechnungsgrößen für ein ... Gesamtergebnis, den Überschuß (Saldo), bilden.[367]"[368] "Eine bestimmte Summe, die nach ihrer Höhe oder nach sonstigen Umständen des Einzelfalles nur als Gegenleistung für eine bestimmte Forderung des anderen Teils gemeint sein kann[369]"[370]

---

364 *Canaris* in Großkomm. HGB, § 355, Anm. 85 (2. Abs.).

365 Siehe oben S. 78 mit Nachweisen in Fn. 354.

366 Siehe oben S. 13 mit Nachweisen in Fn. 54.

367 *Canaris* in Großkomm. HGB, § 355, Anm. 32 zitiert: *RG,* Urt.v. 13.4.1927 - I 371/26 RGZ 117, 34, 35 f.

368 Vgl. auch: *Levy,* Contocorrent-Vertrag, S. 104 f.; *Schlegelberger/Hefermehl,* HGB, § 355, Rn. 31.

369 *Canaris* in Großkomm. HGB, § 355, Anm. 75, 2. Abs.

370 Vgl.: *Schlegelberger/Hefermehl,* HGB, § 356, Rn. 17.

oder die "konkludente Ausübung des Bestimmungsrechts[371]" widerspricht dem typischen Verständnis des Kontokorrents.

Die Beurteilung wirtschaftlicher Zusammenhänge kann auch zu erheblichen Schwierigkeiten führen. Diese Zusammenhänge dürften nach kurzer Zeit kaum noch festzustellen sein. Der mutmaßliche Parteiwille muß sich am wirklichen Parteiwillen messen lassen. Ein wirtschaftlicher Zusammenhang mit anderen Einzelverbindlichkeiten kann aus Sicht der Parteien aber sehr unterschiedlich beurteilt werden. Selbst wenn der Parteiwille noch feststellbar ist, werden dadurch sicher weitere Streitpunkte geschaffen; denn jede Entscheidung müßte von der grundsätzlichen Gleichwertigkeit[372] der Einzelforderungen abweichen. Auf die Gleichwertigkeit der Einzelforderungen im Kontokorrent wird sich die Gegenseite berufen.

Im übrigen offenbart die "rein bürgerlich-rechtliche Lehre von der Anwendbarkeit der §§ 366, 367, 396 BGB" mit Annahme des Parteiwillens, wirtschaftlich zusammenhängende Vorgänge nicht auseinanderzureißen, ihre eigene Unvollkommenheit. Denn mit Berufung auf § 366 I BGB zeigt sie, daß die Regelung des § 366 II BGB nicht paßt. "Das ist ... eine typische Notlösung, die auf Mängel in den Prämissen schließen läßt...[373]".

Allgemein läßt sich sagen: Bei der Suche nach der kontokorrenttypischen Art der Verrechnung ist zu beachten, daß die Parteien ein Kontokorrentverhältnis mit dessen Zwecksetzungen (Vereinfachung[374], Vereinheitlichung[375]) und Konsequenzen (eine Saldoforderung) gewollt haben. Daran müssen sie sich halten. Es entspricht sicher nicht dem typischen Kontokorrent, diese Zwecksetzung wegen bestimmter wirtschaftlicher Zusammenhänge bei der Verrechnung aus den Angeln zu heben. Das muß auch gelten, wenn eine Partei angesichts einer zu zahlenden Saldoforderung von der ursprünglichen Zwecksetzung nicht mehr überzeugt ist.

Gegen die Verrechnung nach der "rein bürgerlich-rechtlichen Lehre von der Anwendbarkeit der §§ 366, 367, 396 BGB" muß auch

---

371 *Canaris* in Großkomm. HGB, § 355, Anm. 75, 2. Abs.

372 *BGH,* Urt.v. 13.12.1990 - IX ZR 33/90, WM 1991, 497 (unter II . 3. b) r.Sp.).

373 Argument von *Canaris* selbst, wenn auch in anderem Zusammenhang: *Canaris* in Großkomm. HGB, § 355, Anm. 92, 3. Absatz a.E.; *Canaris,* Funktionen, S. 62.

374 Siehe oben S. 13, Fn. 53.

375 Siehe oben S. 13, Fn. 54.

eingewandt werden, daß sie den ausgeschiedenen Gesellschafter trotz Guthabens der Gesellschaft unverhältnismäßig hoch haften läßt. Denn die vor Ausscheiden begründeten Verbindlichkeiten sind durch die Haftung des ausgeschiedenen Gesellschafters gesicherte Forderungen. Gesicherte Forderungen werden erst nach allen anderen Forderungen verrechnet. Die Haftung des ausgeschiedenen Gesellschafters bleibt dementsprechend auch bei Guthaben der Gesellschaft lange in voller Höhe bestehen. Das ist unangemessen, da die ungesicherten Forderungen bereits verrechnet wurden. Das Risiko der vor Ausscheiden begründeten Forderungen ist bereits entsprechend gemindert.

Die "rein bürgerlich-rechtliche Lehre von der Anwendbarkeit der §§ 366, 367, 396 BGB" ist daher abzulehnen.

IV. EIGENER LÖSUNGSVORSCHLAG

1) Vorüberlegungen

Es gilt, eine Regelung zur Haftung ausgeschiedener Gesellschafter für Kontokorrentverbindlichkeiten zu finden, die die Vorteile der bisherigen Lösungen in sich vereint, die Nachteile vermeidet:

Sie soll in der Praxis einfach anzuwenden sein. Die Haftung des ausgeschiedenen Gesellschafters soll gemäß den gesellschaftsrechtlichen Grundsätzen alle Verbindlichkeiten, die vor seinem Ausscheiden begründet wurden, umfassen; eine Haftung für neue, nach dem Ausscheiden begründete Verbindlichkeiten soll vermieden werden. Der durch das Kontokorrent vereinfachte Zahlungsverkehr soll nicht wegen des Ausscheidens eines Gesellschafters kompliziert werden. Die Ziehung eines Tagessaldos mit einer Verrechnung der Schulden mit Guthaben soll vermieden werden. Die Haftung soll zeitlich beschränkt sein. Es ist eine Benachteiligung des Gläubigers und des ausgeschiedenen Gesellschafters aus gesellschaftsrechtlicher oder kontokorrentrechtlicher Sicht zu vermeiden. Die Regel muß in der Praxis zu einem eindeutigen Haftungsumfang führen. Möglichkeiten der Manipulation müssen ausgeschlossen sein. Es muß ein dogmatischer Ausgleich zwischen Gesellschaftsrecht und Kontokorrentrecht gefunden werden.

Die gesuchte Lösung kann bei entsprechender Auslegung im Kontokorrentrecht und im Gesellschaftsrecht gefunden werden. Sonderregeln für die Haftung ausscheidender Gesellschafter sind nicht notwendig. Zur Lösung im Rahmen des Kontokorrentrechts kann auf die hier befürwortete, restriktive Auslegung[376] des § 356 HGB, die herrschende, verhältnismäßige Gesamtaufrechnung und auf die Interessenabwägung in § 357 HGB verwiesen werden.

2) Geltungsbereich des § 356 HGB

Die Haftung des ausgeschiedenen Gesellschafters gemäß § 128 HGB ist unstreitig eine Sicherheit im Sinne des § 356 HGB für die während seiner Zugehörigkeit zur Gesellschaft begründeten Einzelforderungen[377]. Nach der allgemein zu befürwortenden Auslegung betrifft

376 Siehe oben S. 59 ff.

377 Siehe oben S. 21 .

§ 356 HGB nicht die Verrechnung, sondern ausschließlich das Saldoanerkenntnis[378]. Die Einzelforderungen und ihre Sicherheiten bleiben trotz des Saldoanerkenntnisses bestehen, wenn sie nicht verrechnet werden oder aus anderen Gründen erlöschen[379]. Der Gläubiger kann die Sicherheiten nur soweit geltend machen, wie die zugrundeliegenden Einzelforderungen nicht durch Verrechnung (teilweise) erloschen sind.

Insoweit bleibt auch die Haftung ausgeschiedener Gesellschafter trotz des Saldoanerkenntnisses entsprechend § 356 HGB bestehen; vorausgesetzt, in dem Saldo sind noch Verbindlichkeiten enthalten, die vor Ausscheiden des Gesellschafters begründet wurden.

a) Keine Forderungsauswechslung

Es muß nun entschieden werden, ob die Haftung des ausgeschiedenen Gesellschafters für die vor seinem Ausscheiden begründeten Einzelforderungen besteht, oder ob sie bei entsprechender Auslegung des § 356 HGB auf die nach seinem Ausscheiden anerkannte abstrakte Saldoforderung übertragen wird (Forderungsauswechslung). Diese Frage stellt sich unabhängig davon, ob man die Novationstheorie befürwortet oder ablehnt.

So nimmt die Rechtsprechung[380] als Vertreterin der Novationstheorie keine Forderungsauswechslung an. Die Sicherheiten bestehen weiter für die alten Einzelforderungen. Auf den ersten Blick ist das erstaunlich, da nach der Novationstheorie die Einzelforderungen durch die abstrakte Saldoforderung ersetzt werden, also untergehen. Es ist daher naheliegend, mit **Larenz**[381] anzunehmen, eine Forderungsauswechslung sei der zwingende Schluß aus der Novationstheorie. Aber auch nach der Novationstheorie bestehen die Einzelforderungen "vielmehr in gewisser Hinsicht fort und ... [können] weiterhin als Grundlage für die Sicherheiten dienen[382]".

---

378 Siehe oben S. 59 ff.

379 Siehe oben S. 62 f., 63 f.

380 *BGH,* Urt.v. 12.2.1959 - II ZR 232/58, BGHZ 29, 280, 283; *BGH,* Urt.v. 21.6.1955 - I ZR 93/54, WM 55, 1163, 1164; *RG,* Urt.v. 22.12.1939 - VII 139/39, RGZ 162, 244, 250 f.; *RG,* Urt.v. 7.1.1916 - II 386/15, RGZ 87, 434, 438; *RG,* Urt.v. 30.5.1911 - Ziv. II. 669/10, RGZ 76, 330, 335.

381 *Larenz,* Schuldrecht AT, S. 92 (§ 7 III); vgl. auch: *Canaris* in Großkomm. HGB, § 356, Anm. 8 a.E.

382 *BGH,* Urt.v. 12.2.1959 - II ZR 232/58, BGHZ 29, 280, 283; vgl. auch: *BGH,* Urt.v. 13.12.1990 - IX ZR 33/90, WM 1991, 497 (unter II. 3. c)) m.N.; *BGH,*

Andererseits nimmt ein Teil der Lehre[383] auch bei Ablehnung der Novationstheorie[384] eine Forderungsauswechslung im Rahmen des § 356 HGB an. Eine Forderungsauswechslung sei nichts Ungewöhnliches. So bestünden bei der Umwandlung einer Schuld in ein Darlehen gemäß § 607 II BGB die früheren Sicherheiten auch ohne besondere Abrede dann für die neue Darlehensschuld[385]. Dagegen werde im Gesetz wie z.B. in §§ 136, 137 HGB ausdrücklich angeordnet, wenn etwas als fortbestehend gelten soll, "was nicht mehr ist[386]". Ein Fortbestand der Einzelforderungen als Grundlage der Sicherheiten folge daher nicht aus § 356 HGB.

Gegen die Argumentation der Befürworter einer Forderungsauswechslung, eine solche sei nichts Ungewöhnliches, spricht § 1180 BGB. Denn das Gesetz läßt eine Forderungsauswechslung nur unter der Voraussetzung zu, daß der Sicherungsgeber zustimmt.

Der Hinweis der Befürworter einer Forderungsauswechslung auf den Fortbestand der Sicherheiten bei einem Vereinbarungsdarlehen im Sinne des § 607 II BGB ist auch nicht zutreffend. Denn bei einem Vereinbarungsdarlehen bleiben die Sicherheiten im Zweifel für die alte, nunmehr geänderte Schuld bestehen[387]. Im übrigen entscheidet der Parteiwille[388].

Es stimmt auch nicht, daß das Gesetz immer ausdrücklich anordnet, wenn etwas fortbestehen soll. Denn grundsätzlich geht der Gesetzgeber von dem Fortbestand der bisherigen Verbindlichkeiten aus, § 364 II BGB. Die alte Schuld ist nicht "etwas, was nicht mehr ist[389]".

Urt.v. 21.6.1955 - I ZR 93/54, WM 55, 1163, 1164; *RG*, Urt.v. 22.12.1939 - VII 139/39, RGZ 162, 244, 250 f.; *RG*, Urt.v. 7.1.1916 - II 386/15, RGZ 87, 434, 438; *RG*, Urt.v. 30.5.1911 - Ziv. II. 669/10, RGZ 76, 330, 335.

383 *Baumbach/Duden/Hopt*, HGB, § 356, Anm. 1) B.; *Bierhoff*, Haftung, S. 75; *Düringer/Hachenburg/Breit*, HGB, § 356, Anm. 3 m.N.; *Koenige/Teichmann/Koehler*, HGB, § 356, Anm. 1. a); *Ritter*, HGB, § 356, Anm. 1, 3; *Schmidt, Karsten*, Handelsrecht, S. 559; *Wolff* in Ehrenbergs Handbuch, S. 66.

384 *Schmidt, Karsten*, Handelsrecht, S. 559.

385 *Düringer/Hachenburg/Breit*, HGB, § 356, Anm. 3.

386 *Ritter*, HGB, § 356, Anm. 1.

387 *BGH*, Urt.v. 8.11.1978 - IV AZR 73/78, NJW 79, 426, 427 (unter 2.); *BGB-RGRK/Ballhaus*, § 607, Rn. 62; *Erman/Schopp*, BGB, § 607, Rn. 20; *Palandt/Putzo*, BGB, § 607, Anm. 2), Rn. 16.

388 *BGH*, Urt.v. 8.11.1978 - IV AZR 73/78, NJW 79, 426, 427 (unter 2.); *BGB-RGRK/Ballhaus*, § 607, Rn. 63; *Erman/Schopp*, BGB, § 607, Rn. 20.

389 *Ritter*, HGB, § 356, Anm. 1.

Denn unstreitig ist der kausale Saldo vor Saldoanerkenntnis vorhanden. Es geht hier um den Fortbestand des kausalen Saldos als Grundlage der Haftung. Der Hinweis, es handele sich hierbei um "etwas, was nicht mehr ist[390]" ist die Streitfrage und nicht ein Argument.

Gegen eine Forderungsauswechslung im Rahmen des § 356 HGB muß schließlich eingewandt werden, daß das als Verstoß gegen die Privatautonomie und gegen das Verbot von Verträgen zu Lasten Dritter bedenklich ist. Denn bei einer Forderungsauswechslung haftet der Sicherungsgeber (ausgeschiedene Gesellschafter) ohne sein Zutun für eine andere als die vereinbarte Forderung. Auch sonst läßt das Gesetz eine Änderung der gesicherten Forderung und eine Forderungsauswechslung nur mit Zustimmung des Sicherungsgebers zu, §§ 767 I 2, 1180, 1210 I 2 BGB.[391]

Überzeugend ist die Ansicht[392], nach der die Einzelforderungen als **gesicherte** Einzelforderungen unabhängig von § 356 HGB bestehen bleiben. Eine Forderungsauswechslung findet nicht statt. Ausgehend von der hier befürworteten Lehre von der abstrakten Natur der Saldoforderung neben dem kausalen Saldo ist diese Auslegung des § 356 HGB naheliegend.

Zur Begründung der Ansicht, § 356 HGB bestimme den Fortbestand der Einzelforderungen als gesicherte Einzelforderungen, ist auf die Denkschrift zu verweisen[393]. Danach "besteht die alte Forderung fort, soweit es sich um die Geltendmachung der Sicherheit handelt.[394]" Es war das Anliegen des Gesetzgebers, die nachteiligen Folgen der Novationstheorie für den Gläubiger zu mildern[395]. Die Rechte des Sicherungsgebers sollten aber gewahrt bleiben. Ihm sollten

390 *Ritter,* HGB, § 356, Anm. 1.

391 *Canaris* in Großkomm. HGB, § 356, Anm. 4.

392 *Canaris* in Großkomm. HGB, § 356, Anm. 4; *Capelle/Canaris,* Handelsrecht, S. § 26 v. 1. b), S. 286; *Herz,* Kontokorrent, S. 110 f.; *Schlegelberger/Hefermehl,* HGB, § 356, Rn. 1, 11.

393 *Canaris* in Großkomm. HGB, § 356, Anm. 4; *Schlegelberger/Hefermehl,* HGB, § 356, Rn. 1.

394 *Denkschrift 1897,* S. 214; *Denkschrift 1896,* S. 199.

395 *BGH,* Urt.v. 21.6.1955 - I ZR 93/54, WM 55, 1163, 1164 (r.Sp.); *RG,* Urt.v. 22.12.1939 - VII 139/39, RGZ 162, 244, 250 f.; *RG,* Urt.v. 30.5.1911 - Ziv. II. 669/10, RGZ 76, 330, 331 ff.; *RG,* Urt.v. 7.1.1916 - II 386/15, RGZ 87, 434, 437; *Bierhoff,* Haftung, S. 69; *Denkschrift 1896,* S. 198 f.; *Denkschrift 1897,* S. 214; *Düringer/Hachenburg/Breit,* HGB, § 356, Anm. 1; *Schlegelberger/Hefermehl,* HGB, § 356, Rn. 1.

"alle Einreden gegen diese Forderung vorbehalten[396]" bleiben. Eine angemessene Begrenzung der Haftung entspricht den "Bedürfnissen und Anschauungen des Verkehrs.[397]"

Auch der Wortlaut des § 356 HGB ist als Argument für den Bestand der gesicherten Einzelforderung anzuführen. Nach § 356 I HGB bestehen die Sicherheiten fort, soweit das "Guthaben aus der laufenden Rechnung und die Forderung sich decken." Das heißt, die Sicherheiten bestehen für die Einzelforderungen, die sich mit dem Guthaben decken. Sie bestehen nicht für das Guthaben; denn dann wäre es unnötig, daß sich die Einzelforderungen mit dem bereits gesicherten Guthaben decken.

Zusammengefaßt ist festzustellen: § 356 HGB ändert nichts daran, daß die Einzelforderungen auch nach Anerkenntnis des Saldos bestehen bleiben. Die Sicherheiten der Einzelforderungen und die Haftung ausgeschiedener Gesellschafter bestehen weiter für die Einzelforderungen, nicht etwa für die abstrakte Saldoforderung.

b) Das Verhältnis zwischen den gesicherten Einzelforderungen und der abstrakten Saldoforderung

Es stehen damit zwei Saldoforderungen nebeneinander: die den kausalen Saldo bildenden, gesicherten Einzelforderungen und die anerkannte, abstrakte Saldoforderung.

(1) Der Zahlungsanspruch aus dem kausalen Saldo

Haben die Parteien nicht die Aufnahme des kausalen Saldos als Rechnungsposten in die anschließende Rechnungsperiode vereinbart, kann nach heute ganz herrschender Meinung[398] der Kontokorrentgläubiger bei Rechnungsabschluß Zahlung in Höhe des kausalen Saldos verlangen. Da der Saldo kausal ist, muß der Gläubiger notfalls

396 *Denkschrift 1897,* S. 214; *Denkschrift 1896,* S. 199.

397 *Denkschrift 1897,* S. 214; *Denkschrift 1896,* S. 198.

398 *BayObLG,* Beschl.v. 19.7.1990 - BReg. 2 Z 71/90, WuM 1990, 455, 456 (unter II. 3. a) (4)); *Brox,* Handelsrecht, § 19 III. 2.b), Rn. 345; *Canaris* in Großkomm. HGB, § 355, Anm. 98; *Beitzke,* Probleme, S. 12 f.; *GK-HGB/Herget,* § 355, Rn. 48 f. (unter IV. 3. a)); *Grigat,* Verrechnung, S. 812; *Schönle,* Bank- und Börsenrecht, § 7 II. 1. a) 3. a), S. 72; *Schumann,* Handelsrecht II, § 5 IV. 3., S. 50 ff.; *Schlegelberger/Hefermehl,* HGB, § 355, Rn. 50 a.E.; a.A.: *RG,* Urt.v. 25.3.1931 - I 300/30, RGZ 132, 218, 222.

den Bestand aller Einzelforderungen, aus denen der Saldo besteht, nachweisen.

Das gleiche gilt bei Beendigung des Kontokorrents. Hier bestimmt § 355 III HGB, daß der Gläubiger "nach der Rechnung ... Zahlung beanspruchen kann." § 355 III HGB ist nach herrschender Meinung[399] neben der Kündigung auch auf andere Beendigungsgründe des Kontokorrents anzuwenden. So sind Beendigungsgründe für das Kontokorrent neben Zeitablauf[400] und Kündigung[401] zum Beispiel der Aufhebungsvertrag[402], das Ende der Geschäftsverbindung[403] und nach herrschender Ansicht[404] der Konkurs einer Partei.

---

399 *Heymann/Horn,* HGB, § 355, Rn. 48 m.N.; *Schlegelberger/Hefermehl,* HGB, § 355, Rn. 101 m.N.

400 *Schlegelberger/Hefermehl,* HGB, § 355, Rn. 93.

401 *BGH,* Urt.v. 2.11.1967 - II ZR 46/65, BGHZ 49, 24, 25 f.; *Baumbach/Duden/Hopt,* HGB, § 355, Anm. 7) A.; *Canaris* in Großkomm. HGB, § 355, Anm. 110; *Denkschrift 1896,* S. 197; *Denkschrift 1897,* S. 213; *Graf,* Interessen, S. 81 ff.; *Herz,* Kontokorrent, S. 33, 114 f.; *Schlegelberger/Hefermehl,* HGB, § 355, Rn. 96; *Schmidt, Karsten,* Handelsrecht, S. 564.

402 *Baumbach/Duden/Hopt,* HGB, § 355, Anm. 7) A.; *Canaris* in Großkomm. HGB, § 355, Anm. 109; *Glanegger/Niedner/Renkl/Ruß,* HGB, § 355, Rn. 16; *Graf,* Interessen, S. 78; *Herz,* Kontokorrent, S. 115; *Schlegelberger/Hefermehl,* HGB, § 355, Rn. 93; *Schmidt, Karsten,* Handelsrecht, S. 564.

403 *BGH,* Urt.v. 21.12.1981 - II ZR 270/79, WM 82, 291, 292 (unter 3.); *BGH,* Urt.v. 20.12.1955 - I ZR 175/53, WM 56, 188, 190 (r.Sp.); *BGH,* Urt.v. 21.10.1955 - I ZR 187/53, WM 55, 1521, 1522 (r.Sp.); *RG,* Urt.v. 4.4.1933 - VII 352/32, RGZ 140, 219, 221; *Baumbach/Duden/Hopt,* HGB, § 355, Anm. 7) A.; *Canaris* in Großkomm. HGB, § 355, Anm. 111; *Glanegger/Niedner/Renkl/Ruß,* HGB, § 355, Rn. 16; *Graf,* Interessen, S. 78 f.; *Herz,* Kontokorrent, S. 34 m.N., S. 115 f.; *Schlegelberger/Hefermehl,* HGB, § 355, Rn. 94; *Schmidt, Karsten,* Handelsrecht, S. 548.

404 *BGH,* Urt.v. 13.11.1990 - XI ZR 217/89, WM 1991, 60, 61 (unter II. 1.) m.N.; *BGH,* Urt.v. 4.7.1985 - IX ZR 135/84, NJW 85, 3007, 3009 (unter III. 2. b)); *BGH,* Urt.v. 4.5.1979 - I ZR 127/77, BGHZ 74, 253, 254 m.N.; *BGH,* Urt.v. 7.12.1977 - VIII ZR 164/76, BGHZ 70, 86, 93; *BGH,* Urt.v. 25.2.1977 - I ZR 167/75, NJW 77, 1346, 1346 (unter II. 1.); *BGH,* Urt.v. 21.10.1955 - I ZR 187/53, WM 55, 1521, 1522; *RG,* Urt.v. 11.10.1935 - VII 48/35, RGZ 149, 19, 24; *RG,* Urt.v. 22.12.1939 - VII 139/39, RGZ 162, 244, 245; *RG,* Urt.v. 3.10.1929 - VI 14/29, RGZ 125, 411, 416 m.N.; *RG,* Urt.v. 21.9.1888 - III. 119/88., RGZ 22, 148, 150; *Baumbach/Duden/Hopt,* HGB, § 355, Anm. 7) A.; *Brox,* Handelsrecht, § 19 V., Rn 354; *Düringer/Hachenburg/Breit,* HGB, § 355, Anm. 61 m.N.; *Glanegger/Niedner/Renkl/Ruß,* HGB, § 355, Rn. 16; *Graf,* Interessen, S. 80 f.; *Ritter,* HGB, § 355, Anm. 8 m.N.; *Schlegelberger/Hefermehl,* HGB, § 355, Rn. 98 m.N; differenzierend: *Beitzke,* Probleme, S. 21 ff., 26; *Canaris* in Großkomm. HGB, § 355, Anm. 113; *Canaris,* Verrechnung, S. 73 ff.; *Herz,* Kontokorrent, S. 197 ff., 222.

§ 355 III HGB ist jedoch mißverständlich formuliert. Der in § 355 III HGB genannte Zahlungsanspruch beruht auf den den Saldo bildenden Einzelforderungen[405]. Soweit die Einzelforderungen nicht durch Verrechnung getilgt sind, bestehen sie noch und können geltend gemacht werden. § 355 III HGB ist nicht etwa eine Anspruchsgrundlage, sondern stellt nur klar, daß die nach Verrechnung restlichen Einzelforderungen auch ohne Saldoanerkenntnis geltend gemacht werden können[406]. Es besteht keine Kontokorrentbindung mehr[407]. Das gilt nicht nur bei Beendigung im Sinne des § 355 III HGB, sondern auch bei laufendem Kontokorrent zum Periodenschluß[408].

(2) Der Zahlungsanspruch aus dem abstrakten Saldo

Die Kontokorrentparteien sind aufgrund der Kontokorrentabrede verpflichtet, den kausalen Saldo anzuerkennen. Aufgrund dieses Saldoanerkenntnisses gemäß § 781 BGB entsteht ein abstrakter Saldo. Die Gegenansicht[409] wurde bereits oben[410] im Rahmen der Erörterung zum Saldoanerkenntnis diskutiert und abgelehnt.

Üblicherweise haben die Parteien die Übernahme des abstrakten Saldos in die folgende Rechnungsperiode vereinbart[411].

Haben die Parteien nicht die Übernahme in die folgende Rechnungsperiode vereinbart, hat die Partei, zu deren Gunsten der Saldo

---

405 Siehe oben S. 58, Fn. 267.

406 *BGH*, Urt.v. 20.2.1976 - I ZR 129/74, WM 76, 505, Leitsatz 1 und S. 506 (unter 1.); *BGH*, Urt.v. 28.4.1975 - II ZR 113/74, WM 75, 556, 557 (unter II. 2.); *BGH*, Urt.v. 2.11.1967 - II ZR 46/65, BGHZ 49, 24, 26; *RG*, Urt.v. 23.3.1935 - I 215/34, JW 1935, 2355, 2355; *OLG Nürnberg*, Urt.v. 31.3.1960 - 3 U 210/59, WM 60, 890, Leitsatz 2 und S. 892 (l.Sp.) m.N.; *Canaris* in Großkomm. HGB, § 355, Anm. 118; *Baumbach/Duden/Hopt*, HGB, § 355, Anm. 6) A. und 7) B.; *GK-HGB/Herget*, § 355, Rn. 48 (unter IV. 3. a)); *Schlegelberger/Hefermehl*, HGB, § 355, Rn. 101.

407 Siehe oben S. 34.

408 Siehe oben S. 89, Fn. 398.

409 *Kübler*, Feststellung, S. 162 (unter III. 4.) i.V.m. S. 135 (unter II. 5.); ähnlich: *Schönle*, Bank- und Börsenrecht, S. 74.

410 Siehe oben S. 49 f.

411 *Canaris* in Großkomm. HGB, § 355, Anm. 64 a.E.; *Bierhoff*, Haftung, S. 52.

besteht, einen Anspruch auf Begleichung der Saldoforderung[412]. Die abstrakte Saldoforderung ist eine neue, selbständige Forderung[413]; sie ist von den zugrundeliegenden Einzelforderungen unabhängig. Die entsprechende Verpflichtung des Schuldners entsteht mit dem Saldoanerkenntnis[414]. Sie ist sofort fällig, § 271 BGB. Es gilt ein Gerichtsstand, ein Erfüllungsort und eine Verjährungsfrist[415]. Die abstrakte Saldoforderung verjährt gemäß § 195 BGB in 30 Jahren[416].

Die Begleichung der Saldoforderung beendet nach heute ganz herrschender Meinung[417] nicht das Kontokorrent.

(3) Die nachrangige Geltendmachung der Einzelforderungen (Saldoeinrede)

Mit dem Bestand des kausalen Saldos neben dem abstrakten Saldo stellt sich die Frage, ob der kausale Saldo, der ja nichts anderes als die Summe der restlichen Einzelforderungen ist, noch geltend gemacht werden kann.

Eine doppelte Inanspruchnahme aus dem kausalen Saldo und dem abstrakten Saldo kommt jedenfalls nicht in Betracht[418]. Dem steht schon nach allgemeinen Rechtsgrundsätzen eine entsprechende

---

412 *BGH,* Urt.v. 8.3.1972 - VIII ZR 40/71, BGHZ 58, 257, 260; *BayObLG,* Beschl.v. 19.7.1990 - BReg. 2 Z 71/90, WuM 1990, 455, 456 (unter II. 3. a) (3)); *Brox,* Handelsrecht, § 19 III. 3. a), Rn. 346; *Capelle/Canaris,* Handelsrecht, § 25 IV. 2., S. 285.

413 *BGH,* Urt.v. 9.12.1971 - III ZR 58/69, WM 72, 283, 284 (unter II. 2.); *Canaris* in Großkomm. HGB, § 355, Anm. 98; *Hefermehl,* Grundfragen, S. 554; *Schlegelberger/Hefermehl,* HGB, § 355, Rn. 58 a.E.; *Schmidt, Karsten,* Handelsrecht, S. 559 (§ 20 V 2. a)).

414 *BGH,* Urt.v. 7.12.1977 - VIII ZR 164/76, BGHZ 70, 86, 94; *BGH,* Urt.v. 8.3.1972 - VIII ZR 40/71, BGHZ 58, 257, 260; *BGH,* Urt.v. 20.4.1956 - I ZR 203/54, WM 56, 1125, 1126 (r.Sp.); *RG,* Urt.v. 1.2.1887 - Rep. III 218/86, RGZ 18, 246, 249; *Bierhoff,* Haftung, S. 65 f.; *v.Gierke,* Handelsrecht, S. 497; *Schmidt, Karsten,* Handelsrecht, S. 559 (§ 20 V 2. a)) m.N.

415 *Canaris* in Großkomm. HGB, § 355, Anm. 98 m.N.

416 *BGH,* Urt.v. 29.6.1973 - I ZR 120/72, WM 73, 1014, 1015 (unter III.); *BGH,* Urt.v. 17.2.1969 - II ZR 30/65, BGHZ 51, 346, 349; *Baumbach/Duden/Hopt,* HGB, § 355, Anm. 3) E.

417 *RG,* Urt.v. 4.4.1933 - VII 352/32, RGZ 140, 219, 221 m.N.; *Baumbach/Duden/Hopt,* HGB, § 355, Anm. 7) A.; *Canaris* in Großkomm. HGB, § 355, Anm. 111 m.N.; *Schlegelberger/Hefermehl,* HGB, § 355, Rn. 94 m.N.; a.A.: *Gschnitzer,* Kündigung, S. 361.

418 *Canaris* in Großkomm. HGB, § 355, Anm. 90; *Schlegelberger/Hefermehl,* HGB, § 355, Rn. 58.

Einrede entgegen. Die allgemeinen Rechtssätze zeigen sich im Vergleich mit anderen Schuldanerkenntnissen.

So entspricht das Verhältnis zwischen dem kausalen Saldo und dem abstrakten Saldo dem Verhältnis zwischen einem Schuldanerkenntnis und dem Grundschuldverhältnis (Kausalgeschäft). Auch hier ist anerkannt, daß das Schuldanerkenntnis im Sinne des § 781 BGB neben das Grundschuldverhältnis tritt[419], vgl. § 364 II BGB. Die Gefahr einer doppelten Inanspruchnahme besteht nicht, da das Schuldanerkenntnis zu dem Grundschuldverhältnis im Verhältnis der Alternative steht.

Für den Bereich der Kreditsicherung durch Grundpfandrechte bei gleichzeitigem Schuldanerkenntnis des Bestellers ist das alternative Verhältnis zwischen Grundschuld (§ 1191 BGB) und Schuldanerkenntnis zwar umstritten[420]; der Streit bezieht sich aber nur auf den Fall, daß das Schuldanerkenntnis für (irgend)einen Geldbetrag in Höhe der Grundschuld abgegeben wird. Bei dem hier in Frage stehenden Saldoanerkenntnis handelt es sich dagegen um ein Schuldanerkenntnis, das sich ausschließlich auf den kausalen Saldo und die ihn bildenden (restlichen) Einzelforderungen selbst bezieht. Für den entsprechenden Fall, nämlich daß für den Grundschuldbetrag selbst das Schuldanerkenntnis abgegeben wird, herrscht auch im Rahmen der genannten Auseinandersetzung Einigkeit: Der Gläubiger kann entweder den einen oder den anderen Betrag geltend machen, keinesfalls aber kumulativ beide. Das gleiche muß für das Verhältnis zwischen den Einzelforderungen des kausalen Saldos und dem Anspruch aus dem abstrakten Saldo gelten. Eine doppelte Inanspruchnahme ist nicht möglich.

Bei der Entscheidung, ob der kausale oder abstrakte Saldo geltend gemacht werden kann, sind die Zwecke des Kontokorrents zu beachten. Das Saldoanerkenntnis wurde erfüllungshalber erteilt, um

---

419 *OLG München,* Urt.v. 6.5.1987 - 7 U 1661/87, NJW-RR 88, 950, 951 (r.Sp. unter II. 2. b) bb)); *Palandt/Thomas,* BGB, Einf. v. § 780, Anm. 2) a), Rn. 4; § 781, Anm. 4), Rn. 13 i.V.m. § 780, Anm. 4), Rn. 7; *Erman/Hense/Hantl,* BGB, vor § 780, Rn. 2.

420 *BGH,* Urt.v. 3.12.1987 - III ZR 261/86, ZIP 88, 80, 82 (unter 2.); *OLG Düsseldorf,* Urt.v. 29.1.1986 - 9 U 199/85, WM 86, 1345, 1346 f.; *OLG Celle,* Urt.v. 20.11.1984 - 16 U 69/84, WM 85, 1313, 1314 (unter I. 1. b) bb)); *Aepfelbach,* Anmerkung, WuB I F 3. Grundpfandrechte 1.86; *Clemente,* Sicherungsgrundschuld, Rn. 100 ff.; *Gaberdiel,* Kreditsicherung, S. 77 (unter 5.4); *Kolbenschlag,* Grundschuld, S. 205 ff.; *Obermüller,* Anmerkung, WuB I F 3. Grundpfandrechte 6.87; *Rehbein,* Anmerkung, WuB I F 3.. Grundpfandrechte 3.87.

die Einzelforderungen zu vereinheitlichen. Der Kontokorrentgläubiger muß auf diesen Zweck des Saldoanerkenntnisses, die Einzelforderungen zu vereinheitlichen und damit den Zahlungsverkehr zu vereinfachen, Rücksicht nehmen. Der Kontokorrentschuldner kann sich gegenüber dem Kontokorrentgläubiger auf die Zwecke des Kontokorrents berufen. Ähnlich wie bei der Einrede der Wechselhingabe[421] kann gegenüber der Geltendmachung der Kausalforderung auf den erfüllungshalber hingegebenen Gegenstand verwiesen werden. Für diesen Verweis auf das erfüllungshalber hingegebene abstrakte Saldoanerkenntnis eignet sich der Begriff **Saldoeinrede**. Es handelt sich um eine dilatorische, rechtshemmende Einwendung[422]. Erst wenn bei verkehrsüblicher Sorgfalt die Befriedigung aus der abstrakten Saldoforderung scheitert, kann der Kontokorrentgläubiger auf die Einzelforderungen aus dem kausalen Saldo zurückgreifen.

Der Kontokorrentgläubiger kann nicht auf den kausalen Saldo zurückgreifen, wenn die abstrakte Saldoforderung entsprechend einer Vereinbarung im Kontokorrentvertrag in die nächste Rechenperiode übernommen wird. Sie ist dann beglichen. Wird die abstrakte Saldoforderung nicht auf diese Art beglichen, muß sie der Kontokorrentgläubiger mit der im Verkehr erforderlichen Sorgfalt bei dem Kontokorrentschuldner geltend machen. Verzug muß er hinnehmen. Sein Schaden ist insoweit durch §§ 284 ff. BGB gedeckt.

Verweigert der Kontokorrentschuldner die Zahlung endgültig oder ist er zahlungsunfähig, muß der Kontokorrentgläubiger nichts weiter unternehmen. Insbesondere muß er nicht Klage erheben oder gar die Zwangsvollstreckung versuchen. Das verlangt der Vereinheitlichungs- und der Vereinfachungszweck des Kontokorrents nicht. Er kann stattdessen auf den kausalen Saldo und die Sicherheiten der darin enthaltenen Einzelforderungen zurückgreifen. Hierzu muß er den Bestand der (restlichen) Einzelforderungen nachweisen und die unterschiedlichen Erfüllungsorte, Verjährungsfristen und Gerichtsstände beachten.

---

421 Vgl.: *BGH*, Urt.v. 30.10.1985 - VIII ZR 251/84, BGHZ 96, 182, 193 (unter A. II. 3. a) aa)); *Baumbach/Hefermehl*, Wechselgesetz und Scheckgesetz, WG Einl. Rn. 41 m.N.; *Hueck/Canaris*, Recht der Wertpapiere, S. 172 (§ 17 III. 1.) m.N.; *Meyer-Cording*, Wertpapierrecht, S. 35 f. (unter B. V. 3.) m.N.; *Sedatis*, Wertpapierrecht, Rn. 6 (unter B. II. 1. a)) m.N.

422 Zum Begriff "dilatorische, rechtshemmende Einwendung": *Medicus*, Bürgerliches Recht, Rn. 732 f.

Im Ergebnis bleiben die Einzelforderungen also auch nach Saldoanerkenntnis bestehen; sie können grundsätzlich auch geltend gemacht werden. Vorrangig ist aber Befriedigung aus der abstrakten Saldoforderung zu suchen.

c) Die Haftung des ausgeschiedenen Gesellschafters als begrenzte und nachrangige Haftung

Im Ergebnis führt die hier vertretene Auslegung des § 356 HGB zu einer Begrenzung der Haftung des ausgeschiedenen Gesellschafters. Sie findet zum einen entgegen der herrschenden Meinung[423] mit **Canaris**[424] durch Verrechnung der Einzelforderungen zum Periodenschluß statt. Dieser Zeitpunkt der Verrechnung entspricht der Vereinbarung in der Kontokorrentabrede[425] und ist daher - anders als die Verrechnung bei Ziehung des Tagessaldos bei Ausscheiden des Gesellschafters - kontokorrentrechtlich in Ordnung. Zum anderen bleiben die Einzelforderungen trotz des Saldoanerkenntnisses als gesicherte Einzelforderungen bestehen. Eine Forderungsauswechslung findet nicht statt. Das hat zur Folge, daß die primäre Haftung des ausgeschiedenen Gesellschafters aufgrund der Saldoeinrede zu einer subsidiären Haftung wird; sie kann erst in Anspruch genommen werden, wenn der von der Gesellschaft anerkannte, abstrakte Saldo gegenüber der Gesellschaft und den zugehörigen Gesellschaftern erfolglos geltend gemacht wurde.

Diese Begrenzung der Haftung ist angemessen; denn der ausgeschiedene Gesellschafter haftet tatsächlich nur, aber auch ganz für die vor seinem Ausscheiden begründeten Verbindlichkeiten der Gesellschaft. Die Befreiung von der Haftung durch die Verrechnung im Rahmen des Periodenabschlusses benachteiligt den Gläubiger nicht; denn soweit die Altverbindlichkeiten (durch Verrechnung) getilgt sind, besteht für den Gläubiger kein schützenswertes Interesse mehr an einer Sicherung der ehemaligen Forderungen. Soweit die Altverbindlichkeiten noch bestehen, haftet der ausgeschiedene Gesellschafter. Das Risiko des Gläubigers bleibt insoweit in voller Höhe gedeckt. Das Vertrauen des Gesellschaftsgläubigers beruhte auf der Haftung der der Gesellschaft zugehörigen Gesellschafter. Diesem Vertrauen wird durch die Haftung des ausgeschiedenen Gesellschafters für die

423 Siehe oben S. 22, Fn. 100.

424 Siehe oben S. 59, Fn. 272.

425 Siehe oben S. 43 ff.

Altverbindlichkeiten in voller Höhe entsprochen. Schließt der Gläubiger nach Ausscheiden des Gesellschafters mit der Gesellschaft Verträge - auch abstrakte Saldoanerkenntnisse - ab, kann er nicht mit der Haftung des an diesen Abschlüssen nicht beteiligten Ausgeschiedenen rechnen.

3) Art der Verrechnung

Die Haftung besteht also nur, soweit die Altverbindlichkeiten bei der Verrechnung nicht erloschen sind. Die Art der Verrechnung bestimmt, in welchem Umfang die Altverbindlichkeiten getilgt werden. Daß die Verrechnung die Tilgung der sich gegenüberstehenden Forderungen bewirkt, ist heute unstreitig[426]. Zur Verrechnung im Kontokorrent ist hier mit der herrschenden Meinung die verhältnismäßige Gesamtaufrechnung[427] zu befürworten.

Die Verrechnung nach der **"rein bürgerlich-rechtlichen Lehre von der Anwendbarkeit der §§ 366, 367, 396 BGB"** wurde schon oben S. 80 ff. diskutiert und abgelehnt.

Der heute kaum noch vertretenen Lehre vom **Staffelkontokorrent**[428] ist zwar die Einfachheit und Einheitlichkeit der Verrechnung zugute zu halten. Ihr steht aber der Wortlaut des § 355 I HGB entgegen, der von der Verrechnung in "regelmäßigen Zeitabschnitten" spricht. Das Staffelkontokorrent entspricht auch nicht der Praxis und dem Verständnis des die Praxis beherrschenden Bankkontokorrents. Auch hier findet die Verrechnung einmal oder mehrmals jährlich statt, wie schon die Bezeichnung "Rechnungsabschluß" der entsprechenden besonderen Mitteilung an die Kunden zeigt[429]. Die Lehre vom Staffelkontokorrent ist daher abzulehnen.

a) Die verhältnismäßige Gesamtaufrechnung

Bezüglich der Art der Verrechnung ist der Lehre von der verhältnismäßigen Gesamtaufrechnung[430] zuzustimmen. Sie wird seit langem

---

426 Siehe oben S. 41 mit Nachweisen in Fn. 188.

427 Siehe oben S. 76 f.

428 Siehe oben S. 77 f.

429 *BGH*, Urt.v. 28.6.1968 - I ZR 156/66, BGHZ 50, 277, 280 ff.

430 Siehe oben S. 76 f.

von der herrschenden Meinung[431] vertreten. Sie blieb aber auch nicht ohne Kritik.

b) Kritik an der verhältnismäßigen Gesamtaufrechnung

Gegen die verhältnismäßige Gesamtaufrechnung wendet sich vor allen **Canaris**[432]. Er findet das mosaikartige Ergebnis befremdlich. Es widerspreche der Vereinfachungs- und Vereinheitlichungsfunktion des Kontokorrents. So setze sich vor dem Saldoanerkenntnis nach der verhältnismäßigen Gesamtaufrechnung der kausale Saldo aus allen verschiedenen Forderungen mosaikartig zusammen[433]. Für diese Einzelforderungen gälten unterschiedliche Verjährungsfristen, unterschiedliche Erfüllungsorte, und mitunter sogar unterschiedliche Gerichtsstände[434]. Wirtschaftlich zusammengehörige Vorgänge würden so in unsinniger Weise auseinandergerissen[435].

Andererseits würden die Einzelforderungen bei der verhältnismäßigen Verrechnung gleichwertig behandelt, so daß die gesicherten und die ungesicherten Einzelforderungen gleichermaßen teilweise getilgt würden. Gleichwertig seien die Einzelforderungen aber erst nach dem Saldoanerkenntnis, nicht bei der Inrechnungstellung und der Verrechnung. Die gleichwertige Behandlung der Einzelforderungen bei der Verrechnung widerspreche auch § 366 II BGB und habe eine verheerende Wirkung, da auch die Sicherheiten anteilsmäßig untergingen[436]. Auch die Problematik der unklagbaren Forderungen sei so nicht zu lösen[437].

Insgesamt widersprächen die Ergebnisse der verhältnismäßigen Gesamtaufrechnung nicht nur dem maßgeblichen Parteiwillen[438], sondern auch dem Gesetz. Die §§ 366, 367, 396 BGB seien bei der Verrechnung zu befolgen[439].

---

431 Siehe oben S. 42, Fn. 191.

432 *Canaris* in Großkomm. HGB, § 355, Anm. 68 f.

433 *Canaris* in Großkomm. HGB, § 355, Anm. 68 (S. 472, letzter Abs. und S. 473).

434 *Canaris* in Großkomm. HGB, § 355, Anm. 69 (1. Abs.).

435 *Canaris* in Großkomm. HGB, § 355, Anm. 69 (S. 474).

436 *Canaris* in Großkomm. HGB, § 355, Anm. 69 (3. Abs.).

437 *Canaris* in Großkomm. HGB, § 355, Anm. 69 (2. Abs.).

438 *Canaris* in Großkomm. HGB, § 355, Anm. 68 (S. 472, 2. Abs.) m.N.

439 *Canaris* in Großkomm. HGB, § 355, Anm. 69 a.E.

c) Grundsätzliche Befürwortung der verhältnismäßigen Gesamtaufrechnung

Zuzugeben ist der Kritik, daß die verhältnismäßige Gesamtaufrechnung nicht die §§ 366, 367, 396 BGB beachtet. Das spricht aber nicht gegen, sondern **für** die verhältnismäßige Gesamtaufrechnung. Die §§ 366, 367, 396 BGB betreffen die einseitige Aufrechnungslage; im Kontokorrent handelt es sich dagegen um eine gegenseitige Verrechnung[440]. Der in §§ 366 II BGB typisierte Parteiwille entspricht nicht dem durch die Zwecke des Kontokorrents bestimmten mutmaßlichen Parteiwillen bei der gegenseitigen Verrechnung im Kontokorrent.

Auch sonst sprechen die bereits genannten[441] Argumente gegen die "rein bürgerlich-rechtliche Lehre von der Anwendbarkeit der §§ 366, 367, 396 BGB" **für** die verhältnismäßige Gesamtaufrechnung.

Die Parteien vereinbaren ein Kontokorrent, um die gegenseitigen Zahlungen zu vereinfachen. Die Einzelforderungen sollen zu diesem Zweck vereinheitlicht werden. Um dies zu erreichen, werden sie in Rechnung gestellt. Bereits mit der Inrechnungstellung können alle Einzelforderungen nicht mehr selbständig geltend gemacht werden[442]. Alle Einzelforderungen können nicht einzeln getilgt werden[443]. Eine Aufrechnung mit einzelnen Forderungen ist nicht mehr möglich[444]. In Hinblick auf die Vereinfachungsfunktion sollen gerade auch wirtschaftliche Zusammenhänge daran nichts ändern. Die Einzelforderungen sind daher schon ab Inrechnungstellung insoweit gleichwertig[445]. Es entspricht nicht der Vorstellung der Parteien, diese durch die Vereinbarungen zur Inrechnungstellung geschaffene Gleichwertigkeit der Einzelforderungen bei der Verrechnung zu ignorieren. Der Ausschluß der besonderen Geltendmachung der Einzelforderungen gilt aufgrund der Inrechnungstellung auch bei der Verrechnung. Die in Rechnung gestellten Einzelforderungen sollen "in dem am Schlusse der Rechnungsperiode sich ergebenden Saldo" "auf-

---

440 Vgl.: *Roxel*, Rechnungsabschluss, S. 21, 64.

441 Siehe oben S. 80 ff.

442 *Canaris* in Großkomm. HGB, § 355, Anm. 32 zitiert selbst: *RG*, Urt.v. 6.7.1916 - VI. 147/16, RGZ 88, 373, 375 (a.E.).

443 Vgl. oben S. 33 f.

444 Siehe oben S. 33 f.

445 *BGH*, Urt.v. 13.12.1990 - IX ZR 33/90, WM 1991, 497 (unter II. 3. b) r.Sp.).

gehen"[446]. Das heißt, bei der Verrechnung können nicht bestimmte Einzelforderungen mit anderen bestimmten Einzelforderungen verrechnet und so einzeln getilgt werden[447].

Die Kontokorrentbindung, die die Tilgung einzelner Forderungen ausschließt, ist erst **nach** der Verrechnung aufgehoben. Gemäß § 355 III HGB kann der Gläubiger "**nach** der Rechnung ... Zahlung beanspruchen". § 355 I, III HGB spricht von einem "Überschuß", der anstelle der Einzelforderungen verlangt werden kann. Für diesen Überschuß ist die Kontokorrentbindung aufgehoben. Ein Überschuß entsteht aber erst aufgrund, also **nach** der Verrechnung, nicht vorher oder während der Verrechnung. Vor und während der Verrechnung können die Einzelforderungen wegen der Kontokorrentbindung nicht einzeln verrechnet und so ausgeglichen oder getilgt werden. Vor und während der Verrechnung sind die Einzelforderungen gleichwertig. Sie müssen verhältnismäßige verrechnet werden.

Das mosaikartige Ergebnis der verhältnismäßigen Gesamtaufrechnung ist nicht befremdlich, sondern entspricht dem Willen der Parteien. Die Selbständigkeit der Einzelforderungen bezüglich der eigenen Verjährungsfrist, dem eigenen Erfüllungsort und dem eigenen Gerichtsstand ist nur gegeben, wenn die Kontokorrentparteien den Saldo nicht anerkennen, nicht in die nächste Rechenperiode übertragen oder wenn sie das Kontokorrent kündigen, § 355 III HGB. In diesen Fällen zeigen sie, daß sie die Zwecke des Kontokorrents, vor allen die Vereinfachung der Zahlungen und die Vereinheitlichung der Einzelforderungen, nicht (mehr) wollen.

Soweit durch die verhältnismäßige Gesamtaufrechnung auch die Sicherheiten der Einzelforderungen anteilmäßig untergehen, ist das keine verheerende, sondern eine erwünschte Folge. Sie entspricht den berechtigten Interessen des Sicherungsgebers (ausgeschiedenen Gesellschafters). Gerade der Sicherungsgeber geht davon aus, daß Zahlungen an den Gläubiger oder Forderungen gegenüber dem Gläubiger bei der Verrechnung auch die von ihm gesicherten Einzelforderungen in entsprechender Höhe mindern. Das Risiko des Kontokorrentgläubigers ist ja in Höhe der verrechneten Einzelforderungen kleiner geworden. Es ist nicht der Zweck des Kontokorrents, die Risikolage zu verändern und den Kontokorrentgläubiger gegenüber dem Siche-

---

446 *Canaris* in Großkomm. HGB, § 355, Anm. 32 zitiert selbst: *RG*, Urt.v. 6.7.1916 - VI. 147/16, RGZ 88, 373, 375 (a.E.).

447 Vgl.: *BGH*, Urt.v. 13.12.1990 - IX ZR 33/90, WM 1991, 497 (unter II. 3. b) r.Sp.).

rungsgeber (ausgeschiedenen Gesellschafter) besser zu stellen. Hierzu wäre ein Vertrag mit dem Sicherungsgeber notwendig.

Zusammengefaßt ist die verhältnismäßige Gesamtaufrechnung nicht nur kontokorrentrechtlich in Ordnung; sie entspricht auch dem durch die Zwecke des Kontokorrents begründeten, mutmaßlichen Parteiwillen und kommt grundsätzlich zu sachgerechten Ergebnissen.

d) Behandlung der unklagbaren Forderungen

Nicht vorbehaltlos zugestimmt werden kann der Lehre von der verhältnismäßigen Gesamtaufrechnung aber bei der Behandlung der unklagbaren Forderungen. Zwar hat dieses Problem in Hinblick auf die Neufassung[448] des § 53 II BörsG erheblich an Bedeutung verloren; die meisten Börsentermingeschäfte werden in Zukunft verbindlich sein. Es kann aber nicht ausgeschlossen werden, daß einige Börsentermingeschäfte nicht den Anforderungen des § 53 BörsG gerecht werden. Oder es kann sich um nicht unter §§ 52 ff. BörsG fallende Differenzgeschäfte handeln. Gegenüber den Forderungen aus diesen Geschäften kann dann der Differenzeinwand erhoben werden, §§ 764, 762 BGB. Weniger bedeutend, aber nicht undenkbar[449] sind auch Forderungen aus Ehemaklerverträgen, § 656 BGB. Werden derartige Naturalobligationen in das Kontokorrent aufgenommen, stellt sich nach wie vor die Frage, wie sie bei der Verrechnung zu behandeln sind.

Bei der Verrechnung unklagbarer Forderungen im Kontokorrent ist zwischen einem antizipierten Verrechnungsvertrag und einem Verrechnungsvertrag am Schluß der Periode zu unterscheiden[450].

(1) Verrechnungsvertrag am Ende der Rechnungsperiode

Wird der Verrechnungsvertrag am Ende der Rechnungsperiode geschlossen, muß grundsätzlich von dem Willen der Kontokorrentparteien ausgegangen werden, auch die Naturalobligationen durch Verrechnung zu tilgen[451]. Die unklagbaren Verbindlichkeiten sind zu die-

---

448 Neufassung vom 11. Juli 1989, BGBl. I, S. 1412.

449 Insbesondere beim finanzierten Ehemaklervertrag ist die Abwicklung im Rahmen eines Kontokorrents denkbar. Die Anwendbarkeit des § 656 II BGB ist in diesem Fall nicht auszuschließen. Vgl. die Nachweise bei: *Palandt/ Thomas,* BGB, § 656, Anm. 3) b), Rn. 4.

450 Siehe oben S. 39 f. und S. 40 f.

451 *Canaris,* Börsentermingeschäft, S. 594 (unter II. 2.).

sem Zeitpunkt bekannt. Die Parteien haben die unklagbaren Forderungen vereinbarungsgemäß in das Kontokorrent eingestellt. Das dann durch die Verrechnung Geleistete kann nicht mehr zurückgefordert werden, §§ 656 I 2, 762 I 2 BGB, 55 BörsG.

(2) Antizipierter Verrechnungsvertrag

Erfolgt der Abschluß des Verrechnungsvertrages antizipiert, werden die Naturalobligationen im Sinne der §§ 656, 762, 764 BGB erst einmal nicht getilgt. Das folgt aus dem Wortlaut dieser Vorschriften. Danach kann gemäß § 656 I 2 BGB, § 762 I 2 BGB oder § 55 BörsG nur das "auf Grund" des Versprechens, des Spiels oder des Geschäfts Geleistete **nicht** zurückgefordert werden. Wurde der Verrechnungsvertrag antizipiert, also vor Einstellen der Naturalobligationen geschlossen, erfolgt die Tilgung nicht "auf Grund" der Naturalobligationen. Die Naturalobligationen sind zu diesem Zeitpunkt noch nicht bekannt. Die antizipierte Verrechnung hat nicht die Tilgung der Naturalobligationen zum Zweck. Das durch die Verrechnung Geleistete kann zurückgefordert werden. Die Verrechnung ist insoweit unwirksam.

Zu bedenken ist aber, daß der Zweck der §§ 762, 764 BGB dem Schutz des Spielers[452] oder des unerfahrenen Verlierers bei Spekulationsgeschäften[453] dient. Eines solchen Schutzes bedarf der Verlierer nicht, wenn er nach Eintritt des Verlustes freiwillig seine Naturalobligation begleicht. Dementsprechend ist anerkannt, daß eine vor dem Spiel oder Geschäft abgegebene Sicherheit eine Tilgung der Spiel- oder Spekulationsschuld bewirkt, wenn der Spielschuldner nach Eintritt des Verlustes der Verwertung der Sicherheit zustimmt[454]. Hier sind dem Schuldner die Folgen seiner Handlung ebenso bewußt wie bei einer Verrechnung nach dem Spiel oder Differenzgeschäft. Das, was für die vor dem Spiel oder Differenzgeschäft abgegebene Sicherheit gilt, muß auch für den antizipierten Verrechnungsvertrag gelten. Eine Tilgung im Rahmen des Kontokorrents muß also auch dann möglich sein, wenn der antizipierte Verrechnungsvertrag bestätigt wird.

---

452 *MünchKomm/Pecher*, BGB, § 762, Rn. 1.

453 *MünchKomm/Pecher*, BGB, § 764, Rn. 1.

454 *MünchKomm/Pecher*, BGB, § 762, Rn. 26; *Staudinger/Engel*, BGB, § 762, Rn. 24 m.N.

(a) Bestätigung durch Saldoanerkenntnis

Eine solche Bestätigung liegt im Saldoanerkenntnis[455]. Es ist eine Obliegenheit des Kontokorrentpartners, vor Anerkennung des Saldos die Abrechnung zu prüfen[456]. Nur wenn er mit der Abrechnung einverstanden ist, gibt er das Anerkenntnis ab. Das Saldoanerkenntnis ist damit auch eine Erklärung des Einverständnisses mit der Verrechnung. Sind in der Rechnung unklagbare Forderungen enthalten, zeigt das Saldoanerkenntnis des Kontokorrentpartners, daß er mit der Tilgung der unklagbaren Forderungen einverstanden ist.

Hiergegen wird eingewandt[457], das Saldoanerkenntnis erfolge im Bankverkehr durch Schweigen, Nr. 15 AGB-Banken, Nr. 12 AGB-Sparkassen. Ein Saldoanerkenntnis durch Schweigen könne nicht zu einem Verlust verbindlicher Habenposten durch Verrechnung mit unverbindlichen Sollposten führen. Es fehle das Bewußtsein des Kontokorrentpartners, daß er durch sein Schweigen seine verbindlichen Posten zur Tilgung der unverbindlichen opfere.

Dieser Einwand überzeugt jedoch nicht. Börsentermin- und Differenzgeschäfte sind nicht das alltägliche Geschäft des durchschnittlichen Bankkunden. Läßt sich der Durchschnittskunde doch einmal auf ein solches Spekulationsgeschäft ein und verliert dabei auch noch, wird ihm das sicher bis zum nächsten Saldoabschluß im Bewußtsein haften bleiben. Ist der Bankkunde nicht nur Gelegenheitsspekulant, ist von ihm zu erwarten, daß ihm die Risiken - auch bei Saldoabschluß - bewußt sind. Das Bewußtsein des Kontokorrentpartners, daß er durch sein Schweigen seine verbindlichen Posten zur Tilgung der unverbindlichen opfert, dürfte in der Praxis also kaum fehlen. Dem Schutzzweck der §§ 762, 764 BGB ist genüge getan; denn es steht dem Kontokorrentpartner frei, die Anerkennung des Saldos zu verweigern.

Nach der hier vertretenen Auffassung sind damit die Kontokorrentparteien grundsätzlich an die Verrechnung der unklagbaren Forderungen gebunden, wenn sie den Saldo anerkennen.

---

455 Insoweit übereinstimmend: *LG Tübingen*, Urt.v. 28.11.1986 - 4 O 92/86, NJW-RR 87, 492, 492; *Piper*, Termin- und Differenzeinwand, S. 727 (unter VI. 2.).

456 *Greber*, Kontokorrentverhältnis, S. 94 f.; *Roxel*, Rechnungsabschluss, S. 32 ff.; *Theusner*, Natur, S. 52; vgl. auch Nr. 15 Satz 1 AGB-Banken.

457 *BGH*, Urt.v. 18.4.1989 - XI ZR 133/88, BGHZ 107, 192, 198 f. (unter II. 2. c)); *Canaris*, Auswirkungen, S. 885 (unter I. 1. 1).

(b) Keine Bestätigung bei Kündigung

Für die Verrechnung bei einer Kündigung gemäß § 355 III HGB gilt das nicht. Hier fehlt mangels Saldoanerkenntnisses jede Bestätigung der Verrechnung. Eine Leistung auf eine unklagbare Forderung kann darin nicht gesehen werden.

(c) Keine Bestätigung ohne Kenntnis der unklagbaren Forderungen

Eine Ausnahme von dem Grundsatz, daß mit Saldoanerkenntnis die Parteien an die Verrechnung der unklagbaren Forderungen gebunden sind, muß auch dann gemacht werden, wenn der Schuldner - z.B. mangels ausreichender Beratung[458] - nicht wußte, daß die Verrechnung unklagbare Forderungen enthielt. Auch hier fehlt trotz eines Saldoanerkenntnisses eine entsprechende Willensbetätigung, die die Verrechnung als Leistung im Sinne der §§ 656 I 2, 762 I 2 BGB, 55 BörsG erscheinen läßt.

Beweist eine Kontokorrentpartei ihre Unwissenheit und bestreitet die Wirksamkeit der Verrechnung mit unklagbaren Forderungen, müssen sie auf beiden Seiten als fortgefallen betrachtet werden. Die andere Kontokorrentpartei ging nämlich bei Abschluß des Verfügungsvertrages zur Verrechnung davon aus, daß alle in der Rechnung enthaltenen unklagbaren Forderungen verrechnet werden. Jetzt stimmt diese Willenserklärung mit der anderen nicht mehr überein. Ein Aufrechnungsvertrag mit einer einseitigen Verrechnung der unklagbaren Forderungen kommt also nicht zustande. Bei einer neuen Verrechnung wird keine Kontokorrentpartei damit einverstanden sein, daß nur die Naturalobligationen der Gegenseite getilgt werden. Eine zur Abrechnung erforderliche Willensübereinstimmung ist nur bei Herausnahme auch der gegnerischen Naturalobligationen denkbar.

(3) Ergebnis hinsichtlich der unklagbaren Forderungen

Entgegen der hier diskutierten herrschenden Meinung[459] zur verhältnismäßigen Gesamtaufrechnung wird die Verrechnung wegen der unklagbaren Forderungen also nicht in Hinblick auf eine Einheit zwischen Verrechnung und Saldoanerkenntnis als unwirksam angesehen.

458 Vgl. das Vorbringen der Klägerin im Sachverhalt *BGH*, Urt.v. 18.4.1989 - XI ZR 133/88, in: BGHZ 107, 192, 193.

459 Siehe oben S. 76.

Die Verrechnung und das Saldoanerkenntnis sind zwei Rechtsgeschäfte[460]. Unter Berufung auf den mutmaßlichen Parteiwillen bei Abschluß des Verrechnungsvertrages oder bei Abgabe des Saldoanerkenntnisses tilgt die Verrechnung die unklagbaren Forderungen. Wird festgestellt, daß nur einer Partei der Wille zur Tilgung der Naturalobligationen fehlte, sind alle unklagbaren Forderungen aus der Rechnung herauszunehmen.

In diesem Sinne ist es den Kontokorrentpartnern zu raten, die nicht börsentermingeschäftsfähigen Kontokorrentpartner bei Übersendung des Rechnungsabschlusses auf Forderungen aus unklagbaren Börsentermingeschäften hinzuweisen und ein ausdrückliches Saldoanerkenntnis zu verlangen[461]. Die Verrechnung der unklagbaren Forderungen kann dann nicht mehr wegen fehlenden Willens zur Tilgung der Naturalobligationen bestritten werden.

e) Ergebnis zur Art der Verrechnung

Mit dieser Begründung bei der Behandlung unklagbarer Forderungen wird die herrschende Lehre von der verhältnismäßigen Gesamtaufrechnung dem typischen Verständnis des Kontokorrents gerecht. Der kausale Saldo besteht grundsätzlich aus den (restlichen) Einzelforderungen, die nach der verhältnismäßigen Gesamtaufrechnung übrig bleiben. Sie sind die Grundlage des Zahlungsanspruchs und der Haftung.

f) Die Bedeutung der Verrechnung für die Haftung ausgeschiedener Gesellschafter

Für den ausgeschiedenen Gesellschafter bedeutet das: Er haftet nicht mehr, wenn ein Schlußsaldo auf Null oder zugunsten der Gesellschaft lautet; denn dann sind alle Altverbindlichkeiten verrechnet. Im übrigen haftet er für die Altverbindlichkeiten, bei jeder Saldoziehung gemindert um das Verhältnis der kleineren Seite zur größeren Seite des Kontokorrents.

> *Beispiel:* Bei Ausscheiden des Gesellschafters bestanden kontokorrentpflichtige Altverbindlichkeiten in Höhe von 3.000 DM. Der Saldo nach Ausscheiden des Gesellschafters beträgt 4.000 DM zum Nachteil der

---

460 Siehe oben S. 40 ff.

461 Vgl. auch: *Kümpel/Häuser*, Börsentermingeschäfte, S. 168 (X. Teil, 4. b) bb) (2)).

Gesellschaft; er wurde errechnet aus den Posten des Gläubigers in Höhe von 6.000 DM, abzüglich der Posten der Gesellschaft in Höhe von 2.000 DM. Da die Posten der Gesellschaft zu den Posten des Gläubigers im Verhältnis 1:3 stehen, haftet der ausgeschiedene Gesellschafter für die Altverbindlichkeiten in Höhe von 3.000 DM, gemindert um 1/3, also in Höhe von 2.000 DM. Diese Haftsumme entspricht dem Rest der Altverbindlichkeiten.

Wird der Saldo in das neue Kontokorrent aufgenommen, bestehen die darin enthaltenen Altverbindlichkeiten fort. Sie werden bei der nächsten Saldoziehung entsprechend verrechnet.

Beispiel: Im Saldo nach Ausscheiden in Höhe von 4.000 DM sind 2.000 DM Altverbindlichkeiten enthalten. Der Saldo am Schluß der nächsten Periode beträgt 4.000 DM zum Nachteil der Gesellschaft; er wurde errechnet aus den Posten des Gläubigers in Höhe von 6.000 DM, abzüglich der Posten der Gesellschaft in Höhe von 2.000 DM. Da die Posten der Gesellschaft zu den Posten des Gläubigers im Verhältnis 1:3 stehen, haftet der ausgeschiedene Gesellschafter für die Altverbindlichkeiten in Höhe von 2.000 DM, gemindert um 1/3, also in Höhe von 1.333,33 DM. Diese Haftsumme entspricht dem Rest der Altverbindlichkeiten.

Diese Art der Verrechnung führt mit jedem Guthaben der Gesellschaft zu einem immer kleineren Haftungsumfang des ausgeschiedenen Gesellschafters; denn wenn der Saldo zum Nachteil der Gesellschaft besteht, war der Posten der Gesellschaft kleiner als der des Gläubigers. In diesem Verhältnis mindert sich die Haftung des ausgeschiedenen Gesellschafters. War der Posten der Gesellschaft größer als der des Gläubigers, lautet der Saldo zugunsten der Gesellschaft. Die Haftung des ausgeschiedenen Gesellschafters entfällt.

Eine Benachteiligung des Gläubigers bedeutet das nicht; denn mindestens in dem Umfang, wie sich die Haftung des ausgeschiedenen Gesellschafters verringert, erwirbt er Guthaben von der Gesellschaft. Sein mit den Altverbindlichkeiten verbundenes Risiko wird entsprechend kleiner.

Diese Berechnungsmethode gilt regelmäßig, wenn die Parteien nicht von vornherein etwas anderes vereinbart haben. Nach Ausscheiden des Gesellschafters berücksichtigt sie keine besonderen Vereinbarungen der Kontokorrentparteien zur Tilgung bestimmter Verbindlichkeiten. Zwar ist im Kontokorrent der Parteiwille immer zu beachten[462]; die Verpflichtung eines Dritten, nämlich des Ausgeschiedenen,

462 Siehe oben S. 14 mit Nachweisen in Fn. 58.

kommt aber nicht in Betracht. Für den ausgeschiedenen Gesellschafter kann immer nur die Tilgungsform gelten, die während seiner Zugehörigkeit zur Gesellschaft vereinbart wurde. Das ist üblicherweise die Verrechnung im Rahmen des Kontokorrents. Dabei ist von der Gleichwertigkeit aller aufgenommenen Ansprüche und Forderungen auszugehen. Vereinbaren die Kontokorrentparteien nach dem Ausscheiden des Gesellschafters etwas anderes, ist das ein Änderungsvertrag. Für eine höhere Verpflichtung aus einem Änderungsvertrag, der nach seinem Ausscheiden geschlossen wurde, haftet der ausgeschiedene Gesellschafter nicht[463]. Er kann sich weiterhin auf die vor seinem Ausscheiden begründete Tilgungsweise und die entsprechende Haftungsminderung berufen.

Andererseits bedeutet seine Bindung an die vor Ausscheiden vereinbarte Verrechnung auch, daß diese nur zum Schluß der Rechnungsperiode oder bei Beendigung des Kontokorrents stattfindet[464]. Ein zwischenzeitlich ausgeglichener Tagessaldo mindert seine Haftung nicht. Erst bei Periodenschluß oder Beendigung des Kontokorrents werden alle Einzelforderungen den Guthaben gleichwertig gegenübergestellt und verhältnismäßig verrechnet.

4) Abgrenzung zwischen alten und neuen Verbindlichkeiten

Eine Haftung des ausgeschiedenen Gesellschafters kommt nur gemäß § 128 HGB für die vor Ausscheiden begründeten Verbindlichkeiten in Betracht. Die Abgrenzung zwischen den vor Ausscheiden begründeten Verbindlichkeiten von den nach Ausscheiden begründeten will die herrschende Meinung[465] durch die Ziehung des Tagessaldos bei Ausscheiden lösen. Gegen die Ziehung des Tagessaldos bei Ausscheiden sprechen aber die bereits genannten[466] Gründe. Es fragt sich nun, wie ohne Ziehung eines Tagessaldos die vor Ausscheiden begründeten Verbindlichkeiten von den nach Ausscheiden begründeten getrennt werden können. Zu bedenken ist, daß die Trennung der alten von den neuen Einzelforderungen einerseits dem Interesse der Kontokorrent-

---

463 Günzel, Haftung, S. 76; Hueck, OHG, S. 451; Hunke, Haftung, S. 44 f.; Rohe, Haftung, S. 47; Schweitzer, Auswirkungen, S. 87 ff., 90 f.

464 Siehe oben S. 43.

465 Siehe oben S. 1, Fn. 1.

466 Siehe oben S. 27 ff.

parteien an der Vereinfachungs-[467], Vereinheitlichungs-[468] oder Sicherungsfunktion[469] des Kontokorrents widersprechen könnte; andererseits aber das Interesse des ausgeschiedenen Gesellschafters an einer zuverlässigen Abgrenzung seiner Haftung zu beachten ist.

a) Vergleich der Abgrenzung im Kontokorrentrecht mit der Abgrenzung im Gesellschaftsrecht

Im Kontokorrentrecht ist das Problem der Abgrenzung zwischen alten und neuen Verbindlichkeiten bei der Pfändung in das Kontokorrent bekannt. Hier trifft § 357 HGB eine Interessenabwägung zwischen Drittschuldner und Gläubiger. Dieses Verhältnis zwischen Drittschuldner und Gläubiger entspricht dem zwischen Gläubiger der Gesellschaft und ausgeschiedenem Gesellschafter; jedenfalls, soweit die Abgrenzung zwischen Alt- und Neuverbindlichkeiten in Frage steht.

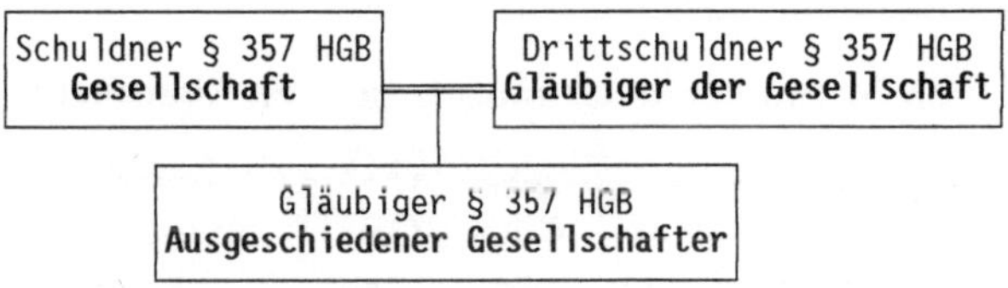

Die Interessen des Drittschuldners im Sinne des § 357 HGB und des Gläubigers der Gesellschaft entsprechen sich in dem hier gefragten Sinn. Dem Drittschuldner wie dem Gläubiger der Gesellschaft müssen die Vorteile des Kontokorrents, nämlich eine möglichst reibungslose Abrechnung und die Sicherung der in das Kontokorrent eingestellten Forderungen, erhalten bleiben. Der Gläubiger im Sinne des § 357 HGB wie der ausgeschiedene Gesellschafter haben ein Interesse daran, daß der Stand der Ansprüche und Leistungen nach der Pfändung im Sinne des § 357 HGB bzw. nach dem Ausscheiden nicht zu ihrem Nachteil verändert wird. Dementsprechend wollte der Gesetzgeber mit § 357 HGB die Veränderung des Rechnungsstandes durch Schaffung neuer Schuldposten verhindern[470].

467 Siehe oben S. 13, Fn. 53.

468 Siehe oben S. 13, Fn. 54.

469 Siehe oben S. 13, Fn. 55.

470 *Denkschrift 1897*, S. 215; *Denkschrift 1896*, S. 199.

Wenn auch sonst die zu regelnden Sachverhalte verschieden sind, läßt sich doch die in § 357 HGB gefundene Regelung zur Abgrenzung zwischen alten und neuen Kontokorrentposten für die Haftung ausgeschiedener Gesellschafter für Kontokorrentverbindlichkeiten nutzen. Danach dürfen Schuldposten, die durch neue Geschäfte entstehen, nicht in Rechnung gestellt werden, § 357 S. 1 HGB. Geschäfte, die aufgrund eines schon vorher bestehenden Rechtes oder eine schon vor diesem Zeitpunkt bestehende Verpflichtung vorgenommen werden, gelten nicht als neue Geschäfte, § 357 S. 2 HGB. Nach Auslegung des § 357 S. 2 HGB im Sinne der ganz herrschenden Meinung[471] sind Schulden, die durch Anfechtung, Wandelung, Rücktritt, Ausübung eines Stornorechts oder eines Rückbelastungsvorbehalts, aufgrund eines Vorvertrages oder als Schadensersatzanspruch entstehen, alte Verbindlichkeiten. Es kommt immer darauf an, ob der rechtliche Grund für die Entstehung der Verpflichtung zum maßgeblichen Zeitpunkt - hier bei der Pfändung - schon gelegt war[472].

b) Der übereinstimmende Grundsatz bei der Abgrenzung

Damit wird zur Abgrenzung zwischen Alt- und Neuverbindlichkeiten ein Grundsatz deutlich, der aus § 404 BGB[473] und hier vor allem aus der Haftung ausgeschiedener Gesellschafter[474] bekannt ist: Immer wenn es darum geht, daß die Stellung des Gläubigers und Drittschuldners (§ 357 HGB), des Schuldners und des Zessionars (§ 404 BGB) oder des ausgeschiedenen Gesellschafters und des Gläubigers nach einem bestimmten Zeitpunkt nicht nachteilig verändert werden darf,

---

471 *Capelle/Canaris,* Handelsrecht, § 25 VI. 1. b), S. 289; *Canaris* in Großkomm. HGB, § 357, Anm. 11; *Schlegelberger/Hefermehl,* HGB, § 357, Rn. 12; *Düringer/Hachenburg/Breit,* HGB, § 357, Anm. 14 f.; *Baumbach/Duden/Hopt,* HGB, § 357, Anm. 2) C.

472 *BGH,* Urt.v. 29.11.1984 - IX ZR 44/84, NJW 85, 863, 864 (unter III. 3.); *Capelle/Canaris,* Handelsrecht, § 25 VI. 1. b), S. 288 f.; *Schlegelberger/Hefermehl,* HGB, § 357, Rn. 12; *Schmidt, Karsten,* Handelsrecht, S. 566.

473 *BGH,* Urt.v. 16.10.1985 - VIII ZR 287/84, NJW 86, 919, 920 (unter 2. a)); *BGH,* Urt.v. 29.11.1984 - IX ZR 44/84, NJW 85, 863, 864 (unter III. 3.); *BGH,* Urt.v. 17.3.1975 - VIII ZR 245/73, BGHZ 64, 122, 126; *BGH,* Urt.v. 27.4.1972 - II ZR 122/70, BGHZ 58, 327, 331; *BGH,* Urt.v. 26.6.1957 - V ZR 148/55, BGHZ 25, 27, 29; *BGH,* Urt.v. 28.11.1955 - II ZR 153/54, BGHZ 19, 153, 162; *RG,* Urt.v. 8.3.1915 - VI 551/14, RGZ 86, 305, 310; *Bülow,* Grundprobleme, S. 8 f.; *Kornblum,* Schuldnerschutz, S. 1297 ff. (unter III. 2.); *Larenz,* Schuldrecht AT, S. 587 (§ 34 IV); *Palandt/Heinrichs,* BGB, § 404, Anm. 3), Rn. 4.

474 Siehe oben S. 57, Fn. 266.

wird auf den Zeitpunkt der Entstehung des Rechtsgrundes der entsprechenden Verbindlichkeiten abgestellt. Zwar ist im Rahmen dieses Grundsatzes der Begründungszeitpunkt einzelner Verbindlichkeiten umstritten. Diese verschiedenen Ansichten[475] sind aber auf eine unterschiedliche Betonung der Besonderheiten des Einzelfalls zurückzuführen. Letztlich sind die Meinungsunterschiede im Verhältnis der verschiedenen Regelungsbereiche (§ 357 HGB, § 404 BGB, Haftung ausgeschiedener Gesellschafter) nicht größer als innerhalb eines Bereichs in unterschiedlichen Fallgruppen.

Im Hinblick auf die gleiche Regelung bei der Abgrenzung zwischen Alt- und Neuverbindlichkeiten handelt es sich um eine Überschneidung des Kontokorrentrechts und des Gesellschaftsrechts. Es spricht nichts dagegen, eine Frage, die beide Rechtskreise berührt, mit dieser Regelung zu lösen.

Die Haftung ausgeschiedener Gesellschafter für Einzelverbindlichkeiten aus dem Kontokorrent ist eine solche Frage, die sowohl das Kontokorrentrecht als auch das Gesellschaftsrecht berührt. Eine Abgrenzung der alten von den neuen Verbindlichkeiten nach Ausscheiden des Gesellschafters kann daher mit der in § 357 HGB ausgedrückten Regelung gelöst werden: für Altverbindlichkeiten maßgeblich ist, daß ihr Rechtsgrund vor Ausscheiden gelegt wurde.

c) Die Abgrenzung ohne Ziehung eines Tagessaldos

Mit diesem Hinweis auf § 357 HGB wäre nicht viel gewonnen, wenn er auf die Abgrenzung von alten und neuen Verbindlichkeiten beschränkt bliebe. Schließlich kann diese Abgrenzung auch nach gesellschaftsrechtlichen Grundsätzen erfolgen. Es besteht insoweit kein Unterschied. Mit dem Verweis auf § 357 HGB wird aber darüber hinaus gezeigt, daß diese Abgrenzung auch während des Laufs einer Rechnungsperiode im Kontokorrent möglich ist; denn bei der Pfändung gemäß § 357 HGB wird die laufende Rechnungsperiode nach ganz herrschender Meinung[476] nicht beendet. Das folgt aus § 357 S. 2

475 **Zu § 357 HGB** z.B. *Herz,* Kontokorrent, S. 170 ff.; **zu § 404 BGB** z.B. *Pick,* Einwendungen, S. 42 ff.; **zur Haftung ausgeschiedener Gesellschafter** z.B.: *Budde,* Haftung, S. 7 ff.; *Fischer* in Großkomm. HGB, § 128, Anm. 50 ff.; *Hunke,* Haftung, S. 37 ff.; *Schweitzer,* Auswirkungen, S. 80 ff.

476 *BGH,* Urt.v. 13.3.1981 - I ZR 5/79, BGHZ 80, 172, 176; *Baumbach/Duden/Hopt,* HGB, § 357, Anm. 2) B.; *Beeser,* Pfändung, S. 426; *Canaris* in Großkomm. HGB, § 357, Anm. 17; *Capelle/Canaris,* Handelsrecht, § 25 VI. 1. c), S. 289; *GK-HGB/Herget,* § 357, Rn. 11 m.N. (unter I. 2. b)); *Scherer,* Pfän-

HGB, wonach keine neuen Schuldposten in das Kontokorrent eingestellt werden können. Würde die Pfändung zu einer Beendigung der Rechnungsperiode führen, könnte der Gläubiger sofort Zahlung verlangen. Die Regelung des § 357 S. 2 HGB wäre sinnlos; denn wenn an den Gläubiger ausgezahlt ist, gibt es keinen Grund, warum nicht neue Schuldposten in das Kontokorrent eingestellt werden sollten. Auch kann der Gläubiger durch die Pfändung nicht mehr Rechte erhalten, als der Schuldner selbst. Würde die Rechnungsperiode durch die Pfändung beendet, hätte der Gläubiger einen Anspruch auf sofortige Zahlung. Dieser Anspruch steht dem Schuldner aufgrund der Kontokorrentabrede nicht zu.

Eine ältere Ansicht[477], nach der die Rechnungsperiode aufgrund der Pfändung beendet wird, hält dagegen, der Drittschuldner müsse mit einer jederzeitigen freien Kündigung im Sinne des § 355 III HGB rechnen[478], oder es bestehe zwischen Schuldner und Drittschuldner (Bank) ein Girovertrag[479]. Der Drittschuldner sei danach sowieso einem sofortigen Zahlungsanspruch ausgesetzt.

Dabei wird jedoch verkannt, daß die Kündigung nach § 355 III HGB vertraglich ausgeschlossen sein kann; § 357 HGB gilt aber auch in diesem Fall. Was den Anspruch aus dem Girovertrag angeht, so ist dieser nicht notwendig ein Anspruch aus dem Kontokorrent. Ein Kontokorrent kann auch ohne Girovertrag bestehen. § 357 HGB gilt aber auch für das Kontokorrent ohne Girovertrag.

Nach herrschender und richtiger Ansicht wird die Kontokorrentperiode durch die Pfändung also nicht beendet; eine Abgrenzung zwischen alten und neuen Verbindlichkeiten findet aber doch statt.

d) Die Abgrenzung in der Praxis

In der Praxis wird dazu das Konto im Verhältnis zwischen Schuldner und Drittschuldner buchungstechnisch vorläufig abgeschlossen[480]. Das ist jedoch kein rechtliches Problem. Auf diese Weise soll lediglich die

---

dung, S. 1398 (l.Sp.); *Schlegelberger/Hefermehl,* HGB, § 357, Rn. 6; *Schmidt, Karsten,* Handelsrecht, § 20 VI 2.b) aa); *Sprengel,* Pfändung, S. 8.

477 *Beitzke,* Probleme, S. 16 f.; *Grigat,* Doppelpfändung, S. 336 (r.Sp.); *Sprengel,* Pfändung, S. 9.

478 *Beitzke,* Probleme, S. 17.

479 *Sprengel,* Pfändung, S. 9.

480 *BGH,* Urt.v. 13.3.1981 - I ZR 5/79, BGHZ 80, 172, 176; *Scherer,* Pfändung, S. 1398 (l.Sp.).

oben erörterte rechtliche Abgrenzung zwischen alten und neuen Verbindlichkeiten buchungstechnisch sichergestellt werden. Es wäre verfehlt, aus dieser buchungstechnischen Praxis rechtliche Schlüsse zu ziehen. Umgekehrt ist es richtig. Es bleibt den Kontokorrentparteien überlassen, wie sie die Abgrenzung zwischen Alt- und Neuverbindlichkeiten bewerkstelligen. Im Rahmen der heute üblichen elektronischen Datenverarbeitung ist es kein Problem, auch nach Periodenschluß den Kontostand bei Ausscheiden abzurufen. Im übrigen ist auf den Kontoauszügen der Anlaß der Buchung vermerkt. Und letztendlich kann im Streitfall zur Abgrenzung der einzelnen Posten auf die Verträge, Lieferscheine etc. zurückgegriffen werden, vgl. §§ 238 ff. HGB, insbesondere §§ 257 ff. HGB.

Es besteht also theoretisch und praktisch kein Grund, einer Abgrenzung zwischen Alt- und Neuverbindlichkeiten auszuweichen. Das gilt im Rahmen einer Pfändung in das Kontokorrent ebenso wie bei der Haftung ausgeschiedener Gesellschafter für Kontokorrentverbindlichkeiten. Die Ziehung eines Tagessaldos ist rechtlich nicht geboten.

5) Zeitliche Begrenzung der Haftung

Die hier vertretene Auslegung des § 356 HGB und die verhältnismäßige Gesamtaufrechnung können nicht verhindern, daß die Haftung des ausgeschiedenen Gesellschafters für die vor seinem Ausscheiden begründeten Einzelforderungen gegebenenfalls unverhältnismäßig lang dauert. Wie oben[481] gezeigt, nimmt die Haftung zwar mit jeder Saldoziehung ab, wenn die Gesellschaft Guthaben im Kontokorrent hat; es ist aber auch denkbar, daß die Gesellschaft keinerlei Guthaben in das Kontokorrent einstellt. In diesem Fall und bezüglich der sonst arithmetisch degressiv abnehmenden Haftung des ausgeschiedenen Gesellschafters für die Einzelforderungen stellt sich die Frage nach einer zeitlichen Begrenzung der Haftung. Andernfalls bestünde die Haftung fort, da die Einzelforderungen durch die Inrechnungstellung kontokorrentgebunden sind und die Verjährung damit gehemmt ist[482]. Die Sicherheiten und die Haftung ausgeschiedener Gesellschafter bleiben entsprechend lange bestehen.

481 Siehe die Beispiele oben S. 104 f.

482 Siehe oben S. 33 f.

Eine zeitliche Begrenzung der Haftung ist im Gesellschaftsrecht zu suchen; denn der ausgeschiedene Gesellschafter haftet gemäß §§ 128 HGB für die Einzelforderungen[483].

a) Die Diskussion zur Begrenzung der Nachhaftung

Im Gesellschaftsrecht ist § 159 HGB die einzige Vorschrift zur Nachhaftung des Personenhandelsgesellschafters. Sie regelt nur die Verjährung. Danach verjähren die Ansprüche gegen ausgeschiedene Gesellschafter fünf Jahre nach deren Ausscheiden, § 159 I HGB, oder, wird der Anspruch erst nach dem Ausscheiden fällig, fünf Jahre nach der Fälligkeit, § 159 III HGB. Eine zeitliche Grenze für die **Fälligkeit** nach dem Ausscheiden ist nicht bestimmt. Rechtspositivistisch betrachtet haftet der ausgeschiedene Gesellschafter daher je nach Fälligkeit zeitlich unbegrenzt[484]; denn die Haftung dauert immer fünf Jahre länger als die später irgendwann einmal eintretende Fälligkeit.

Die zeitliche Beschränkung dieser Nachhaftung ist umstritten[485]. Es geht hierbei zwar nicht um das besondere Problem der lange dau-

---

483 Vgl.: *BGH,* Urt.v. 2.11.1973 - I ZR 88/72, DB 73, 2439, 2439 f. (unter I.); *BGH,* Urt.v. 21.12.1961 - II ZR 74/59, BGHZ 36, 224, 225; *Hadding,* Rückgriff, S. 141 f.; *Schmidt, Karsten,* Handelsrecht, S. 563 (§ 20 V 2. c)); *Schmidt, Karsten,* Gesellschaftsrecht, S. 1101 f. (§ 51 I. 1. a)).

484 Vgl.: *BGH,* Urt.v. 19.5.1983 - II ZR 50/82, BGHZ 87, 286, 291; *Heinemann,* Haftung, S. 85; *Heymann/Emmerich,* HGB, § 128, Rn. 33, 44; *Honsell/ Harrer,* Haftung, S. 341 m.w.N. in Fn. 3; *Koch,* Grenzen, S. 833.

485 *Bauer,* Haftung, S. 636; *Baumbach/Duden/Hopt,* HGB, § 59, Anm. 2) C., § 128, Anm. 5) B., § 159, Anm. 3) B.; *Beitzke,* Anmerkung zum Urteil des BAG vom 21.7.1977 - 3 AZR 189/76, S. 120; *Bierhoff,* Haftung, S. 33 ff.; *Binz,* Gesellschafterhaftung, S. 146; *Budde,* Haftungsbegrenzung, S. 1637 ff.; *Daumke/ Keßler,* Gesellschaftsrecht, S. 43 (unter 2.4.2.); *Düringer/Hachenburg/Flechtheim,* HGB, § 128, Anm. 17; *Fenyves,* Erbenhaftung, S. 103 ff.; *Fischer* in Großkomm. HGB, § 128, Anm. 53; *Fischer,* Anmerkung zum Urteil des BGH vom 21.12.1961 - II ZR 74/59; *v.Gierke,* Schuldverhältnisse, S. 368 ff.; *Günzel,* Haftung, S. 76; *Hadding,* Haftung, S. 151 ff.; *Heinemann,* Haftung, S. 100 ff.; *Herminghausen,* Haftung, S. 1412; *Herschel,* Arbeitsrechtliche Folgen, S. 33 f.; *Heyn,* Haftung, S. 923, 924; *Höfer/Kemper/Küpper,* Begrenzung, S. 1676 (r.Sp.); *Hueck,* OHG, S. 449, Fn. 44; *Hüffer,* Haftung, S. 459; *Koch,* Grenzen, S. 838 ff., 893 f.; *Koenige/Teichmann/Koehler,* HGB, § 159, Anm. 4 (letzter Abs.); *Kornblum,* Haftung für Verbindlichkeiten, S. 177 ff.; *Nicknig,* Haftung, S. 90 f.; *Reichold,* Haftung, S. 68 ff., 115 ff.; *Reinhardt/Schultz,* Gesellschaftsrecht, Rn. 141; *Ritter,* HGB, § 128, Anm. 8 m.N.; *Rohe,* Haftung, S. 89 ff., 129 ff., 150; *Schils,* Haftung, S. 36 ff.; *Schlegelberger/Geßler,* HGB, § 128, Rn. 34, § 159, Rn. 10; *Schmidt, Karsten,* Gesellschaftsrecht, S. 1104 ff.; *v. Stebut,* Haftung, S. 219; *Steindorf/Roth,* Anmerkung zum Urteil des BAG vom 21.7.1977 - 3 AZR 189/76; *Ulmer/Wiesner,* Haftung, S. 401 ff.; *Vollmer,* Haftung, S. 921 ff.; *Westermann,* Gesellschaftsrecht, Rn. I 359; *Wexel,* Haf-

ernden Haftung des ausgeschiedenen Gesellschafters für Verbindlichkeiten aus dem Kontokorrent, sondern um die Haftungsbegrenzung bei Dauerschuldverhältnissen; die angebotenen Lösungen können aber den Weg zu einer zeitliche Begrenzung der Haftung im Kontokorrent zeigen.

Bereits das Reichsoberhandelsgericht erkannte das Problem der zeitlichen Begrenzung der Nachhaftung, ließ in seinem Urteil[486] vom 6.11.1875 zu Art. 146 ADHGB die Frage aber ausdrücklich offen, ob auch bei Verpflichtungen, die "ein durch längere Zeit fortgesetztes Leisten zum Gegenstand haben" der "ausgeschiedene Gesellschafter auch für Handlungen und Unterlassungen, welche in die Zeit nach seinem Ausscheiden fallen, verantwortlich" ist[487]. In der folgenden Zeit wurde in der älteren Rechtsprechung[488] die Nachhaftung des ausgeschiedenen Gesellschafters verneint, wenn ein Verzicht des Gläubigers angenommen werden konnte. Die Idee des Haftungsverzichts wurde auch in der Literatur[489] aufgegriffen.

Die Rechtsprechung verfolgte diese Richtung jedoch vorerst nicht weiter. Seit der Entscheidung[490] des Reichsgerichts vom 13.12.1912 bis zur Entscheidung[491] des Bundesarbeitsgerichts vom 21.7.1977 lehnte die Rechtsprechung[492] trotz der lebhaften Diskussion in der Literatur[493] eine Beschränkung der Nachhaftung des ausgeschiedenen Gesellschafters ab.

---

tung, S. 1407; *Wiedemann,* Anmerkung zum Urteil des BAG vom 21.7.1977 - 3 AZR 189/76, AP § 128 HGB Nr. 1; *Wiesner,* Enthaftung, S. 1033 ff.

486 *ROHG,* Urt.v. 6.11.1875 - II Rep. 1128/75, ROHGE 19, 17-26.

487 *ROHG,* Urt.v. 6.11.1875 - II Rep. 1128/75, ROHGE 19, 17, 24.

488 *RG,* Urt.v. 13.12.1912, - 373/12 II., JW 1913, 324 (Nr. 9), 325; *RG,* Urt.v. 8.1.1900 - Nr. 363/99 I, JW 1900, 157 (Nr. 21); *RG,* Urt.v. 12.4.1893 - Rep. I. 12/93, RGZ 31, 45, 48.

489 *Düringer/Hachenburg/Flechtheim,* HGB, § 128, Anm. 17; *Heyn,* Haftung, S. 923 f.; *Lehmann,* Enthaftung, S. 96 f.; *Ritter,* HGB, § 128, Anm. 8 m.N.

490 *RG,* Urt.v. 13.12.1912, - 373/12 II., JW 1913, 324 (Nr. 9).

491 *BAG,* Urt.v. 21.7.1977 - 3 AZR 189/76, NJW 78, 391, 391 (unter II. 1.).

492 Z.B.: *BGH,* Urt.v. 2.11.1973 - I ZR 88/72, DB 73, 2439, 2439 f. (unter I. und II.); *BGH,* Urt.v. 21.12.1961 - II ZR 74/59, BGHZ 36, 224, 225 ff., 228; *RG,* Urt.v. 14.2.1933 - II. 4. Zivilsenat, 284/32, RGZ 140, 10, 12; *RG,* Urt.v. 24.11.1914 - III 273/14, RGZ 86, 60, 61; *RG,* Urt.v. 4.3.1912 - I 60/11, LZ 1912, Sp. 549; *OLG Nürnberg,* Urt.v. 4.11.1976 - 8 U 85/76, VersR 77, 221, 221.

493 Z.B.: *Bierhoff,* Haftung, S. 33 ff.; *Fischer,* Anmerkung zum Urteil des BGH vom 21.12.1961 - II ZR 74/59, Bl. 628 a.E.; *Hadding,* Haftung, S. 151 ff.; *Heyn,*

Erst mit der Entscheidung[494] des Bundesgerichtshofes vom 19.12.1977 beschränkt die Rechtsprechung die Nachhaftung des ausgeschiedenen Gesellschafters für Dauerschuldverhältnisse auf die erste auf das Ausscheiden folgende, zumutbare Möglichkeit ordentlicher Kündigung des Gläubigers. Und mit der Entscheidung[495] vom 19.5.1983 bei Dauerschuldverhältnissen, die unkündbar oder bei denen die Kündigung nicht zumutbar ist, auf die Verbindlichkeiten, die innerhalb von fünf Jahren nach Ausscheiden fällig werden. Die Haftdauer des ausgeschiedenen Gesellschafters beträgt damit bis zu 10 Jahren[496].

Die sogenannte Kündigungstheorie wird auch von der herrschenden Lehre[497] vertreten.

b) Kritik in der Literatur an der Kündigungstheorie

Die Kündigungstheorie ist in der Literatur auf Kritik[498] gestoßen. So wird eingewandt, die Kündigungstheorie beruhe auf dem Gedanken, in dem Unterlassen der möglichen Kündigung sei ein Verzicht des Gläubigers zu sehen[499]; "denn kündigt der Vertragsgegner nicht, so akzeptiert er für die künftig entstehenden Teilansprüche die verbleibenden Gesellschafter als alleinige Schuldner.[500]" Das bloße Nichtstun sei aber keine Willenserklärung, geschweige denn eine Erklärung mit der nachteiligen Wirkung eines Verzichts auf die Haftung

---

Haftung, S. 923; *Hueck,* OHG, S. 449, Fn. 44; *Kornblum,* Haftung für Verbindlichkeiten, S. 177 ff.; *Rohe,* Haftung, S. 89 ff.

494 *BGH,* Urt.v. 19.12.1977 - II ZR 202/76, BGHZ 70, 132, 136 f.

495 *BGH,* Urt.v. 19.5.1983 - II ZR 50/82, BGHZ 87, 286, 292.

496 *Heymann/Emmerich,* HGB, § 128, Rn. 51; *Kraft/Kreutz,* Gesellschaftsrecht, S. 148 (unter E. III. 4. f)); *Lieb,* Begrenzung, S. 130 (unter II. 2.).

497 *Baumbach/Duden/Hopt,* HGB, § 59, Anm. 2) C., § 128, Anm. 5) B., § 159, Anm. 3) B.; *Bierhoff,* Haftung, S. 33; *Fischer* in Großkomm. HGB, § 128, Anm. 53; *Günzel,* Haftung, S. 76; *Heyn,* Haftung, S. 923, 924; *Höfer/Kemper,* Möglichkeiten, 1643 (unter II. 4.); *Hueck,* OHG, S. 449, Fn. 44; *Koenige/Teichmann/Koehler,* HGB, § 159, Anm. 4 (letzter Abs.); *Rohe,* Haftung, S. 129 ff., 150; einschränkend: *Schlegelberger/Geßler,* HGB, § 128, Rn. 34.

498 *Binz,* Gesellschafterhaftung, S. 146; *Budde,* Haftungsbegrenzung, S. 1637 f.; *Schils,* Haftung, S. 38 ff.; *Schmidt, Karsten,* Gesellschaftsrecht, S. 1107; *Ulmer/Wiesner,* Haftung, S. 404 f.; *Wiesner,* Enthaftung, S. 1033 f.

499 Unter Vorbehalt des Einzelfalls: *Schlegelberger/Geßler,* HGB, § 128, Rn. 34.

500 *Hueck,* OHG, S. 449, Fn. 44.

des ausgeschiedenen Gesellschafters[501]. Soweit die Kündigungsmöglichkeiten des Gläubigers in zumutbar und nicht zumutbar unterschieden werden, blieben die normativen Kriterien unklar; das führe letztlich zu einer Interessenabwägung im Einzelfall[502]. Das Abgrenzungsproblem sei unüberschaubar[503].

c) Stellungnahme zur Kündigungstheorie

Im Sinne dieser Kritik hilft auch hier die Kündigungstheorie nicht weiter. Sie gilt nur für Verbindlichkeiten aus Dauerschuldverhältnissen. Die für die Haftung in Frage stehenden Einzelforderungen aus dem Kontokorrent sind zwar möglicherweise, aber nicht notwendig Forderungen aus einem Dauerschuldverhältnis. Aus dem Dauerschuldverhältnis Kontokorrentabrede selbst folgen nur die Pflichten zur Inrechnungstellung[504], Verrechnung[505] und zum Saldoanerkenntnis[506]. Die Erfüllung dieser Pflichten steht hier aber nicht in Frage.

Es wäre nun wenig sinnvoll, jede Einzelforderung, für die der ausgeschiedene Gesellschafter noch teilweise haftet, daraufhin zu untersuchen, ob es sich um die Verbindlichkeit aus einem Dauerschuldverhältnis handelt oder nicht. Zwei Gründe sprechen dagegen:

Erstens, der Begriff Dauerschuldverhältnis wurde vom Gesetzgeber bislang nicht definiert. Die Definition in der Literatur[507] führt zu schwierigen Abgrenzungsfragen[508]. Selbst die Rechtsprechung erklärt nicht zweifelsfrei, für welche Dauerverbindlichkeiten die Beschränkung der Nachhaftung gedacht ist[509]. Diese Bedenken gelten allge-

---

501 *Hadding,* Haftung, S. 152; *Reichold,* Haftung, S. 93 ff. m.N.; *Ulmer/Wiesner,* Haftung, S. 405; *Wiesner,* Enthaftung, S. 1034.

502 *Wiesner,* Enthaftung, S. 1034.

503 *Hohlfeld,* Anmerkung zum Urteil des BGH vom 8.10.1984 - II ZR 312/83, 149; *Koch,* Grenzen, S. 836 (r.Sp.).

504 Siehe oben S. 36 ff.

505 Siehe oben S. 44 f.

506 Siehe oben S. 50 ff.

507 *v.Gierke,* Schuldverhältnisse, S. 358 f.; *Larenz,* Schuldrecht BT II/1, S. 299 m.N. (§ 51 I): Dauerschuldverhältnisse sind Schuldverhältnisse, die ein dauerndes Verhalten oder in bestimmten Zeitabschnitten wiederkehrende einzelne Leistungen zum Inhalt haben.

508 *Hönn,* Dauer- und sonstige Schuldverhältnisse, S. 307.

509 Vgl.: *Hönn,* Dauer- und sonstige Schuldverhältnisse, S. 306 f.

mein für die Beschränkung der Nachhaftung für Verbindlichkeiten aus Dauerschuldverhältnissen.

Zweitens wirft die Frage nach der Zulässigkeit einer möglichen Kündigung neue Streitfragen auf. Weder der Gläubiger noch der ausgeschiedene Gesellschafter können nach einer gewissen Zeit den Haftungsumfang sicher beurteilen.

Die herrschende Meinung[510] und alle anderen Theorien[511] zur Begrenzung der Nachhaftung **nur für Dauerschuldverhältnisse** helfen daher hier nicht weiter.

d) Zeitlich bestimmte Enthaftung

Als Lösung bleibt nur eine zeitlich bestimmte Enthaftung für alle Verbindlichkeiten der Gesellschaft.

Mit der herrschende Meinung in Rechtsprechung[512] und Literatur[513] ist anzunehmen, daß das Problem der zeitlich unbeschränkten Nachhaftung bei Dauerschuldverhältnissen im Gesetz nicht geregelt ist. § 159 HGB enthält insoweit eine Regelungslücke. Zwar ist die

510 *BGH,* Urt.v. 8.10.1984 - II ZR 312/83, NJW 85, 1899, 1899 (r.Sp); *BGH,* Urt.v. 19.5.1983 - II ZR 50/82, BGHZ 87, 286, 292; *BGH,* Urt.v. 19.12.1977 - II ZR 202/76, BGHZ 70, 132, 136; *Baumbach/Duden/Hopt,* HGB, § 59, Anm. 2) C., § 128, Anm. 5) B., § 159, Anm. 3) B.; *Bierhoff,* Haftung, S. 33; *Fischer* in Großkomm. HGB, § 128, Anm. 53; *Günzel,* Haftung, S. 76; *Höfer/Kemper,* Möglichkeiten, 1643 (unter II.4.); *Hueck,* OHG, S. 449, Fn. 44; *Koenige/Teichmann/Koehler,* HGB, § 159, Anm. 4 (letzter Abs.); *Rohe,* Haftung, S. 129 ff., 150; einschränkend: *Schlegelberger/Geßler,* HGB, § 128, Rn. 34.

511 **"Verjährung des Stammrechts":** *Heyn,* Haftung, S. 924 (r.Sp.); *Schlegelberger/Geßler,* HGB, § 159, Rn. 10; ähnlich: *Hüffer,* Haftung, S. 459 (unter IV. 3.); **"Kündigungsmöglichkeit der Gesellschaft [nicht des Gläubigers]":** *Nicknig,* Haftung, S. 90 f.; *Schils,* Haftung, S. 38 ff., 49, 53; *Schmidt, Karsten,* Gesellschaftsrecht, S. 1108; *Steindorf/Roth,* Anmerkung zum Urteil des BAG vom 21.7.1977 - 3 AZR 189/76, Anm. 3) c) bb); *Vollmer,* Haftung, S. 922 (unter II. 3. b)); **"zeitliche bestimmte Enthaftung nur für Dauerschuldverhältnisse":** *BGH,* Urt.v. 19.5.1983 - II ZR 50/82, BGHZ 87, 286, 292; *Reinhardt/Schultz,* Gesellschaftsrecht, Rn. 141; *Ulmer/Wiesner,* Haftung, S. 411.

512 *BGH,* Urt.v. 19.5.1983 - II ZR 50/82, BGHZ 87, 286, 291; *BAG,* Urt.v. 3.5.1983 - 3 AZR 1263/79, BAGE 42, 312, 323.

513 *Daumke/Keßler,* Gesellschaftsrecht, S. 43 (unter 2.4.2.); *Heinemann,* Haftung, S. 100 ff., 104, 125; *Herminghausen,* Haftung, S. 1412 (l.Sp. a.E.); *Lieb,* Begrenzung, S. 132 (unter II.3.a)); *Reichold,* Haftung, S. 68 ff., 73 f.; *Schils,* Haftung, S. 36, 39, 40 ff., 44; *Schmidt, Karsten,* Gesellschaftsrecht, S. 1104; *Ulmer/ Wiesner,* Haftung, S. 402; *Vollmer,* Haftung, S. 921; *Westermann,* Gesellschaftsrecht, Rn. I 359; *Wexel,* Haftung, S. 1407; *Wiesner,* Enthaftung, S. 1035 (l.Sp.).

zeitlich unbegrenzte Nachhaftung des ausgeschiedenen Gesellschafters vom Wortlaut des § 159 HGB erfaßt[514]; die Behandlung von Dauerschuldverhältnissen ist bei den Beratungen dieser Vorschrift aber nicht bedacht worden[515]. Bei Kenntnis der besonderen Problematik bei Dauerschuldverhältnissen hätte der Gesetzgeber diese in § 159 HGB ausgedrückte Rechtsfolge nicht angeordnet[516]. § 159 HGB ist daher teleologisch zu reduzieren[517]. Die verbleibende Regelungslücke ist durch Rechtsfortbildung zu schließen[518].

Hierzu ist eine Interessenabwägung zwischen den Interessen des Ausgeschiedenen und des Gesellschaftsgläubigers notwendig[519]. Einerseits ist das Interesse des ausgeschiedenen Gesellschafters schutzwürdig, da er sich mit Ausscheiden von der Gesellschaft völlig gelöst hat[520]. Die nach seinem Ausscheiden an die Gesellschaft erbrachten Leistungen kommen ihm nicht mehr zugute, er kann die Geschäftsführung nicht mehr beeinflussen und seine Informations- und Kontrollrechte sind entfallen[521]. Andererseits ist das Interesse des Gesellschaftsgläubigers an der persönlichen Haftung aller Gesellschafter einer Personenhandelsgesellschaft zu beachten[522]. Er ist seinerseits auch nach Ausscheiden des Gesellschafters zu weiteren Leistungen verpflichtet[523]. Die persönliche Haftung ist hierbei die einzige Kreditsicherung[524].

---

514 *Heinemann,* Haftung, S. 100 f.; *Fenyves,* Erbenhaftung, S. 106.

515 *BAG,* Urt.v. 3.5.1983 - 3 AZR 1263/79, BAGE 42, 312, 323; *Fenyves,* Erbenhaftung, S. 103; *Schils,* Haftung, S. 40; *Ulmer/Wiesner,* Haftung, S. 401; *Vollmer,* Haftung, S. 921.

516 *Heinemann,* Haftung, S. 103; *Schils,* Haftung, S. 43.

517 *Heinemann,* Haftung, S. 103; *Schils,* Haftung, S. 44.

518 *Heinemann,* Haftung, S. 104 ff.; *Schmidt, Karsten,* Gesellschaftsrecht, S. 1105; *Steindorf/Roth,* Anmerkung zum Urteil des BAG vom 21.7.1977 - 3 AZR 189/76, Anm. 3. c) bb); *Ulmer/Wiesner,* Haftung, S. 402.

519 *BGH,* Urt.v. 19.5.1983 - II ZR 207/81, NJW 83, 2940, 2942 (l.Sp.); *Reichold,* Haftung, S. 117; *Reinhardt/Schultz,* Gesellschaftsrecht, Rn. 141; *Schils,* Haftung, S. 44 ff.; *Ulmer/Wiesner,* Haftung, S. 411.

520 *Schils,* Haftung, S. 45.

521 *BGH,* Urt.v. 19.5.1983 - II ZR 207/81, NJW 83, 2940, 2943 (unter 5.); *Ulmer/Wiesner,* Haftung, S. 411.

522 *Schils,* Haftung, S. 49; *Reinhardt/Schultz,* Gesellschaftsrecht, Rn. 141.

523 *Ulmer/Wiesner,* Haftung, S. 411.

524 *Schils,* Haftung, S. 49.

Im Rahmen dieser Interessenabwägung ist für alle Verbindlichkeiten eine zeitlich bestimmte Frist von fünf Jahren nach Ausscheiden bis zur Enthaftung des ausgeschiedenen Gesellschafters zu befürworten. Aus der Ähnlichkeit der Rechtsposition des Zeitbürgen[525] oder der des früheren Inhabers des Handelsgeschäfts im Sinne des § 26 HGB[526] und der des ehemaligen Gesellschafters folgt, daß der Gesellschaftsgläubiger innerhalb einer Fünfjahresfrist seine Forderungen geltend machen muß. Der Gläubiger kann einerseits darauf vertrauen, daß alle bei Abschluß des Geschäfts der Gesellschaft angehörenden Gesellschafter fünf Jahre lang haften. Andererseits ist das Risiko des Gesellschafters bei Ausscheiden überschaubar. Eine von vornherein bestimmte Haftungsdauer bietet allen Beteiligten Rechtssicherheit[527]. Sollte die Frist nicht reichen, bleibt die Vereinbarung anderer Sicherheiten möglich.

Eine Enthaftung des ausgeschiedenen Personenhandelsgesellschafters fünf Jahre nach Ausscheiden ist daher allgemein und nicht nur für Verbindlichkeiten aus Dauerschuldverhältnissen zu befürworten[528].

In diesem Sinne beschränkt auch der zur Zeit im Bundesjustizministerium in Arbeit befindliche Entwurf eines Nachhaftungsbegrenzungsgesetzes[529] die Enthaftung nicht auf Verbindlichkeiten aus Dauerschuldverhältnissen. Eine solche Beschränkung würde zu schwierigen Abgrenzungsfragen führen, da der Begriff des Dauerschuldverhältnisses nicht gesetzlich definiert sei[530]. Auch sei es im Interesse des Gesellschafters angemessen, die Enthaftung für alle Verbindlichkeiten nach fünf Jahren eintreten zu lassen. § 160 I HGB n.F. soll dementsprechend folgende Fassung erhalten[531]:

---

525 *Reichold,* Haftung, S. 115 ff., 124.

526 *Koch,* Grenzen, S. 841 (unter IV.).

527 *Heymann/Emmerich,* HGB, § 128, Rn. 51; *Koch,* Grenzen, S. 841 (unter IV.); *Lieb,* Begrenzung, S. 132 (unter II. 2. a)); *Reichold,* Haftung, S. 124.

528 *Wiesner,* Enthaftung, S. 1035 (unter II. 3. 2).

529 Entwurf eines Gesetzes zur zeitlichen Begrenzung der Nachhaftung von Gesellschaftern (Nachhaftungsbegrenzungsgesetz - NachhBG), in der von der Bundesregierung noch nicht abgestimmten Fassung, Stand: Mai 1991.

530 Vgl. auch: *Heymann/Emmerich,* HGB, § 128, Rn. 49 m.N.; *Lieb,* Begrenzung, S. 131 (unter II. 3. a)); *Wiesner,* Enthaftung, S. 1034 (unter II. 3. 1).

531 Vgl. auch den Hinweis zum Entwurf eines Nachhaftungsbegrenzungsgesetzes in BB 1988, 1586, 1586 (unter II.) und Langohr-Plato, Nachhaftungsbegrenzung, S. 487 (unter III. 2.).

(1) Scheidet ein Gesellschafter aus der Gesellschaft aus, so haftet er für ihre Verbindlichkeiten nur noch insoweit, als diese vor Ablauf von fünf Jahren nach dem Ausscheiden fällig und daraus Ansprüche gegen ihn gerichtlich geltend gemacht sind. Die Frist beginnt mit dem Ende des Tages, an dem das Ausscheiden in das Handelsregister des für den Sitz der Gesellschaft zuständigen Gerichts eingetragen wird. Die für die Verjährung geltenden §§ 203, 206, 207, 210, 212 bis 216 und 220 des Bürgerlichen Gesetzbuches sind entsprechend anzuwenden. Wird die Verbindlichkeit später als vier Jahre nach der Eintragung fällig, kann durch schriftliche Vereinbarung zwischen dem Gläubiger und dem ausgeschiedenen Gesellschafter die Frist für die Erhebung der Klage durch ihn um einen bestimmten Zeitraum oder bis zu einem kalendermäßig bestimmten Zeitpunkt verlängert werden.

(2) ...

Die genannten Überlegungen gelten allgemein für die Haftung ausgeschiedener Gesellschafter. Bei der Haftung ausgeschiedener Gesellschafter für Kontokorrentverbindlichkeiten kommt hinzu, daß nach fünf Jahren in der Regel mindestens fünf Saldoziehungen erfolgt sind, vgl. § 355 II HGB. Bei einem wechselseitig belasteten Kontokorrent haben sich die Altverbindlichkeiten und die Haftung des ausgeschiedenen Gesellschafters nach der hier vertretenen Art der Verrechnung erheblich gemindert[532]. Das Risiko des Gläubigers ist entsprechend gesunken. Es ist daher nicht nur zeitlich überschaubar, sondern auch in der Höhe vertretbar.

6) Zusammenfassung des eigenen Lösungsvorschlags

Unabhängig von § 356 HGB bleiben die Einzelforderungen über das Saldoanerkenntnisses hinaus als Grundlage der Haftung des ausgeschiedenen Gesellschafters bestehen. Der ausgeschiedene Gesellschafter haftet gemäß § 128 HGB für die vor seinem Ausscheiden begründeten Einzelforderungen. Erhebt er die Saldoeinrede, kann er erst in Anspruch genommen werden, wenn die abstrakte Saldoforderung gegenüber der Gesellschaft und den zugehörigen Gesellschaftern erfolglos geltend gemacht wurde.

Die Verrechnung im Rahmen des Kontokorrents führt zu einer (teilweisen) Tilgung der Einzelforderungen und damit zu einer Haftungsmilderung des ausgeschiedenen Gesellschafters. Jede Einzelforderung wird bei der Verrechnung im Verhältnis der kleineren zur größeren Seite des Kontokorrents gemindert.

532 Siehe oben die Beispiele S. 104 f.

Die Abgrenzung zwischen vor und nach dem Ausscheiden begründeter Einzelverbindlichkeiten richtet sich danach, wann die einzelne Verbindlichkeit begründet wurde. Eine Unterbrechung der laufenden Kontokorrentperiode ist zur Abgrenzung rechtlich nicht nötig. Eine Beurteilung des Zeitpunktes der Haftungsbegründung ist im Streitfall bei Inanspruchnahme des ausgeschiedenen Gesellschafters, wie § 357 HGB für den Fall der Pfändung zeigt, rechtlich und tatsächlich im Nachhinein möglich. Die Haftung des ausgeschiedenen Gesellschafters endet spätestens nach fünf Jahren.

a) Einfache Anwendung

Die vorgeschlagene Lösung ist in der Praxis einfach anzuwenden. Die Unterscheidung zwischen vor und nach dem Ausscheiden begründeter Verbindlichkeiten ist nach dem Parteivortrag oder nach dem Datum der entsprechenden Verträge, Lieferscheine etc. möglich. Da die Haftung auf fünf Jahre beschränkt ist, ist der Aufwand bei den Nachforschungen überschaubar. Es müssen nur Tatsachen festgestellt aber keine Wertungen zu wirtschaftlichen Zusammenhängen getroffen werden. Eine Unterbrechung der laufenden Kontokorrentperiode bei Ausscheiden ist nicht notwendig. Die mit der hier vorgeschlagenen Lösung verbundenen Rechnungen sind mit jedem Taschenrechner in wenigen Minuten zu erledigen.

b) Überschaubarer Haftungsumfang

Sowohl der Gläubiger als auch der ausgeschiedene Gesellschafter können den Haftungsumfang von vornherein feststellen. Eine Verrechnung mit Guthaben findet bei Feststellung der Höhe der Altverbindlichkeiten nicht statt. Das Risiko des Gläubigers bleibt fünf Jahre lang in voller Höhe gedeckt. Manipulationen durch eine Kündigung des Kontokorrents sind nicht möglich, da der Haftungsumfang bei Kündigung und Saldoziehung gleich groß ist. Der ausgeschiedene Gesellschafter kennt seine Haftungshöchstgrenze. Er haftet voll, aber nur für die Altverbindlichkeiten.

c) Dogmatische Begründung

Die dogmatische Begründung beruht auf einer Auslegung der kontokorrentrechtlichen und gesellschaftsrechtlichen Normen. Die Auslegung ist in den Rechtsgebieten allgemein vorzuziehen. Sonderregelungen sind nicht notwendig. Es wird ein Ausgleich zwischen Kontokorrentrecht und Gesellschaftsrecht gefunden. Weder der Gläubiger noch der ausgeschiedene Gesellschafter wird aus kontokorrentrechtlicher oder gesellschaftsrechtlicher Sicht benachteiligt.

7) Die Beispielsfälle aus der Einleitung

Die hier vorgeschlagene Lösung, die Haftung ausgeschiedener Personenhandelsgesellschafter bei entsprechender Auslegung des Kontokorrentrechts und Gesellschaftsrechts ganz normal zu behandeln, führt zu angemessenen Ergebnissen. Das soll an den beiden Beispielen[533] aus der Einleitung verdeutlicht werden.

> *1. Beispiel:* Das Kontokorrent besteht zwischen einer OHG und einem Warenlieferanten. Die Verbindlichkeiten aus den Bestellungen zur 1. Saison werden in das Kontokorrent eingestellt. Nach Ausscheiden eines Gesellschafters gleicht die im übrigen bestehengebliebene Gesellschaft das Kontokorrent mit 10.000 DM aus. Die Waren für die kommende Saison werden bestellt und geliefert. Es folgt der Saldoabschluß zum Nachteil der OHG in Höhe von 10.000 DM. Die OHG erkennt den Saldo an.

Nach der herrschenden Meinung haftet der ausgeschiedene Gesellschafter in Höhe des Saldos von 10.000 DM[534].

Nach der hier vorgeschlagenen Interpretation des Kontokorrentrechts haftet der ausgeschiedene Gesellschafter in Höhe von nur 5.000 DM. Zwar besteht ein Saldo zum Nachteil der Gesellschaft in Höhe von 10.000 DM. Für die abstrakte Saldoforderung als solche haftet der ausgeschiedene Gesellschafter aber nicht, weil das Saldoanerkenntnis im Sinne des § 781 BGB erst nach seinem Ausscheiden von der Gesellschaft abgegeben wurde. Eine Forderungsauswechslung in der Art, daß die Sicherheiten der Einzelforderungen nun den abstrakten Saldo sichern, findet nicht statt[535]. Die Sicherheiten der Einzelforderungen bleiben aber mit den Einzelforderungen grundsätzlich bestehen[536], wenn die Einzelforderungen nicht aus anderen Gründen als dem Saldoanerkenntnis erlöschen. Hier hatte die Gesellschaft nach Ausscheiden des Gesellschafters das Kontokorrent

---

533 Siehe oben S. 3 f.

534 Siehe oben S. 3.

535 Siehe oben S. 88.

536 Siehe oben S. 62 ff.

ausgeglichen. Damit sind nicht etwa alle Altverbindlichkeiten erloschen; denn die tilgende, verhältnismäßige Gesamtaufrechnung findet nur zum Rechnungsschluß statt[537]. An diese Art der Verrechnung zum Rechnungsschluß ist der ausgeschiedene Gesellschafter aufgrund der vor seinem Ausscheiden getroffenen Kontokorrentabrede gebunden[538]. Die Kontokorrentabrede begründet damit nicht die Haftung, sondern bestimmt durch die Vereinbarungen zur Verrechnung die Tilgung der Einzelforderungen, für **die** der ausgeschiedene Gesellschafter haftet. Aufgrund der verhältnismäßigen Gesamtaufrechnung bestand zum Rechnungsschluß ein Saldo zum Nachteil der OHG nach der Verrechnung der Einzelposten im Verhältnis 1/2.

Soll			Haben
Ausgleichszahlung	**10.000 DM**	1. Saison	**10.000 DM**
Saldo:	*10.000 DM*	2. Saison	**10.000 DM**
	20.000 DM		**20.000 DM**

Verhältnis der Verbindlichkeiten des Lieferanten aus der Ausgleichszahlung (10.000 DM) zu den Verbindlichkeiten aus der 1. und 2. Saison der OHG (20.000 DM) = 10.000 DM / 20.000 DM = 1/2.

Der ausgeschiedene Gesellschafter haftet damit für die in der Rechnung enthaltenen Einzelforderungen aus der 1. Saison, die vor seinem Ausscheiden begründet wurden, gemindert um 1/2, also in Höhe von 5.000 DM.

Das Ergebnis entspricht in jeder Hinsicht den Grundsätzen aus dem Gesellschaftsrecht und dem Kontokorrentrecht. Gesellschaftsrechtlich haftet der ausgeschiedene Gesellschafter nur für die restlichen Einzelforderungen, die vor seinem Ausscheiden begründet wurden. Der Rest der Altverbindlichkeiten folgt aus der vor Ausscheiden vereinbarten kontokorrentrechtlichen Art der Tilgung durch Verrechnung zum Rechnungsschluß. Die nach Ausscheiden geschlossenen Verträge der Gesellschaft belasten den Ausgeschiedenen nicht.

Umgekehrt ist auch der Gläubiger nicht benachteiligt, wie das 2. Beispiel zeigt:

537 Siehe oben S. 43 .

538 Siehe oben S. 45 .

2. Beispiel: Die Gesellschaft hat bei ihrem Kontokorrentpartner Schulden in Höhe von 10.000 DM und Guthaben in der selben Höhe. Zur Zeit des Ausscheidens des Gesellschafters beträgt der Tagessaldo Null. Das Guthaben der Gesellschaft geht verloren. Der Saldo bei Abschluß des Kontokorrents ist in Höhe von 10.000 DM negativ.

Nach der herrschenden Meinung ist der ausgeschiedene Gesellschafter von jeder Haftung frei[539].

Nach der hier vorgeschlagenen Interpretation des Kontokorrentrechts haftet der ausgeschiedene Gesellschafter in Höhe von 5.000 DM. Eine Verrechnung mit Guthaben im Rahmen eines Tagessaldos findet nicht statt. Entscheidend sind allein die Einzelforderungen des Kontokorrentpartners, die vor Ausscheiden des Gesellschafters begründet wurden. Hier waren vor Ausscheiden Einzelforderungen des Kontokorrentpartners in Höhe von 10.000 DM begründet. Das Guthaben der Gesellschaft gewinnt gemäß der Vereinbarung zur Verrechnung erst mit Rechnungsschluß Bedeutung[540]. Hieran ist der ausgeschiedene Gesellschafter aufgrund der Kontokorrentabrede, die vor seinem Ausscheiden getroffen wurde, gebunden. Die Verrechnung entspricht der aus dem 1. Beispiel. Die Haftung des ausgeschiedenen Gesellschafters wird um 1/2 auf 5.000 DM gemindert.

Auch dieses Ergebnis entspricht in jeder Hinsicht den Grundsätzen aus dem Gesellschaftsrecht und dem Kontokorrentrecht. Gesellschaftsrechtlich haftet der ausgeschiedene Gesellschafter in voller Höhe für die restlichen Einzelforderungen, die vor seinem Ausscheiden begründet wurden. Eine Benachteiligung des Gläubigers aus gesellschaftsrechtlicher oder kontokorrentrechtlicher Sicht ist nicht gegeben.

539 Siehe oben S. 4.

540 Siehe oben S. 43 .

3. Kapitel
Die Haftung ausgeschiedener Gesellschafter für andere Forderungen aus dem Kontokorrent als die Einzelforderungen

I. HAFTUNG FÜR DIE VERPFLICHTUNGEN AUS DER KONTOKORRENTABREDE

Eine Haftung ausgeschiedener Gesellschafter kommt nicht nur für die in das Kontokorrent eingestellten Einzelforderungen in Betracht. Die Kontokorrentabrede selbst begründet Verpflichtungen, für die der ausgeschiedene Gesellschafter haftet. Zu nennen sind hier die Verpflichtungen, die vereinbarten Einzelforderungen in das Kontokorrent einzustellen[541], die Einzelforderungen vereinbarungsgemäß zu verrechnen[542] und den Saldo anzuerkennen[543].

1) Die Haftung bei Verletzung der Kontokorrentpflicht

Es geht hier nicht um die Haftung für Einzelforderungen gegen die Gesellschaft, sondern um die Haftung für die Verpflichtung aus der Kontokorrentabrede, die Forderungen der Gesellschaft gegen den Kontokorrentpartner in das Kontokorrent einzustellen[544].

Es kann vorkommen, daß Forderungen nicht wie beabsichtigt in das Kontokorrent eingestellt und kontokorrentgebunden werden. Denkbar ist, daß die Parteien die Aufnahme nicht kontokorrentfähiger Forderungen in das Kontokorrent vereinbaren oder daß aus ande-

541 Siehe oben S. 36 f.

542 Siehe oben S. 44 f.

543 Siehe oben S. 50 f.

544 Siehe oben S. 36 f.

ren Gründen die vereinbarten Forderungen nicht in das Kontokorrent eingestellt werden können.

a) Nicht kontokorrentfähige Forderungen

In das Kontokorrent eingestellt werden können nur kontokorrentfähige Ansprüche und Leistungen. Nach früher herrschender Ansicht[545] waren die Ansprüche und Leistungen nur dann kontokorrentfähig, wenn sie auf Geld gerichtet waren. Die heute herrschende Lehre[546] läßt es genügen, daß die Ansprüche und Leistungen gemäß dem Willen der Parteien im Zeitpunkt der Verrechnung nach einem einheitlichen Maßstab bewertet werden sollen[547]. Dieser Maßstab kann nicht nur in Geld, sondern auch in anderen vertretbaren Sachen bestehen[548].

Da der Zweck des Kontokorrents die Vereinfachung des Zahlungs- und Abrechnungsverkehrs ist[549], muß die Forderung im Zweifel auf Geld, oder bei entsprechender Parteivereinbarung auf vertretbare Sachen lauten. Sachleistungen sind nicht kontokorrentfähig; es sei denn, das Kontokorrent lautet nicht auf Geld, sondern auf vertretbare Sachen und es handelt sich um eine Lieferung dieser vertretbaren Sachen. Dienstleistungen sollen als solche erbracht und nicht verrechnet werden. Sie sind daher nicht kontokorrentfähig[550].

Die Aufrechnungsbeschränkungen der §§ 387 ff. BGB, 66 I 2 AktG, 19 I 2 GmbHG, 22 V GenG stehen der Kontokorrentfähigkeit zwar nicht entgegen, da diese Vorschriften nur die einseitige Verrechnung, nicht aber den Aufrechnungsvertrag betreffen. Zu beachten ist aber, ob das der Forderung zugrundeliegende Rechtsverhältnis einer Einstellung in das Kontokorrent widerspricht. Das wird z.B. für die

---

545 *RG,* Urt.v. 22.5.1880 - I 262/79, RGZ 2, 262, 263; *Düringer/Hachenburg/Breit,* HGB, § 355, Anm. 28 m.N.; *Fuchs,* Lehre 1936, S. 213; *Heymann/Kötter,* HGB, § 355, Anm. 3 m.N.; *Koenige/Teichmann/Koehler,* HGB, § 355, Anm. 2 m.N.; *Ritter,* HGB, § 355, Anm. 5. c) m.N.; *Roxel,* Rechnungsabschluss, S. 22 f.

546 *Baumbach/Duden/Hopt,* HGB, § 355, Anm. 4) A.; *Canaris* in Großkomm. HGB, § 355, Anm. 38; *Schlegelberger/Hefermehl,* HGB, § 355, Anm. 19.

547 *Canaris* in Großkomm. HGB, § 355, Anm. 38.

548 *Schlegelberger/Hefermehl,* HGB, § 355, Anm. 19.

549 Siehe oben S. 13 mit Nachweisen in Fn. 53.

550 *Schlegelberger/Hefermehl,* HGB, § 355, Rn. 18.

§§ 66 I 1 AktG, 19 II 1 GmbHG und 22 IV GenG angenommen[551]. Diese Vorschriften sollen sicherstellen, daß die Einlage tatsächlich erbracht wird und der Gesellschaft zur Verfügung steht.

Auch bedingte Ansprüche oder solche, die erst nach Schluß der Rechnungsperiode fällig sind, sind grundsätzlich nicht kontokorrentfähig[552].

Vereinbaren die Parteien die Aufnahme nicht kontokorrentfähiger Forderungen in das Kontokorrent, ist die Kontokorrentabrede insoweit auf eine rechtlich unmögliche Leistung gerichtet. Die Verpflichtung zur Inrechnungstellung ist insoweit nichtig, § 306 BGB. Schadensersatzansprüche werden gemäß § 307 I 2 BGB kaum begründet sein, da die Kontokorrentfähigkeit wohl beide Kontokorrentpartner kennen müssen.

b) Andere nicht in das Kontokorrent einzustellende Forderungen

Die Frage nach Schadensersatzansprüchen gewinnt Bedeutung, wenn die in Rechnung zu stellende Forderung wegen Unvermögen des Kontokorrentpartners nicht in das Kontokorrent eingestellt werden kann. Das soll das folgende Beispiel zeigen:

> *Beispiel:* Eine OHG betreibt einen Buchhandel und erhält vom Verlag V unter verlängertem Eigentumsvorbehalt Bücher, die sie mit zwei Kaufverträgen an den Endabnehmer B weiterveräußert. Die OHG und B vereinbaren mit dem zweiten Kaufvertrag ein Kontokorrent, in das auch die Forderungen aus dem ersten Kaufvertrag eingestellt werden sollen. B zahlt einen Betrag an die OHG, um sein vermeintliches Debet auszugleichen. Nun verlangt V von B aufgrund der abgetretenen Forderung Zahlung. B muß zur Refinanzierung der Zahlung an V einen Kredit zu 15 % Zinsen p.a. aufnehmen.

Eine Inrechnungstellung der Forderung aus dem ersten Kaufvertrag ist hier für die OHG unmöglich, da ihr aufgrund der Vorauszession die Forderung nicht mehr zusteht. Zwar hat nach der Rechtspre-

---

551 *Canaris* in Großkomm. HGB, § 355, Anm. 40; *Fischer/Lutter/Hommelhoff,* GmbH-Gesetz, § 19, Rn. 18 m.N.; *Lutter* in Kölner Kommentar zum AktG, § 66, Rn. 18 m.N.; *Schlegelberger/Hefermehl,* HGB, § 355, Rn. 29 m.N.

552 *RG,* Urt.v. 1.4.1927 - III. 192/26; JW 1927, 1689, 1690; *Baumbach/Duden/Hopt,* HGB, § 355, Anm. 4) A; *Heymann/Horn,* HGB, § 355, Rn. 13 m.N.; *Schlegelberger/Hefermehl,* HGB, § 355, Rn. 22.

chung[553] und der Literatur[554] der Ausschluß der Abtretung in der Kontokorrentabrede Vorrang vor einer früheren Vorauszession. Diese Durchbrechung des Prioritätsgrundsatzes kann aber nur gelten, wenn die betreffende Einzelforderung bei oder nach Abschluß der Kontokorrentabrede entsteht, wie hier die Forderung aus dem zweiten Kaufvertrag. Die Kontokorrentabrede kann nicht eine bereits entstandene und abgetretene Forderung zurückholen. Die Forderung aus dem ersten Kaufvertrag kann die OHG nicht in das Kontokorrent einstellen, da sie schon vor Abschluß der Kontokorrentabrede entstanden und gemäß dem verlängerten Eigentumsvorbehalt an V abgetreten war.

B muß daher an V zahlen. Er kann V nicht etwa gemäß § 407 I BGB seine Zahlung zum Ausgleich des Kontokorrents entgegenhalten. B hat das Kontokorrent nicht "in Ansehung der Forderung", die im Rahmen des verlängerten Eigentumsvorbehalts an V abgetreten war, ausgeglichen. Daß die einzelnen Forderungen nicht beglichen, sondern verrechnet werden sollen, ist der Zweck des Kontokorrents[555].

Ersatz seines Schadens kann B von der OHG, § 124 HGB, oder den (ausgeschiedenen) Gesellschaftern, § 128 HGB, verlangen. Die OHG war zur Inrechnungstellung verpflichtet. Diese Kontokorrentpflicht bezüglich der Forderung aus dem ersten Kaufvertrag konnte sie nicht erfüllen. Für dieses anfängliche Unvermögen muß die OHG einstehen[556]. B hat gegen die OHG einen Anspruch auf Ersatz seines positiven Interesses. Das ist gemäß § 249 S. 1 BGB ein Anspruch auf Freihaltung oder, wenn B bereits gezahlt hat, gemäß § 250 BGB auf Geldersatz mit Zinsentschädigung.

Würde man entgegen der hier vertretenen Auffassung[557] in der Kontokorrentabrede nur eine Verfügung und nicht auch eine Verpflichtung zur Inrechnungstellung sehen, käme für B allenfalls ein Anspruch aus § 812 I 2 Fall 2 BGB (condictio ob rem) gegen die OHG in

---

553 *BGH*, Urt.v. 7.12.1977 - VIII ZR 164/76, BGHZ 70, 86, 92 f.; *BGH*, Urt.v. 7.2.1979 - VIII ZR 279/77, BGHZ 73, 259, 263 (unter I. 3.).

554 *Capelle/Canaris*, Handelsrecht, § 25 II. 1. b), S. 278; *Schmidt, Karsten*, Handelsrecht, § 20 III. 2., S. 553; *Serick*, Vorausabtretung, S. 875 (unter III. 1.).

555 Siehe oben S. 33 mit Nachweisen in Fn. 145.

556 Zur Haftung bei anfänglichem Unvermögen: *Larenz*, Schuldrecht AT, § 8 II., S. 101 ff.; *Palandt/Heinrichs*, BGB, § 306, Anm. 4) a), Rn. 9, m.N.

557 Siehe oben S. 32 ff., 36.

Betracht. Seine Aufwendungen zur Refinanzierung der Zahlung an V bekäme er nicht erstattet.

2) Die Haftung bei verweigerter Verrechnung oder verweigertem Saldoanerkenntnis

Die Kontokorrentabrede begründet auch die Verpflichtungen, die Einzelforderungen vereinbarungsgemäß zu verrechnen[558] und den Saldo anzuerkennen[559].

Die Verrechnung erfolgt durch den Abschluß eines Verfügungsvertrages. Der Verfügungsvertrag zur Verrechnung wird grundsätzlich antizipiert in der Kontokorrentabrede getroffen[560]. Eine Haftung des später ausscheidenden Gesellschafters kommt, da die Verpflichtung damit erfüllt ist, nicht in Betracht. Denkbar ist aber auch, daß die Parteien die Verrechnung erst später, zum Ende der Rechnungsperiode, vereinbaren.

Auch das Saldoanerkenntnis kann erst bei Vorliegen des Saldos zum Ende der Rechnungsperiode abgegeben werden[561]. Der Saldo wird durch den Abschluß eines Vertrages im Sinne des § 781 BGB anerkannt[562].

Beide Verpflichtungen, die Verpflichtung zur Verrechnung und die Verpflichtung zum Saldoanerkenntnis, werden damit durch die Abgabe von Willenserklärungen zu dem Verfügungsvertrag oder dem Vertrag im Sinne des § 781 BGB erfüllt. Diese **Willenserklärungen** kann der ausgeschiedene Gesellschafter nicht selbst abgeben; sie sind **unvertretbar**[563].

Zwar haften die Gesellschafter einer Personenhandelsgesellschaft gemäß § 128 HGB für die Verbindlichkeiten der Gesellschaft persönlich. Auch der ausgeschiedene Gesellschafter haftet für die während seiner Zugehörigkeit zur Gesellschaft begründeten Verbindlichkeiten. Es ist umstritten[564], ob der Gesellschafter zur Erfüllung der Gesell-

558 Siehe oben S. 44 f.

559 Siehe oben S. 50 f.

560 Siehe oben S. 40 ff.

561 Siehe oben S. 50.

562 Siehe oben S. 50 .

563 Zur Verrechnung vgl. oben S. 28 f.; zum Saldoanerkenntnis siehe oben S. 52.

564 Zum Streitstand: *BGH*, Urt.v. 11.12.1978 - II ZR 235/77, NJW 79, 1361, 1361 f.; *BGH*, Urt.v. 14.2.1957 - II ZR 190/55, BGHZ 23, 302, 305 f.;

schaftsverbindlichkeit verpflichtet ist (Erfüllungstheorie) oder ob er nur Geldersatz schuldet (Haftungstheorie).

Übereinstimmung herrscht aber, daß bei unvertretbaren Handlungen gegebenenfalls nur der geschäftsführende Gesellschafter die Leistung erbringen kann[565]; die von der Geschäftsführung ausgeschlossenen oder ausgeschiedenen Gesellschafter haften jedenfalls nur auf Geldersatz[566]. Insbesondere beschränkt sich die Haftung auf Geldersatz, wenn die Gesellschaft zur Abgabe einer Willenserklärung verpflichtet ist[567]. Ausgeschiedene Gesellschafter können hier auch nicht auf die Gesellschaft einwirken, die Willenserklärung abzugeben, wie es von Vertretern[568] der Erfüllungstheorie verlangt wird. Der ausgeschiedene Gesellschafter hat also in Geld den Schaden zu ersetzen, den der Kontokorrentgläubiger wegen Verweigerung der Willenserklärung zur Verrechnung oder zum Saldoanerkenntnis bis zur Vollstreckung gemäß § 894 ZPO erleidet.

Daumke/ Keßler, Gesellschaftsrecht, S. 40 f. (unter 2.4.2.); *Fischer* in Großkomm. HGB, § 128, Anm. 6 ff.; *Heymann/Emmerich,* HGB, § 128, Rn. 18; *Hueck, Götz,* Gesellschaftsrecht, S. 115 ff.; *Hueck,* OHG, S. 311 ff.; *Kornblum,* Haftung für Verbindlichkeiten, S. 146 ff.; *Kornblum,* Haftung für Unterlassungspflichten, S. 1435 ff.; *Kraft/Kreutz,* Gesellschaftsrecht, S. 143 ff. (unter E. III. 4. c) bb)); *Kübler,* Gesellschaftsrecht, S. 83 f. (§ 7 V. 3); *Schlegelberger/Geßler,* HGB, § 128, Rn. 3 ff.; *Wieland,* Handelsrecht I, S. 635 ff.

565 *BGH,* Urt.v. 14.2.1957 - II ZR 190/55, BGHZ 23, 302, 306 f.; *Hueck,* OHG, S. 318 (§ 21 II. 5.); kritisch: *Flume,* Haftungsverbindlichkeiten, S. 234 ff.

566 *Baumbach/Duden/Hopt,* HGB, § 128, Anm. 2) B.; *Düringer/Hachenburg/ Flechtheim,* HGB, § 128, Anm. 3; *Hueck, Götz,* Gesellschaftsrecht, S. 117 (§ 15 III. 1) a)); *Schlegelberger/Geßler,* HGB, § 128, Rn. 6 m.N.; *Wieland,* Handelsrecht I, S. 637 f.

567 *Hueck, Götz,* Gesellschaftsrecht, S. 117 (§ 15 III. 1) a)); *Wieland,* Handelsrecht I, S. 637 f.

568 *Düringer/Hachenburg/Flechtheim,* HGB, § 128, Anm. 3; *Hueck,* OHG, S. 319.

II. HAFTUNG FÜR VERZINSUNG DER EINZELFORDERUNGEN

Nicht nur die Geschichte[569] des Kontokorrents, sondern auch die heutige Praxis zeigt, daß die Verzinsung der in das Kontokorrent eingestellten Einzelforderungen von großer Bedeutung ist. Bevor auf die Haftung ausgeschiedener Gesellschafter für die Zinsforderungen eingegangen werden kann, muß geklärt werden, worin die Anspruchsgrundlage dieser Zinsforderungen gegeben ist.

Die Pflicht zur Verzinsung der Einzelforderungen kann ihre Rechtsgrundlage in dem Geschäftsvertrag der in das Kontokorrent einzustellenden Einzelforderung haben, oder sie folgt aus gesetzlichen Gründen. Die Anspruchsgrundlage kann auch einheitlich für alle in das Kontokorrent einzustellenden Einzelforderungen in der Kontokorrentabrede gegeben sein.

1) Die Vereinbarung zur Verzinsung in der Kontokorrentabrede

In Hinblick auf die angestrebte Vereinfachungsfunktion[570] des Kontokorrents ist grundsätzlich von einem einheitlichen Zinssatz für alle Einzelforderungen einer Kontokorrentpartei auszugehen. Dabei können die Soll- und Habenzinsen unterschiedlich hoch sein[571]. Namentlich im Bankverkehr wird dieser Zinssatz besonders vereinbart[572]. Bei unterschiedlich hohen Soll- und Habenzinsen erfolgt die Zinsberechnung im Zweifel[573] in Staffelform[574]. Danach wird nach jeder Buchung sofort der Saldo errechnet, der dann für die Dauer seines Bestehens Grundlage der Soll- oder Habenzinszahl[575] ist. Bei Än-

569 Siehe oben S. 15 ff.

570 Siehe oben S. 13 mit Nachweisen in Fn. 53.

571 *Kreibig,* Kontokorrentlehre, S. 16; *Schlegelberger/Hefermehl,* HGB, § 355, Rn. 38.

572 *Düringer/Hachenburg/Breit,* HGB, § 355, Anm. 31; *Schlegelberger/Hefermehl,* HGB, § 355, Rn. 38.

573 Zu den anderen Berechnungsmethoden: *Canaris* in Großkomm. HGB, § 355, Anm. 50; *Kreibig,* Kontokorrentlehre, S. 16 ff.

574 *Roxel,* Rechnungsabschluss, S. 6 f., Fn. 1; *Schlegelberger/Hefermehl,* HGB, § 355, Rn. 39 m.N.; *Theusner,* Natur, S. 29.

575 Zinszahl = Kapital x Tage / 100.

derung dieses Zinssaldos wird die Zinszahl erneut berechnet[576]. Die so bei jeder Buchung anfallenden Zinszahlen werden mit dem jeweils gültigen Zinssatz[577] multipliziert. Die errechneten Zinsbeträge werden dann bei Rechnungsabschluß in das Kontokorrent eingestellt[578]. Wird der Saldo in das anschließende Kontokorrent eingestellt, unterliegt er seinerseits als Einzelposten derselben Zinsberechnung. Das ist in Abweichung von § 248 I BGB gemäß § 355 I HGB zulässig.

Der einheitliche Zinssatz wird in der Kontokorrentabrede vereinbart; denn die Behandlung aller Einzelforderungen, die nun dem einheitlichen Zinssatz unterliegen sollen, muß ein für alle Mal vereinbart werden. Die Kontokorrentabrede ist der geeignete Platz für diese Vereinbarung, da sie ohnehin alle Geschäftsverträge durch die Vereinbarung zur Inrechnungstellung der Einzelforderungen modifiziert.

Die Zinsschuld beruht dann auf der Vereinbarung in der Kontokorrentabrede[579]; sie bleibt aber für ihre Entstehung von der Einzelforderung abhängig. Diese doppelte Eigenschaft der Zinsschuld, nämlich die Selbständigkeit einerseits und die Akzessorietät zur Hauptschuld andererseits, ist nichts Besonderes; sie gilt auch für sonstige Zinsschulden[580].

2) Die Pflicht zur Verzinsung aus dem Geschäftsvertrag oder aus gesetzlichen Gründen

Ist keine besondere Verzinsung der Einzelforderungen vereinbart, richtet sich die Verzinsung der Einzelforderungen nach allgemeinen Grundsätzen[581].

---

576 *Canaris* in Großkomm. HGB, § 355, Anm. 50; *Göppert,* Vereinfachung, S. 187 ff.; *Schaudwet,* Bankenkontokorrent, S. 35; *Schlegelberger/Hefermehl,* HGB, § 355, Rn. 39; *Schwefer,* Pfändung, S. 32 ff.

577 Zinssatz = Prozentsatz / 360.

578 *Baumbach/Duden/Hopt,* HGB, § 355, Anm. 5) B.; *Graf,* Interessen, S. 60; *Schaudwet,* Bankenkontokorrent, S. 52.

579 Vgl. die Bemerkung des *BGH,* Urt.v. 16.2.1989 - IX ZR 256/87, ZIP 89, 359, 364 (l.Sp. oben unter III. 2.).

580 *Palandt/Heinrichs,* BGB, § 246, Anm. 1) c), Rn. 5; *Kollhosser,* Tilgungsverrechnung, S. 1435 (unter III. 4. 3.); *Schmidt,* Karsten, Geldrecht, § 246, Rn. 34 m.N., 37; *Staudinger/Schmidt,* BGB, § 246, Rn. 34 m.N., 37; *Erman/Sirp,* BGB, § 246, Rn. 3.

581 *Canaris* in Großkomm. HGB, § 355, Anm. 49; *Düringer/Hachenburg/Breit,* HGB, § 355, Anm. 31; *Schlegelberger/Hefermehl,* HGB, § 355, Rn. 38.

So kann die Verzinsung auf einer Vereinbarung im Rahmen des Geschäftsvertrages beruhen.

Beispiel: Die Zinsen können im Rahmen eines Darlehens, dessen Ansprüche und Leistungen in das Kontokorrent einzustellen sind, vereinbart sein (vgl. § 608 BGB).

Oder die Zinspflicht für die in das Kontokorrent eingestellten Verbindlichkeiten folgt z.B. aus §§ 353, 354 II HGB. § 353 HGB setzt die Fälligkeit der Forderung voraus. Zwar kann die in das Kontokorrent eingestellte Einzelforderung nicht geltend gemacht werden; sie wird aber dennoch im Sinne des § 353 HGB fällig[582]. Denn gleichgültig ob man die Wirkung der Inrechnungstellung als Stundung[583], Lähmung[584] oder Rechtswirkung sui generis[585] beurteilt; nach allen Ansichten[586] soll die Inrechnungstellung an dem Fälligkeitszeitpunkt für die Zinsberechnung nichts ändern.

Folgt die Pflicht zur Verzinsung aus gesetzlichen Gründen oder aus dem Geschäftsvertrag, muß mit unterschiedlich hohen Zinssätzen gerechnet werden.

Beispiel:

Verzugszinsen § 352 HGB	5%
Darlehen (x) z.B	12%
Darlehen (y) z.B.	8%
etc.	

582 Vgl.: *Canaris* in Großkomm. HGB, § 355, Anm. 49.

583 *Düringer/Hachenburg/Breit,* HGB, § 355, Anm. 33 m.N.

584 *Baumbach/Duden/Hopt,* HGB, § 355, Anm. 3) a.; *v.Gierke,* Handelsrecht, S. 496; *Göppert,* Vereinfachung, S. 183 m.N.; *Schmidt, Karsten,* Handelsrecht, S. 552.

585 *Canaris* in Großkomm. HGB, § 355, Anm. 54.

586 *Canaris* in Großkomm. HGB, § 355, Anm. 49; *Düringer/Hachenburg/Breit,* HGB, § 355, Anm. 46 (unter XIV. 1.); *Heymann/Horn,* HGB, § 355, Rn. 20; *Ritter,* HGB, § 355, Anm. 5. d); *Schmidt, Karsten,* Handelsrecht, § 20 I. 2. c), S. 547.

Die Zinsberechnung ist dann nur nach der sogenannten Kolonnenmethode[587] möglich. Danach wird jeder einzelne Haben- oder Sollposten für sich allein von der Fälligkeit bis zum Rechnungsabschluß fortschreitend verzinst. Bei unterschiedlich hohen Soll- und Habenzinsen ist diese Methode aber nicht wirtschaftlich.

> *Beispiel:* Wird am 1.1. eine Forderung aus Darlehen in Höhe von 10.000 DM mit 10% Zinsen p.a. in das Kontokorrent eingestellt, werden zum (Jahres-)Rechnungsabschluß 1000 DM Zinsen berechnet. Das gilt auch dann, wenn der Schuldner am selben Tag seinerseits 10.000 DM in das Kontokorrent geleistet hat. Beträgt sein Zinssatz nur 5% p.a., werden ihm zwar 500 DM gutgeschrieben; die Zinsdifferenz von 500 DM belastet ihn aber ohne entsprechenden wirtschaftlichen Gegenwert.

3) Die Vereinbarung zur Verzinsung in der Kontokorrentabrede als Regelfall während des Laufs des Kontokorrents

Wird eine bereits verzinsliche Forderung in das Kontokorrent eingestellt, kann nur entweder die ursprüngliche Zinspflicht aus dem Geschäftsvertrag oder aus gesetzlichen Gründen oder die aus der Kontokorrentabrede gelten. Im Zweifel ist anzunehmen, daß die Zinsvereinbarung aus der Kontokorrentabrede in der dort vereinbarten Höhe gelten soll. Denn mit der Vereinbarung, die Forderung in das Kontokorrent einzustellen, zeigen die Parteien ihren übereinstimmenden Willen, diese Forderung grundsätzlich in jeder Hinsicht der Kontokorrentabrede zu unterwerfen. Das gilt für die Zinsvereinbarung genauso wie für den Ausschluß der selbständigen Geltendmachung, der Nichtabtretbarkeit, der Hemmung der Verjährung etc.[588]. Es entspricht auch dem Vereinfachungszweck[589] des Kontokorrents, alle Einzelforderungen gleich hoch zu verzinsen[590]. Es wird sogar vertreten, eine von den gleich hohen Kontokorrentzinsen abweichende

---

587 *Roxel,* Rechnungsabschluss, S. 6 f., Fn. 1; *Mohr,* Kontokorrentverkehr, S. 13 ff.; *Schlegelberger/Hefermehl,* HGB, § 355, Rn. 39; *Theusner,* Natur, S. 24 ff.

588 Siehe oben S. 33 f.

589 Siehe oben S. 13 mit Nachweisen in Fn. 53.

590 *Baumbach/Duden/Hopt,* HGB, § 355, Anm. 5) A.; *Heymann/Horn,* HGB, § 355, Rn. 34.

Zinsvereinbarung für einen Einzelposten, bedeute die Herausnahme dieses Postens aus dem Kontokorrent[591].

4) Die Haftung ausgeschiedener Gesellschafter für die Verzinsung der Einzelforderungen

Auch wenn die Zinsvereinbarung regelmäßig in der Kontokorrentabrede getroffen wird, haftet deshalb der ausgeschiedene Gesellschafter nicht allein aufgrund der Bindung an die Kontokorrentabrede für die Entwicklung der Zinsschulden der Gesellschaft. Die Entstehung der Zinsschuld ist von der Begründung der zu verzinsenden Einzelforderung abhängig. Nur wenn der ausgeschiedene Gesellschafter für die Einzelforderung haftet, weil diese vor seinem Ausscheiden begründet wurde, haftet er für die entsprechende Zinsschuld.

Beispiel: Die OHG und die Bank B vereinbaren ein Kontokorrent mit einem Zinssatz in Höhe von 10%. Nach Ausscheiden des Gesellschafters A erhält die OHG von B ein Darlehen, das vereinbarungsgemäß in das Kontokorrent eingestellt wird. Die OHG wird zahlungsunfähig. B kündigt das Kontokorrent (§ 355 III HGB bzw. Nr. 17 AGB-Banken) und verlangt von A die Zinsen für das Darlehen aus der Kontokorrentabrede in Höhe von 10%.

Der Gesellschafter A haftet nach seinem Ausscheiden grundsätzlich weiter. Das folgt aus § 128 HGB. § 128 HGB begründet die Haftung. Die Entstehung der Haftung setzt tatbestandlich zwar die Gesellschafterstellung des betreffenden Rechtssubjekts voraus. Die Haftung trifft aber das Rechtssubjekt "persönlich" (§ 128 I S. 1 HGB). Fällt die Gesellschafterstellung weg, ändert das nichts an der einmal nach § 128 HGB begründeten Haftung des Rechtssubjekts[592]. Der Verlust der Gesellschafterstellung führt nicht zum Erlöschen der Haftung.

Die Haftung des Gesellschafters hängt also von dem Zeitpunkt der Anspruchsbegründung ab. Eine Voraussetzung für die Nachhaftung des Gesellschafters ist, daß die Verpflichtung der OHG vor dessen Ausscheiden begründet wurde[593]. Begründet ist die Verpflichtung

591 *Baumbach/Duden/Hopt,* HGB, § 355, Anm. 5) A.; *Heymann/Horn,* HGB, § 355, Rn. 34.

592 Siehe auch oben S. 57 mit Nachweisen in Fn. 265.

593 Siehe auch oben S. 57 mit Nachweisen in Fn. 266.

allgemein mit dem Rechtsverhältnis, aus dem sich ohne Hinzutreten weiterer rechtsgeschäftlicher Akte die Verpflichtung der Gesellschaft ergibt[594].

Die Verpflichtung zur Zinszahlung beruht hier zwar auf der Vereinbarung in der Kontokorrentabrede, die vor Ausscheiden des A getroffen worden war. Die Zinspflicht ist in ihrer Entstehung aber noch von einem zweiten Rechtsakt, nämlich von der Entstehung und Inrechnungstellung der zu verzinsenden Einzelforderung, dem Darlehen, abhängig. Diese Abhängigkeit von der Hauptschuld gilt für jede Zinsschuld[595]. Die Zinsschuld ist erst begründet, wenn beide Rechtsakte, Zinsvereinbarung in der Kontokorrentabrede einerseits und Entstehung und Inrechnungstellung der Einzelforderung andererseits, abgeschlossen sind.

Für A heißt das, er haftet nur dann für die Zinsen wie für andere, vor seinem Ausscheiden begründete Einzelforderungen, wenn auch die zu verzinsende Hauptforderung vor seinem Ausscheiden entstanden ist und in das Kontokorrent eingestellt wurde.

5) Zusammenfassung zur Verzinsung der Einzelforderungen

Die Verzinsung der Einzelforderungen wird in Hinblick auf die Vereinfachungsfunktion[596] des Kontokorrents in der Kontokorrentabrede vereinbart.

Wurde in der Kontokorrentabrede kein (einheitlicher) Zinssatz vereinbart, richtet sich die Verzinsung der Einzelforderungen nach allgemeinen Grundsätzen. Danach sind die Vereinbarungen des jeweiligen Geschäftsvertrages, der die Grundlage der jeweiligen Einzelforderung ist, oder gesetzliche Gründe (z.B. §§ 353, 354 II HGB) maßgeblich.

Die Verzinsung der Einzelforderungen wird zwar regelmäßig in der Kontokorrentabrede vereinbart. Die Zinsschuld ist aber erst mit Entstehung und Inrechnungstellung der zu verzinsenden Einzelforderung begründet. Insoweit ist die Kontokorrentabrede anspruchsbegründend. Die herrschende Meinung[597], nach der der ausgeschiedene

---

594 *Heymann/Kötter*, HGB, § 128, Anm. 1 (S. 423); *Reichold*, Nachhaftung, S. 776 (unter III.).

595 Siehe oben S. 132 mit Nachweisen in Fn. 580.

596 Siehe oben S. 13 mit Nachweisen in Fn. 53.

597 Siehe oben S. 31 m.N.

Gesellschafter wegen seiner Bindung an die Kontokorrentabrede insgesamt für die Entwicklung der Gesellschaftsschulden nach seinem Ausscheiden haften soll, wird dadurch aber nicht gestützt. Es geht hier nur um die Zinsen, für die der ausgeschiedene Gesellschafter wie für andere in das Kontokorrent eingestellte Einzelforderungen haftet, wenn sie vor seinem Ausscheiden begründet wurden.

III. HAFTUNG FÜR DEN AUSGLEICH DES DEBET BEREITS VOR PERIODENSCHLUß

In der Praxis ist das Kontokorrentkonto nicht (immer) ausgeglichen; die eine Kontokorrentpartei hat mehr Verbindlichkeiten als die andere. Sie steht im Debet. Mit Periodenschluß entsteht aufgrund der Verrechnung der Soll- mit der Habenseite der Saldo. Der Saldo ist dann von der im Debet stehenden Kontokorrentpartei grundsätzlich zu begleichen[598] wenn er nicht in die nächste Rechenperiode übernommen wird. Die in diesem Zusammenhang auftretenden Fragen zur Haftung ausgeschiedener Gesellschafter wurden bereits erörtert[599].

Noch nicht geklärt ist die Frage, ob das Debet auch schon vor Periodenschluß während der laufenden Rechnungsperiode von den Kontokorrentparteien auszugleichen ist und ob für diesen Ausgleich gegebenenfalls auch der ausgeschiedene Gesellschafter haftet.

Bei der Geltendmachung des Anspruchs auf Ausgleich des Debet ist zu bedenken, daß die in das Kontokorrent eingestellten Einzelforderungen vor Saldoanerkenntnis grundsätzlich kontokorrentgebunden sind[600]. Durch die Kontokorrentgebundenheit wird die **Kontokorrenteinrede** begründet. Der Schuldner kann gegenüber der Geltendmachung einer kontokorrentgebundenen Einzelforderung die Kontokorrenteinrede erheben[601]. Das gleiche gilt für die Haftung ausgeschiedener Gesellschafter und die Sicherheiten der Einzelforderungen. Auch ihrer Inanspruchnahme steht grundsätzlich die Einrede der Kontokorrentgebundenheit entgegen, § 129 HGB und §§ 767, 768, 1137, 1210, 1211 BGB[602].

Wenn nichts anderes vereinbart ist, gilt die Kontokorrenteinrede uneingeschränkt, aber nur für die Dauer der Kontokorrentperiode und - was im folgenden zu zeigen ist - im Rahmen des vereinbarten Debet.

---

598 Siehe oben S. 89 mit Nachweisen in Fn. 398.

599 Siehe oben S. 89 ff., 95 f.

600 Siehe oben S. 33.

601 *BGH*, Urt.v. 19.12.1969 - I ZR 33/68, WM 70, 184, 186 (unter III. 2. c)); *Baumbach/Duden/Hopt*, HGB, § 355, Anm. 3) A.

602 *Canaris* in Großkomm. HGB, § 356, Anm. 22; *Baumbach/Duden/Hopt*, HGB, § 129, Anm. 1) A.; *Heymann/Kötter*, HGB, § 356, Anm. 3.

1) Der Debetausgleich im laufenden Kontokorrent

Nach heute ganz herrschender Meinung[603] kommt dem Kontokorrent als solchem keine Kreditfunktion zu. Eine Kreditgewährung entspricht nicht notwendig dem Wesen des Kontokorrents[604]. Die Parteien vereinbaren ein Kontokorrent lediglich, um ihre gegenseitigen Zahlungen zu regeln[605]. Zwar müssen zu diesem Zweck die Einzelforderungen bis zur Verrechnung in Rechnung gestellt werden; das begründet aber nicht notwendig einen Kredit. Ein Kredit dient dem Kreditbedürfnis des Nehmers[606]. Die Kontokorrentabrede wird aber auch im Interesse des jeweils Gebenden vereinbart; hier kann der eine oder andere im Debet stehen[607]. Auch wenn je nach Parteivereinbarung mit dem Kontokorrent möglicherweise ein Kreditverhältnis verbunden ist[608]; ist mit dem Kontokorrent nicht **notwendig** ein Kredit verbunden. Daher kann jede Partei den Ausgleich des Debet grundsätzlich sofort verlangen[609]. Das gilt auch während der laufenden Rechnungsperiode vor Periodenschluß. Andererseits ist aber der Zweck des Kontokorrents, den Zahlungsverkehr zu vereinfachen[610], zu beachten. Diesem Zweck würden ständige Ausgleichszahlungen widersprechen[611].

Im Ergebnis besteht mangels Kreditfunktion ein Anspruch auf Ausgleich des Kontokorrentkontos; dieser Ausgleichsanspruch kann aber nur ab einer gewissen Höhe des Debet gelten, da sonst ständige Ausgleichszahlungen die Folge wären[612].

---

603 Siehe oben S. 13, Fn. 56.

604 *Denkschrift 1897*, S. 212; *RG*, Urt.v. 6.7.1916 - VI. 147/16, RGZ 88, 373, 377.

605 *Theusner*, Natur, S. 14 f. mit weiterer, ausführlicher Begründung.

606 Sind Zinsen vereinbart, § 608 BGB, so sind sie die **Gegen**leistung für den Kredit. Der Kredit allein dient nur dem Kreditnehmer. Vgl. im übrigen die ausführliche Begründung bei: *Greber*, Kontokorrentverhältnis, S. 34; *Mohr*, Kontokorrentverkehr, S. 45.

607 *Greber*, Kontokorrentverhältnis, S. 34; *Mohr*, Kontokorrentverkehr, S. 45; jeweils mit weiterer, ausführlicher Begründung.

608 *BGH*, Urt.v. 19.12.1969 - I ZR 33/68, WM 70, 184, 186 (unter III. 2. c)); *Hefermehl*, Grundfragen, S. 558.

609 *Canaris* in Großkomm. HGB, § 355, Anm. 4; *Canaris*, Funktionen, S. 68; *Hefermehl*, Grundfragen, S. 560 m.N.

610 Siehe oben S. 13, Fn. 53.

611 Siehe oben S. 13, Fn. 57.

612 *Canaris* in Großkomm. HGB, § 355, Anm. 5 (2. Abs.).

2) Der Anspruch zum Debetausgleich aus der Kontokorrentabrede

Nach Ansicht von **Canaris**[613] und **Hefermehl**[614] folgt der Anspruch auf Ausgleich des Debet aus dem "Geschäftsvertrag[615]". Daß sie dabei den Begriff Geschäftsvertrag im selben Sinn verwenden, ist zweifelhaft. So versteht **Canaris** unter "Geschäftsvertrag" den Vertrag, in dem sich die Parteien verpflichten, ihre Beziehungen kontokorrentmäßig abzuwickeln, also Forderungen und Leistungen lediglich zur Verrechnung zu verwenden, die Verrechnung vorzunehmen und die Saldoforderung anzuerkennen[616]. **Hefermehl** sieht dagegen an anderer Stelle[617] in dem "Geschäftsvertrag" den Vertrag, der die beiderseitigen Rechte und Pflichten aus der Geschäftsverbindung im Einzelnen regelt, wie zum Beispiel der Girovertrag im Bankverkehr. Bei seinen Erörterungen zum Debetausgleich paßt diese Definition des Geschäftsvertrages aber nicht[618]. Er scheint hier den Begriff "Geschäftsvertrag" ähnlich wie **Canaris** zu gebrauchen. Dieser "Geschäftsvertrag" entspricht insoweit der Kontokorrentabrede im Sinne der herrschenden Meinung[619]. Sieht man von dieser verwirrenden Begrifflichkeit ab, vertreten **Canaris**[620] und **Hefermehl**[621] die Ansicht, Anspruchsgrundlage des Debetausgleichs sei die Kontokorrentabrede.

---

613 *Canaris*, Funktionen, S. 70; *Canaris* in Großkomm. HGB, § 355, Anm. 10 und § 356, Anm. 23.

614 *Hefermehl,* Grundfragen, S. 559 ff., 561; *Schlegelberger/Hefermehl,* HGB, § 355, Rn. 51.

615 *Canaris,* Funktionen, S. 70; *Canaris* in Großkomm. HGB, § 355, Anm. 10 und § 356, Anm. 23; *Hefermehl,* Grundfragen, S. 561; *Schlegelberger/Hefermehl,* HGB, § 355, Rn. 51 f.

616 *Canaris,* Funktionen, S. 69 f.; *Canaris* in Großkomm. HGB, § 355, Anm. 10.

617 *Schlegelberger/Hefermehl,* HGB, § 355, Rn. 13.

618 Das wird bei *Hefermehl,* Grundfragen, S. 561 (1. Abs.) deutlich: "Die Abhängigkeit des Ausgleichsanspruchs von den **Einzelansprüchen und Leistungen** besagt aber **nicht**, daß diese die eigentliche Anspruchsgrundlage sind. Der Überschuß der Haben- über die Sollposten ist lediglich eine tatbestandsmäßige Voraussetzung, an die der **Geschäftsvertrag** die Rechtsfolge eines Ausgleichsanspruchs knüpft.".

619 Siehe oben S. 11 mit Nachweisen in Fn. 48.

620 *Canaris,* Funktionen, S. 70; *Canaris* in Großkomm. HGB, § 355, Anm. 10.

621 *Hefermehl,* Grundfragen, S. 559 ff., 561; *Schlegelberger/Hefermehl,* HGB, § 355, Rn. 51.

Zur Begründung verweist **Hefermehl** auf die "vereinbarte saldomäßige Behandlung[622]" der Einzelforderungen. Die Ansprüche und Leistungen würden danach zu einer untrennbaren Einheit verbunden, so daß die selbständige Geltendmachung überhaupt ausgeschlossen sei[623]. Andererseits komme dem Kontokorrent aber keine Kreditfunktion zu[624], so daß doch eine Rechtsgrundlage für einen Ausgleichs- und Zahlungsanspruch während des Laufs des Kontokorrents gegeben sein müsse[625]. Als Anspruchsgrundlage bleibe nur der "Geschäftsvertrag" (= Kontokorrentabrede). Der begründe einen Anspruch auf den Debetsaldo, nicht jedoch auf Tilgung einer oder mehrerer Einzelforderungen. Der Debetsaldo selbst sei von allen kontokorrentmäßig erfaßten Einzelansprüchen und Leistungen abhängig, so daß im Streitfall die gesamte Abrechnung geprüft werden müsse. Auch die Sicherheiten für die kontokorrentmäßig gebundenen Einzelansprüche könnten vom Gläubiger ohne Rückgriff auf § 356 HGB geltend gemacht werden[626]. "Die Abhängigkeit des Ausgleichsanspruchs von den **Einzelansprüchen und Leistungen** besagt aber **nicht**, daß diese die eigentliche Anspruchsgrundlage sind. Der Überschuß der Haben- über die Sollposten ist lediglich eine tatbestandsmäßige Voraussetzung, an die der **Geschäftsvertrag** [= Kontokorrentabrede] die Rechtsfolge eines Ausgleichsanspruchs knüpft.[627]"

3) Stellungnahme

Die Ansicht überzeugt nicht. Sie ist in sich widersprüchlich und unnötig kompliziert. So wird einerseits die Vereinbarung der Parteien zur saldomäßigen Behandlung der Einzelforderungen als unbegrenzt und unumstößlich hingestellt; andererseits wird in der Not, weil ja nun eine Rechtsgrundlage zum unstreitig gegebenen Anspruch auf Debetausgleich fehlt, den Parteien eine Vereinbarung in der Kontokor-

622 *Hefermehl,* Grundfragen, S. 557 (unter II 1.).

623 *Hefermehl,* Grundfragen, S. 557; *Schlegelberger/Hefermehl,* HGB, § 355, Rn. 32.

624 *Hefermehl,* Grundfragen, S. 557 f.; vgl. auch: *Canaris,* Funktionen, S. 67 f.

625 *Hefermehl,* Grundfragen, S. 560 (letzter Abs.).

626 *Hefermehl,* Grundfragen, S. 561.

627 *Hefermehl,* Grundfragen, S. 561 (1. Abs.).

rentabrede unterstellt, in der sie nicht nur die Kontokorrentbindung der Einzelforderungen in beschränkter Höhe vereinbaren (Inrechnungstellung[628]), sondern darüber hinaus noch eine besondere Anspruchsgrundlage schaffen. Da dieser selbständige Anspruch auf den Debetsaldo dann doch zu weit geht, wird er wieder relativiert; die Einzelforderungen sollen für den Bestand des Debetsaldos von Bedeutung sein, und die Sicherheiten der Einzelforderungen können auch für den Anspruch aus "dem Geschäftsvertrag" (der Kontokorrentabrede) geltend gemacht werden.

4) Der Anspruch zum Debetausgleich aus den Einzelforderungen

Anstelle dieser Vor- und Zurückkonstruktion ist es dagegen konsequent, gleich mit der Vereinbarung zur Inrechnungstellung eine Vereinbarung zur Höhe des zulässigen Debet anzunehmen. Die Vereinbarung, ab welcher Höhe das Debet auszugleichen ist, wird - mit der Vereinbarung zur Inrechnungstellung - in der Kontokorrentabrede getroffen[629]. Ist der Ausgleich in der Kontokorrentabrede nicht ausdrücklich geregelt, ist die Kontokorrentabrede unter Berücksichtigung der ganzen Geschäftsverbindung auszulegen. Insbesondere zu berücksichtigen ist eine etwaige Kreditabsprache im Geschäftsvertrag.

Die Inrechnungstellung der Einzelforderungen erfolgt dann nur im Rahmen des vereinbarten Debet uneingeschränkt. Darüber hinaus sind die Einzelforderungen zwar auch grundsätzlich kontokorrentgebunden; die Kontokorrentbindung ist aber eingeschränkt. Der Kontokorrentgläubiger kann aus den das Debet überschreitenden Einzelforderungen Zahlung in das Kontokorrent verlangen.

Zahlung in das Kontokorrent heißt nicht, daß die das Debet bildenden Einzelforderungen beglichen werden. Die Einzelforderungen sind grundsätzlich kontokorrentgebunden und können nicht einzeln beglichen, abgetreten oder gepfändet werden. Zahlung in das Kontokorrent heißt, daß der Kontokorrentschuldner die Einzelforderungen **im Kontokorrent** ausgleicht, also einen entsprechenden Betrag an den Kontokorrentgläubiger zahlt und der Anspruch auf Rückzahlung dieser Ausgleichszahlung in Rechnung gestellt wird. Der Ausgleichsanspruch steht und fällt mit der das Debet bildenden Einzel-

628 Siehe oben S. 32 ff.

629 Vgl.: *BGH*, Urt.v. 19.12.1969 - I ZR 33/68, WM 70, 184, 186 (unter III. 2. c)).

forderung. Die das Debet bildende Einzelforderung ist die Anspruchsgrundlage für die Ausgleichszahlung.

Die Vereinbarung zur Höhe des zulässigen Debet in der Kontokorrentabrede begründet damit **keinen Anspruch** auf Debetausgleich; die Vereinbarung gehört zu den Vereinbarungen zur Inrechnungstellung und setzt nur fest, bis zu welcher Höhe des Debet die **Kontokorrentbindung uneingeschränkt** gilt. Darüber hinaus ist die Kontokorrentbindung der das Debet bildenden Einzelforderungen eingeschränkt. Die Einzelforderungen können als Anspruchsgrundlage zur Zahlung in das Kontokorrent geltend gemacht werden.

Welche Einzelforderungen das Debet überschreiten, ist keine Frage der Verrechnung der Einzelforderungen. Die Verrechnung, nach der die Einzelforderungen getilgt werden, findet nur zum Periodenschluß oder bei Ende des Kontokorrents statt[630]. Die das Debet überschreitenden Einzelforderungen, die den Anspruch auf Ausgleich des Debet bilden, sind die Einzelforderungen, die zeitlich zuletzt in Rechnung zu stellen waren und so das zulässige Debet überschritten haben.

> *Beispiel:* Die OHG und der Kaufmann K haben ein Kontokorrent mit einem zulässigen Debet von 1.000 DM vereinbart. Obwohl die OHG bereits mit 500 DM im Debet steht, schließen die OHG und K einen Kaufvertrag über Waren im Wert von 700 DM.
>
> Die Forderung des K aus diesem Kaufvertrag ist nur bis zur Höhe des zulässigen Debet uneingeschränkt kontokorrentpflichtig; K muß sie zwar ganz in das Kontokorrent einstellen; soweit die Forderung aber das zulässige Debet der OHG überschreitet, ist die Kontokorrentbindung eingeschränkt. K kann aufgrund dieser Forderung von der OHG Zahlung in Höhe von 200 DM verlangen. Die 200 DM muß K der OHG im Kontokorrent gutschreiben. Das Kontokorrent ist damit auf das zulässige Debet zurückgeführt.

630 Siehe oben S. 43.

5) Die beiden Ansichten im Vergleich

Nach der hier vertretenen Lösung lassen sich auch die widersprüchlichen Ergebnisse aus der Ansicht von **Canaris**[631] und **Hefermehl**[632] vermeiden. Sie treten bei der Haftung für den Debetausgleich auf.

a) Kein Unterschied bei den Sicherheiten oder der Haftung für die Einzelforderungen

Bezüglich der Sicherheiten oder der Haftung für die **Einzelforderungen** besteht erst einmal kein Unterschied zwischen der hier vertretenen Ansicht und der Ansicht von **Canaris**[633] und **Hefermehl**[634]. Nach beiden Ansichten gelten die Sicherheiten oder die Haftung für die Einzelforderungen auch für den Anspruch auf Debetausgleich.

Nach der hier vertretenen Ansicht folgt das ohne Umweg aus dem Umstand, daß bei Überschreiten des vereinbarten Debet die Einzelforderungen in ihrer Kontokorrentgebundenheit soweit eingeschränkt sind, daß auf ihrer Grundlage Ausgleich des Debet verlangt werden kann. Die Sicherheiten oder die Haftung für die Einzelforderungen können im entsprechenden Umfang geltend gemacht werden.

Beispiel: Die OHG und der Kaufmann K haben ein Kontokorrent mit einem zulässigen Debet von 1.000 DM vereinbart. Die OHG steht mit 500 DM im Debet. Aufgrund eines vor Ausscheiden des Gesellschafters G geschlossenen Sukzessivliefervertrages liefert K Waren im Wert von 700 DM.

Für Forderungen aus einem vor Ausscheiden geschlossenen Sukzessivliefervertrag haftet der ausgeschiedene Gesellschafter[635]; allerdings nur, soweit die Gesellschaft haftet. Die Gesellschaft und damit G haften vor Periodenschluß für den Debetausgleich nur in Höhe von 200 DM. Wird G von K in Anspruch genommen, muß er 200 DM an K zahlen. Die Zahlung wird der OHG zum Ausgleich des Debet im Kontokorrent gutgeschrieben.

---

631 Siehe oben S. 141 mit Nachweisen in Fn. 613.

632 Siehe oben S. 141 mit Nachweisen in Fn. 614.

633 *Canaris* in Großkomm. HGB, § 356, Anm. 22.

634 *Hefermehl*, Grundfragen, S. 557; *Schlegelberger/Hefermehl*, HGB, § 355, Rn. 51 u. 32.

635 BGH, Urt.v. 19.12.1977 - II ZR 202/76, BGHZ 70, 132, 133; Budde, Haftung, S. 52; Hunke, Haftung, S. 48 f.

Nach Ansicht von **Canaris**[636] und **Hefermehl**[637] sind die Einzelforderungen während des Laufs der Rechnungsperiode auch bei Überschreiten des Debet in jeder Hinsicht kontokorrentgebunden; das gelte als Einrede grundsätzlich auch für die Sicherheiten oder die Haftung. Durch diese Einrede solle aber nur vermieden werden, daß die Sicherheiten geltend gemacht werden, obwohl die Forderungen selbst nicht eingeklagt werden könnten. Umgekehrt dürften die Einreden dann nicht durchgreifen, wenn die zugrundeliegenden Forderungen geltend gemacht werden könnten. Entsprechendes sei bei Überschreiten des vereinbarten Debet der Fall. Zwar könne der Anspruch auf Ausgleich des Debet nicht aufgrund der das Debet bildenden Einzelforderungen, sondern nur aufgrund der Kontokorrentabrede (des "Geschäftsvertrags") eingeklagt werden; der Einwand, daß die Sicherheiten für die Einzelforderungen und nicht für den Anspruch auf Debetausgleich aus der Kontokorrentabrede ("Geschäftsvertrag") bestünden, sei aber zu formalistisch. Die Sicherheiten der Einzelforderungen gälten auch für den Anspruch auf Debetausgleich aus der Kontokorrentabrede (dem "Geschäftsvertrag"). Allerdings hafte der Sicherungsgeber nur, soweit die gesicherten Forderungen im Debet enthalten seien.[638]

Daß die Sicherheiten oder die Haftung der **Einzelforderungen** für den Debetsaldo geltend gemacht werden können, ist im Ergebnis also unstreitig.

b) Unterschied der Ansichten bei den Sicherheiten oder der Haftung für die Kontokorrentabrede

Es bleibt die unterschiedliche Auffassung zum Rechtsgrund des Anspruchs auf Debetausgleich. Wird er nicht - wie hier vertreten - in den Einzelforderungen, sondern in der Kontokorrentabrede gesehen, sind auch die Sicherheiten oder die Haftung für die **Kontokorrentabrede** selbst zu beachten. Das kann zu abwegigen Ergebnissen führen.

Beispiel: Die OHG und der Kaufmann K vereinbaren ein Kontokorrent; das Debet soll ab einer Höhe von 1.000 DM ausgeglichen werden. Nach der Vereinbarung des Kontokorrents scheidet der Gesellschafter G aus. Es folgt ein Saldoabschluß zu Gunsten der OHG. In der folgen-

636 *Canaris* in Großkomm. HGB, § 356, Anm. 22 f. und § 355, Anm. 54.

637 *Hefermehl,* Grundfragen, S. 557; *Schlegelberger/Hefermehl,* HGB, § 355, Rn. 51 u. 32.

638 *Canaris* in Großkomm. HGB, § 356, Anm. 22 f.

den Rechnungsperiode entsteht aus nach Ausscheiden begründeten Verbindlichkeiten ein Debet zu Lasten der OHG in Höhe von 5.000 DM. K verlangt von G den Ausgleich des Debet durch Zahlung von 4.000 DM in das Kontokorrent.

Nach der hier vertretenen Auffassung haftet G als ausgeschiedener Gesellschafter nur für die vor seinem Ausscheiden begründeten Verbindlichkeiten der OHG, § 128 HGB. Ein (teilweiser) Debetausgleich kommt daher nur in Betracht, wenn das Debet (auch) auf Einzelforderungen beruht, die vor Ausscheiden des G begründet wurden. Das ist hier wegen des Saldoabschlusses zu Gunsten der OHG sicher nicht der Fall. G haftet nicht.

Legt man dagegen die Ansicht von **Canaris**[639] und **Hefermehl**[640] zugrunde, beruht der Anspruch auf Debetausgleich auf der Kontokorrentabrede (im "Geschäftsvertrag"), der vor Ausscheiden des G geschlossen wurde. G muß unabhängig davon, welche Einzelforderungen später zu dem Debet geführt haben, gemäß § 128 HGB für die vor seinem Ausscheiden in der Kontokorrentabrede (im "Geschäftsvertrag") begründete Verpflichtung zum Debetausgleich in Höhe von 4.000 DM haften.

Das Ergebnis steht im Widerspruch zu den Grundsätzen zur Haftung ausgeschiedener Gesellschafter für Kontokorrentverbindlichkeiten. Sowohl nach der von der Rechtsprechung[641] und einem Teil der Literatur[642] vertretenen Haftung für den niedrigsten Saldo der Zwischenzeit als auch nach der von **Canaris**[643] vertretenen Lehre von der Anwendbarkeit der §§ 366, 367, 396 BGB wäre G wegen des einmal positiven Saldos der OHG von der Haftung frei. Durch den Anspruch auf Debetausgleich aufgrund des "Geschäftsvertrages" (der Kontokorrentabrede) würde diese Begrenzung der Haftung nach Saldoziehung für den ausgeschiedenen Gesellschafter aus den Angeln gehoben.

Die hier vertretene Auffassung, wonach Rechtsgrund des Debetausgleichs die insoweit in ihrer Kontokorrentbindung eingeschränkten Einzelforderungen sind, führt dagegen auch im Sinne des Gesellschaftsrechts zu angemessenen Lösungen. Der ausgeschiedene Perso-

---

639 Siehe oben S. 141 mit Nachweisen in Fn. 613.

640 Siehe oben S. 141 mit Nachweisen in Fn. 614.

641 Siehe oben die Nachweise in Fn. 100, S. 22.

642 Siehe oben die Nachweise in Fn. 100, S. 22.

643 *Canaris* in Großkomm. HGB, § 356, Anm. 20.

nenhandelsgesellschafter haftet immer nur in Höhe der vor seinem Ausscheiden begründeten Verbindlichkeiten der Gesellschaft.

Zusammenfassung

Nach herrschender Meinung haftet der ausgeschiedene Gesellschafter einer Personenhandelsgesellschaft für die in das Kontokorrent eingestellten Verbindlichkeiten der Gesellschaft in Höhe des Tagessaldos bei Ausscheiden, begrenzt durch die Höhe des nach Ausscheiden gezogenen niedrigsten anerkannten Schlußsaldos. Es soll nicht darauf ankommen, aus welchen Einzelforderungen der Schlußsaldo besteht.

Der ausgeschiedene Gesellschafter haftet damit unter Umständen für in das Kontokorrent eingestellte Verbindlichkeiten, die erst nach seinem Ausscheiden begründet wurden. Andererseits wird er von jeder Haftung frei, wenn der Tagessaldo bei Ausscheiden ausgeglichen ist. Er haftet dann auch nicht für die Einzelforderungen, die vor seinem Ausscheiden begründet wurden, wenn sie nur mit Guthaben ausgeglichen wurden.

Der Haftungsmaßstab der herrschenden Meinung widerspricht damit dem Grundsatz aus § 128 HGB, wonach der ausgeschiedene Gesellschafter nur, aber auch in voller Höhe für die vor seinem Ausscheiden begründeten Gesellschaftsverbindlichkeiten haftet.

Zusammengefaßt stützt sich die herrschende Meinung auf drei Argumente:

1. Die Ziehung des Tagessaldos sei angemessen und allgemein anerkannt, da der ausgeschiedene Gesellschafter für die Schulden der Gesellschaft zur Zeit seines Ausscheidens mithafte.
2. Der Gesellschafter hafte auch nach seinem Ausscheiden aus der Gesellschaft wie der Kontokorrentschuldner selbst, da er an die während seiner Zugehörigkeit zur Gesellschaft geschlossene Kontokorrentabrede gebunden sei.
3. Es gelte gemäß § 356 HGB der Grundsatz der Haftung für den niedrigsten anerkannten Zwischensaldo, auch wenn die ursprünglich gesicherten (vor Ausscheiden begründeten) Forderungen im Wege der Umschaffung (Novation) weggefallen seien.

Die vorliegende Arbeit widerlegt diese drei Argumente der herrschenden Meinung. Sie zeigt, daß das Kontokorrentrecht keine Durchbrechung gesellschaftsrechtlicher Grundsätze bewirkt.

Die Ziehung eines Tagessaldos ist dem Kontokorrentrecht fremd. Sie widerspricht auch § 128 HGB, wonach der ausgeschiedene Gesellschafter für alle vor seinem Ausscheiden begründeten Verbindlichkeiten haftet. Sie ist nicht allgemein anerkannt.

Die Kontokorrentabrede beinhaltet zwar die Verpflichtungen, die Einzelforderungen in Rechnung zu stellen, zu verrechnen und den Saldo anzuerkennen. Für diese Verpflichtungen haftet auch der ausgeschiedene Gesellschafter gegebenenfalls auf Geldersatz. Eine Haftung für die Entwicklung der Gesellschaftsschulden nach Ausscheiden läßt sich auf die Bindung an die Kontokorrentabrede aber nicht stützen.

Auch § 356 HGB kann die herrschende Meinung nicht begründen. Der von der herrschenden Meinung aus § 356 HGB herausgelesene Grundsatz der Haftung für den niedrigsten anerkannten Schlußsaldo nach Ausscheiden kann weder aus der rechtlichen Natur des Kontokorrents noch aus der Entstehungsgeschichte, dem Wortlaut oder dem Gesetzeszweck des § 356 HGB hergeleitet werden. Die Ergebnisse sind nicht nur gegenüber dem ausgeschiedenen Gesellschafter unangemessen, sondern auch gegenüber dem Bürgen oder anderen Sicherungsgebern.

Die Arbeit zeigt, daß der ausgeschiedene Gesellschafter auch bei einem Kontokorrent nur für die Verbindlichkeiten haftet, die vor seinem Ausscheiden begründet wurden. Für diese Verbindlichkeiten haftet er in voller Höhe. Sie werden nicht durch Verrechnung mit Guthaben bei der Ziehung eines Tagessaldos bei Ausscheiden gemindert. Die Haftung erlischt, soweit die Verbindlichkeiten bei der Saldoziehung bei Periodenschluß (§ 355 II HGB) verrechnet und damit getilgt werden. An die periodische Verrechnung ist der ausgeschiedene Gesellschafter wie der Kontokorrentgläubiger gebunden. Die Abgrenzung zwischen alten und neuen Einzelforderungen kann, wie § 357 HGB für den Fall der Pfändung zeigt, auch ohne Ziehung eines materiellrechtlichen Tagessaldos im Nachhinein vorgenommen werden.

Zur Berechnung des Haftungsumfangs müssen nur die vor Ausscheiden begründeten Einzelforderungen bei den periodischen Verrechnungen im Verhältnis der kleineren zur größeren Seite des Kontokorrents gemindert werden. Die Haftung des Ausgeschiedenen nimmt so mit jedem Guthaben der Gesellschaft arithmetisch degressiv ab. Hat die Gesellschaft bei Saldoziehung zum Periodenschluß mehr Guthaben als Verbindlichkeiten, erlischt die Haftung des ausgeschiedenen Gesellschafters. Darüber hinaus ist gesellschaftsrechtlich eine zeitliche Begrenzung der Nachhaftung auf 5 Jahre anzunehmen.

Zu beachten ist auch, daß die Haftung für die ursprünglichen Einzelforderungen und nicht für die von der Gesellschaft nach Ausscheiden des Gesellschafters anerkannte abstrakte Saldoforderung besteht. Wegen des von beiden Parteien verfolgten Vereinfachungs- und Vereinheitlichungszwecks kann auf die ursprünglichen Einzelforderungen erst nach erfolgloser Geltendmachung der anerkannten, abstrakten Saldoforderung zugegriffen werden. Das kann der ausgeschiedene Gesellschafter gegenüber seiner Inanspruchnahme aus den vor ausscheiden begründeten Einzelforderungen mit der Saldoeinrede geltend machen.

Für die Verpflichtungen aus der vor Ausscheiden getroffenen Kontokorrentabrede, nämlich die Verpflichtung zur Inrechnungstellung und zur Verrechnung der Einzelforderungen und zum Saldoanerkenntnis, haftet der ausgeschiedene Gesellschafter grundsätzlich. Er kann die Verpflichtungen jedoch nicht selbst erfüllen, da er nicht mehr Kontokorrentpartei ist. Er haftet auf Geldersatz.

In der Kontokorrentabrede ist in Hinblick auf die Vereinfachungsfunktion auch die Pflicht zur Verzinsung der in das Kontokorrent eingestellten Einzelforderungen begründet. Wegen der Abhängigkeit der Zinsschuld von der Hauptschuld haftet der ausgeschiedene Gesellschafter nur für die Zinsen, die auf Einzelforderungen beruhen, die vor seinem Ausscheiden begründet und in Rechnung gestellt wurden.

Der ausgeschiedene Gesellschafter haftet aufgrund der vor seinem Ausscheiden begründeten Einzelforderungen auch nach seinem Ausscheiden für die Pflicht zum Debetausgleich. Die Pflicht zum Debetausgleich besteht schon während der laufenden Periode vor Ziehung des Periodenschlußsaldos, wenn die vereinbarte - notfalls durch Auslegung zu ermittelnde - Höhe des zulässigen Debet überschritten wird. Der Anspruch auf Ausgleich des Debet gründet sich unmittelbar auf die das Debet bildenden Einzelforderungen; die Kontokorrentbindung ist insoweit eingeschränkt.

In jedem Fall haftet der ausgeschiedene Gesellschafter nur, aber in voller Höhe für alle vor seinem Ausscheiden begründeten Verbindlichkeiten der Gesellschaft, § 128 HGB. Die **Auswirkungen des Kontokorrents auf die Haftung ausgeschiedener Personenhandelsgesellschafter** beschränken sich auf die periodische Verrechnung und damit **(teilweise) Tilgung** der vor Ausscheiden begründeten Verbindlichkeiten und auf die gegenüber der Geltendmachung des abstrakten Saldos **nachrangige Haftung** ausgeschiedener Gesellschafter.

Normenverzeichnis

Stichwortverzeichnis

Reihe Rechtswissenschaftliche Forschung und Entwicklung

Karl Heinz Pilny
Der englische Verlagsvertrag
Verlagswesen und Grundzüge des Urheber- und Vertragsrechts in Bezug auf das deutsche Recht
1989, Bd. 217, 385 S., Mdr., Pb., ISBN 3-88259-664-3

Andreas Heinemann
Die Freiburger Schule und ihre geistigen Wurzeln
1989, Bd. 218, 115 S., Mdr., DM 21,80, ISBN 3-88259-667-8

Renate Schauer
Grenzen der Preisgestaltungsfreiheit im Strafrecht
Eine Untersuchung zum Verhältnis von Wucher und Betrug
1989, Bd. 219, 315 S., Mdr., DM 54,80, ISBN 3-88259-668-6

Ming-Cheng Tsai
Der Urheberrechtsschutz von Computerprogrammen im nationalchinesischen Recht
Ein Vergleich mit dem deutschen Recht unter Berücksichtigung der internationalen Entwicklung
1989, Bd. 220, 281 S., Mdr., DM 48,80, ISBN 3-88259-669-4

Tina-Fiona Müller
Hedgegeschäfte
Wirtschaftliche Funktion und rechtliche Behandlung von Börsentermingeschäften zu Sicherungszwecken
1989, Bd. 221, 258 S., Mdr., DM 45,80, ISBN 3-88259-674-0

Angelika Meyer
Die anlockende Wirkung der irreführenden Werbung
1989, Bd. 222, 269 S., Mdr., DM 46,80, ISBN 3-88259-679-1

Jutta Fickenscher
Die Kontrolle allgemeiner Geschäftsbedingungen von Skipässen und Punktekarten
Ein rechtstatsächlicher Beitrag zur Risikoallokation durch AGB
1989, Bd. 223, 276 S., Mdr., DM 47,80, ISBN 3-88259-681-3

Tillmann Pyszka
Unentgeltliche Verfügungen des Vorerben und des Testamentsvollstreckers
1989, Bd. 224, 135 S., Mdr., DM 21,80, ISBN 3-88259-682-1

Martin Miebach
Zur Willkür- und Abwägungskontrolle des Bundesverfassungsgericht bei der Verfassungsbeschwerde gegen Gerichtsurteile
1989, Bd. 225, 188 S., Mdr., DM 33,80, ISBN 3-88259-684-8

Andreas J. Decker
Der Neuheitsbegriff im Immaterialgüterrecht
1989, Bd. 226, 303 S., Mdr., DM 52,80, ISBN 3-88259-685-6

Michael Brokamp
Das Adhäsionsverfahren-Geschichte und Reform
1990, Bd. 227, 288 S., Mdr., DM 39,80, ISBN 3-88259-686-4

Matthias Walter Stürmer
Sterbehilfe
Verfügung über das eigene Leben zwischen Lebensrecht und Tötungsverbot
1989, Bd. 228, 117 S., Mdr., DM 27,80, ISBN 3-88259-687-2

Klaus-Hannes Schäch
Die kaufmannsähnlichen Personen als Ergänzung zum normierten Kaufmannsbegriff
1989, Bd. 229, 520 S., Mdr., DM 76,80, ISBN 3-88259-658-0

Uwe Reinert
Unechte Gesamtvertretung und unechte Gesamtprokura im Recht der Aktiengesellschaft
1989, Bd. 230, 194 S., Mdr., DM 34,80, ISBN 3-88259-692-9

Helmut Maurer
Die Auflösung des Arbeitsverhältnisses wegen "Redundancy" in England unter besonderer Berücksichtigung der Abfindung
1989, Bd. 231, 293 S., Mdr., DM 49,80, ISBN 3-88259-693-7

Wolf-Dieter Flöge
Zur Kriminalisierung von Mißbräuchen im Scheck- und Kreditkartenverfahren nach § 266 B STGB
1989, Bd. 232, 189 S., Mdr., DM 33,80, ISBN 3-88259-698-8

Stephan Hoehn
Beschäftigungsanspruch und Zahlungsansprüche des Arbeitnehmers im gekündigten Arbeitsverhältnis
1989, Bd. 233, 212 S., Mdr., DM 29,80, ISBN 3-88259-699-6

Thomas Quander
Betriebsinhaberwechsel bei Gesamtrechtsnachfolge
unter besonderer Berücksichtigung der Neufassung des § 613a BGB vom 13. August 1980
1990, Bd. 234, 398 S., Mdr., DM 58,80, ISBN 3-88259-704-6

Wolfram Theiss
Die Behandlung fremden Rechts im deutschen und italienischen Zivilprozeß
1990, Bd. 235, 267 S., Mdr., DM 39,80, ISBN 3-88259-705-4

Klaus-Stephan von Danwitz
Die Umweltkriminalität der Landwirte in Nordrhein-Westfalen in den Jahren 1983 und 1984
1990, Bd. 236, 440 S., Mdr., DM 64,80, ISBN 3-88259-712-7

Dirk-Rainer Finkenrath
Der Arbeitnehmerbegriff und kurzfristige Beschäftigung von Fotomodellen
Insbesondere in Hinblick auf das Arbeitsvermittlungsmonopol
1990, Bd. 237, 185 S., Mdr., DM 37,80, ISBN 3-88259-710-0

Max Hirschberger
Organleihe
Begriff und Rechtmäßigkeit
1989, Bd. 238, 258 S., Mdr., DM 45,80, ISBN 3-88259-709-7

Elfriede Maria Franz
Die Einführung der Comunione legale als gesetzlichen Güterstand in Italien
Probleme des Internationalen Privatrechts und der Anwendung italienischer Sachnormen durch deutsche Gerichte
1990, Bd. 239, 295 S., Mdr., DM 44,80, ISBN 3-88259-715-1

Jan Reinecke
Die Fernwirkung von Beweisverwertungsverboten
1990, Bd. 240, 265 S., Mdr., DM 46,80, ISBN 3-88259-722-4

Holger Delventhal
Die strafprozessualen Vereidigungsverbote
unter besonderer Berücksichtigung des offensichtlich falsch aussagenden Zeugen
1990, Bd. 241, 472 S., Mdr., DM 78,80, ISBN 3-88259-725-9

Henning Mennenöh
Das Deliktskollisionsrecht in der Rechtsprechung der Vereinigten Staaten von Amerika
unter besonderer Berücksichtigung der Entscheidungen zur Produkthaftpflicht
1990, Bd. 242, 320 S., Mdr., DM 46,80, ISBN 3-88259-726-7

Monika Lanz-Zumstein
Die Rechtstellung des unbefruchteten und befruchteten menschlichen Keimguts
Ein Beitrag zu zivilrechtlichen Fragen im Bereich der Reproduktions- und Gentechnologie
1990, Bd. 243, 403 S., Mdr., DM 59,80, ISBN 3-88259-727-5

Joachim Drude
Die Zulässigkeit und Durchsetzbarkeit selektiver Vertriebsbindungssysteme im italienischen Zivil- und Wettbewerbsrecht
1990, Bd. 244, 200 S., Mdr., DM 35,80, ISBN 3-88259-728-3

Leonhard Kathke
Verfassungsrechtliche Aspekte des Pakets der Sicherheitsgesetze
1990, Bd. 245, 240 S., Mdr., DM 43,80, ISBN 3-88259-729-1

Joachim Kränz
Zustandsverantwortlichkeit im Recht der Gefahrenabwehr
1990, Bd. 246, 292 S., Mdr., DM 42,80, ISBN 3-88259-730-5

VVF

Christoph Kuhmann
Der Schutz der angewandten Kunst im deutschen und amerikanischen Urheberrecht
1990, Bd. 247, 280 S., Mdr., DM 49,80, ISBN 3-88259-731-3

Rainer Jakubowski
Predatory Pricing in den USA
1990, Bd. 248, 232 S., Mdr., DM 39,80, ISBN 3-88259-734-8

Andreas Föhr
Der Copyright-Vermerk
1990, Bd. 250, 300 S., Mdr., DM 54,80, ISBN 3-88259-739-9

Reinhard Dammann
Die Einbeziehung Dritter in die Schutzwirkung eines Vertrages
Eine Studie des französischen Rechts im Lichte einer rechtsvergleichenden Betrachtung des deutschen Rechts
1990, Bd. 251, 280 S., Mdr., DM 42,80, ISBN 3-88259-740-2

Konstantinos Kiourtsoglou
Der Know-how-Vertrag im deutschen und europäischen Kartellrecht
1990, Bd. 252, 348 S., Mdr., DM 58,80, ISBN 3-88259-743-7

Thomas Schönberger
Das Tatortprinzip und eine Auflockerung im deutschen internationalen Deliktsrecht
1990, Bd. 253, 348 S., Mdr., DM 43,80, ISBN 3-88259-744-5

Andreas Scheuermann
Urheber- und vertragsrechtliche Probleme der Videoauswertung von Filmen
1990, Bd. 254, 182 S., Mdr., DM 32,80, ISBN 3-88259-746-1

Christoph Hilti
Vertriebsgestaltung und Preisbindungsverbot
Kartellrechtliche Grenzen der Einflußmöglichkeiten von Konsumgüterherstellern auf die Verbraucherpreise
1990, Bd. 255, 210 S., Mdr., DM 36,80, ISBN 3-88259-749-6

Sabine Wolski
Soziale Adäquanz: Schutzzweck der Norm, Verwerflichkeitsklausel, erlaubtes Risiko, "rechtsfreier Raum", Strafwürdigkeit, Verfolgungsverzicht bei geringer Schuld - ein methodologisches und verfassungsrechtliches Problem mit vielen Facetten
1990, Bd. 256, 240 S., Mdr., DM 46,80, ISBN 3-88259-751-8

Eva Jäger
Aktienoptionen und Optionsscheine
Zur Börsentermingeschäftseigenschaft von Aktienoptionen sowie zur Übertragbarkeit der hierzu entwickelten Grundsätze auf Optionsscheine nach der Rechtslage vor Inkrafttreten der Börsengesetznovelle am 1. August 1989
1990, Bd. 257, 276 S., Mdr., DM 49,80, ISBN 3-88259-752-6

Gerhard Ott
Die Luftfrachtbeförderung im nationalen und internationalen Bereich
Anwendbares Recht, Vertrag, Versicherung
1990, Bd. 258, 193 S., Mdr., DM 32,80, ISBN 3-88259-753-4

Franz-Stephan v. Gronau
Die Börsentermingeschäfte mit Auslandsberührung nach der Kodifizierung des internationalen Vertragsrechts im IPR-Gesetz vom 25.7.1986
1990, Bd. 259, 203 S., Mdr., DM 39,80, ISBN 3-88259-756-9

Ulrike Holtappel
Ersatz für hypothetischen Erwerb bei Verkürzung der Lebenserwartung
Berücksichtigung der "LOST YEARS" - nach englischem, australischem, kanadischem und südafrikanischem Recht; verglichen mit der Rechtslage in Deutschland
1990, Bd. 260, 464 S., Mdr., DM 67,80, ISBN 3-88259-757-7

Otto Ziegler
Statistikgeheimnis und Datenschutz
Eine Analyse der Entwicklung der statistischen Geheimhaltung und der Übermittlung statistischer Daten vor dem Hintergrund des verfassungsrechtlichen Datenschutzes
1990, Bd. 261, 224 S., Mdr., DM 32,80, ISBN 3-88259-758-5

Ludwig von Zumbusch
Das Verhältnis des EG-Weinbezeichnungsrechts zum deutschen Wein- und Wettbewerbrecht
1990, Bd. 262, 266 S., Mdr., DM 39,80, ISBN 3-88259-759-3

Bernhard Pelke
Die strafrechtliche Bedeutung der Merkmale "Übel" und "Vorteil"
Zur Abgrenzung der Nötigungsdelikte von den Bestechungsdelikten und dem Wucher
1990, Bd. 263, 212 S., Mdr., DM 35,80, ISBN 3-88259-760-7

Ming-Yan Shieh
Kündigung aus wichtigem Grund und Wegfall der Geschäftsgrundlage bei Patentlizenz- und Urheberrechtsverträgen
1990, Bd. 264, 259 S., Mdr., DM 45,80, ISBN 3-88259-761-5

Lilli Kurowski
Überlebensgroß: Scham
Zur Bedeutung der Scham für den Straftäter und für das Strafrecht
1990, Bd. 265, 195 S., Mdr., DM 34,80, ISBN 3-88259-763-1

Angelika Schlunck
Die Grenzen der Parteiautonomie im internationalen Arbeitsrecht
1990, Bd. 266, 236 S., Mdr., DM 42,80, ISBN 3-88259-765-8

Richard Metzler
Konsequenzen neuartiger Erscheinungsformen des wirtschaftlichen Wettbewerbes für den strafrechtlichen Schutz von Geschäfts- und Betriebsgeheimnissen im Rahmen der §§ 17ff UWG
1990, Bd. 267, 251 S., Mdr., DM 35,80, ISBN 3-88259-771-2

Christian Barth
Die Rundfunkunternehmerfreiheit und ihre Auswirkungen auf Bayerische Medienerprobungs- und Entwicklungsgesetz
1990, Bd. 268, 174 S., Mdr., DM 31,80, ISBN 3-88259-774-7

Ulrich Kartzke
Scheinehen zur Erlangung aufenthaltsrechtlicher Vorteile
Ihre Behandlung im deutschen Ehe- und Ausländerrecht unter Berücksichtigung des US-amerikanischen Rechts
1990, Bd. 270, 200 S., Mdr., DM 34,80, ISBN 3-88259-777-1

Ulrich Wastl
Die Vollstreckung deutscher Titel auf der Grundlage des EuGVÜ in Italien
1990, Bd. 271, 420 S., Mdr., DM 71,80, ISBN 3-88259-780-1

Li-Chi Wu
Rechtsfehler bei der Beweisgewinnung und ihr strafprozessuales Rechtsmittel
1990, Bd. 272, 250 S., Mdr., DM 37,80, ISBN 3-88259-782-8

Inge Schneider
Das Recht des Kunstverlags
1991, Bd. 273, 477 S., Mdr., DM 67,80, ISBN 3-88259-783-6

Yon-Ju Jung
Das deutsche und das koreanische Enteignungsinstitut
insbesondere die Enteignung zugunsten privater Unternehmen nach dem Grundgesetz der Bundesrepublik Deutschland sowie nach der Verfassung der Republik Korea
1991, Bd. 274, 200 S., Mdr., DM 42,80, ISBN 3-88259-784-4

Alexander Tomic
"Sowieso-Kosten"
Mängelbeseitigung und Kostenteilung bei beschränktem Leistungsumfang
1990, Bd. 275, 163 S., Mdr., DM 32,80, ISBN 3-88259-785-2

Arndt Lorenz
Fahrnisübereignung und Leistungswille
1990, Bd. 276, 251 S., Mdr., DM 43,80, ISBN 3-88259-786-0

VVF

Ralf Thaeter
Sowjetisches Unternehmenssteuerrecht und seine Prinzipien
1991, Bd. 303, 153 S., Mdr., DM 27,80, ISBN 3-88259-836-0

Axel René Anker
Wiedervereinigungsgebot; Europaintegrationsgebot
Eine Untersuchung anhand des Konflikts bei einer westeuropäischen Integration der Bundesrepublik Deutschland
1991, Bd. 304, 270 S., Mdr., DM 47,80, ISBN 3-88259-840-9

Hermann Steinle
Lizenzverträge im intersystemaren Technologietransfer nach dem Recht der DDR
1991, Bd. 305, 228 S., Mdr., DM 39,80, ISBN 3-88259-841-7

Axel Pfeifer
Möglichkeiten und Grenzen der Steuerung kommunaler Aktiengesellschaften durch ihre Gebietskörperschaften
1991, Bd. 306, 256 S., Mdr., DM 44,80, ISBN 3-88259-843-3

Thomas Huber
Der Veranstalter einer Versammlung im Rechtskreis der Exekutive
1991, Bd. 307, 297 S., Mdr., DM 51,80, ISBN 3-88259-844-1

Stefan Sorge
Kostentragung für den Schutz vor Anschlägen
zugleich ein Beitrag zum verfassungsrechtlichen System der Legitimation von Sonderlasten bei der Finanzierung von Staatsaufgaben
1991, Bd. 308, 192 S., Mdr., DM 32,80, ISBN 3-88259-846-8

Alexander von Negenborn
Kooperative Grundrechtsverwirklichung durch die Bundesländer am Beispiel des Satellitenrundfunks
1991, Bd. 309, 212 S., Mdr., DM 37,80, ISBN 3-88259-847-6

Christian Engmann
Ausgesuchte Probleme der Gruppenfreistellungsverordnung 123/85 für Kfz-Vertrieb und -service
1991, Bd. 311, 192 S., Mdr., DM 33,80, ISBN 3-88259-852-2

Carsten Jörgensen
Die Aussetzung des Strafverfahrens zur Klärung außerstrafrechtlicher Rechtsverhältnisse
1991, Bd. 312, 420 S., Mdr., DM 69,80, ISBN 3-88259-854-9

Hans-Jörg Behrens
Produkthaftung in Ausfüllung der EG-Richtlinie nach den englischen und deutschen nationalen Regeln
1991, Bd. 313, 242 S., Mdr., DM 36,80, ISBN 3-88259-855-7

Hans Römer
Die Auswirkungen des Kontokorrents auf die Haftung ausgeschiedener Personenhandelsgesellschafter
1991, Bd. 314, 180 S., Mdr., DM 32,80, ISBN 3-88259-857-3

Arthur Waldenberger
Die Miturheberschaft im Rechtsvergleich
Zugleich ein Beitrag zur Lehre von der Miturheberschaft nach deutschem Recht
1991, Bd. 316, 330 S., Mdr., DM 32,80, ISBN 3-88259-867-0

VVF